民生随笔

邵宁 著

中国出版集团 東方出版中心

谨以此书献给我的父亲邵传烈(吴兴人)。

越来越稀缺的平民视角（代序）

李天扬

邵宁出书，命我写序，我想，最重要的原因，是因为她的这些文章，有一大半，我是第一读者。对邵宁的评论，我的态度是“三有”——有感情、有感触、有话说。就此，不揣浅陋，一口应承了下来。

新民晚报有一个名牌专栏，叫“新民随笔”，是已故的金福安先生任总编辑时创立的。新闻和评论，是两种全然不同的体裁，长期以来，报社是有分工的，写新闻的，称记者；写评论的，叫评论员。写了一辈子新闻，没写过一篇评论的记者，是多数，反之亦然。金福安先生创立的这个评论栏目，全部由记者担纲，算是一个颇为大胆的创新。据金福安说，这样做，有两个好处：一是来自一线的记者见闻多，写的评论会比较生动鲜活；二是写评论能锻炼记者的逻辑思维和思想深度。报社选了七位名记者，排好座次，一人一天、一周一轮。金福安先生是个思维缜密的领导，他觉得，七个人，总会有因出差、休假、生病无法交差的时候，为了版面不开“天窗”，还选了三人作替补，我叨陪末座。虽然只是替补，我也很高兴，跃跃欲试。不料，被称为“七君子”的七位同事，几年写下来，没有一人缺席一天。我这个替补，当然也就没有用武之地了。

过了很多年，“七君子”有人退休有人调动，作者队伍不再那么齐整，我才有机会“粉墨登场”，写了几年随笔。不料，这样一写，把自己写成了“评论部主任”。我到任后不久，“新民随笔”被评为上海市的

“名牌专栏”，这自然是前人栽树，我才有幸当那个乘凉的后人。到评论部工作后，正值报业时评热，顺其大势，经领导同意，我创办了一天一个的时评版，“新民随笔”专栏也由新闻版面移到评论版上来。我感到，“七君子”轮流坐庄的办法好，便向领导提出重建固定作者队伍。邵宁便在那时加入进来，并且，成了少数坚持写到现在的一位。这本书里的大多数文章，正是来自“新民随笔”，而这些年来，一直是我在负责编辑，所谓“第一读者”之说，即由此而来。

说这些评论之前，容我先来说说邵宁的另一本书——《平民记者看上海》，出版于 12 年前，很巧，也是鸡年。邵宁，大学读的是上海戏剧学院，即使在魔都上海，上戏也堪称是最时尚的大学，而且，她又留过洋，30 岁时，又被评为“上海文化新人”。真是不折不扣的“白骨精”，怎么自称“平民”呢？

翻看目录，便有答案。书的第一部分，叫“正在消逝的上海城市风景线”，她写了老虎灶、三轮车、煤球店、织补师、小旅社、书场、废品回收站，等等。后面的几个部分，分别是“上海新事”、“感动上海”、“寻常人家”……是的，写的都是平民。

新民晚报有一句类似于报训的话，叫“飞入寻常百姓家”，现在，这句话印在了报头下面。写平民，也算是晚报记者的题中应有之义。换句话说，在新民晚报工作，应该把描写平民生活、反映百姓呼声当成自己的责任。可以说，晚报的绝大多数编辑记者，包括在下，是有这个意识的。但是，即使如此，把自己定位于“平民记者”并且大声说出来，似乎邵宁是唯一一位。

前几天，本报一位同仁，在朋友圈里发布了几年前别人对她的访谈。第一个问题是：“您最喜欢什么样的生活？”答曰：“自在，自由，充满希望和改变。谈笑有鸿儒，往来无白丁。”我跟这位记者很熟，知道她说的都是真话。一个读书人，有这样的想法，是再自然不过的。我坦白，类似的想法，我也有。但是，身为一名新民晚报的记者，“往来无白丁”，是不是离平民生活，远了些呢？

从这个意义上说，邵宁的存在，是难能可贵的。

确实，“飞入寻常百姓家”，说起来是容易的。但要一心一意、完完全全站在平民百姓的立场、角度来思考、采访、写作，并且持之以恒，是很难的。

我在报业工作近30年，一直做编辑。编辑工作自有其乐趣，但与记者相比，难免有“见稿多见人少”、“内战内行外战外行”等弱点，晚报采编关系一向和谐，记者会带编辑出入一些场合，会见各路朋友。比如，我就跟着记者出席过网球大师杯的新闻发布会、会见曾经的偶像罗大佑、拜访大画家程十发、参观未完工的世博会场馆、登上刚竣工的环球金融中心，等等。其中，就数邵宁安排得最为“寻常”，完全没有上述活动的“高大上”。她带我走访街道和居委会，让我真切地感受到“婆婆妈妈”的琐碎和可贵。看着“白骨精”邵宁，与街道居委的阿姨妈妈们谈工作、拉家常，如亲人、似闺蜜，对那个水乳交融的状态，真是深为叹服——“平民记者”，当之无愧。

拉拉杂杂写到这里，已经铺陈够多，可以来说说邵宁的评论了。

“新民随笔”这个栏目里的评论，有共同特点，比如语言平实，行文简洁，不端架子，平易生动，这也是新民晚报的文脉。这些优点，邵宁的评论，都有。不过，我以为，她最难能可能的，仍然是平民视角。

我试着总结了几个特点，全部用邵宁的标题和文字来说明——

其一，细小琐碎。邵宁写的许多小得不能再小的事情，怕是很少有人会拿来写评论。请看：

《“放心油条”该卖多少钱？》、《一块钱的民生》（说报社对面的小馄饨涨了一块钱）、《谁该陪王阿婆洗澡？》、《老年学校与假发票》（说开办老年学校没有资质）、《回家的“最后20米”》（说老房子的电梯维修)、《的哥的睡觉问题》、《女厕能否也设“一米线”?》、《给孩子戴个头盔》、《“年夜饭”,吃还是不吃?》(讨论八项规定出台以后,招待普通群众的年夜饭还能不能吃)……

其二,独特敏锐。上面说的一些小事,大家都见得到也想得到,只是不会拿来写评论,而有些小事,恐怕一般人都不会观察到更不会去思考。这体现出邵宁的独特眼光。请看:

《宝宝为何不哭?》(提出“不妨让孩子哭哭,也是一种挫折教育”)、《不会微笑》(“发现中学生的表情都是木木的”)、《几岁学外语好?》(提出“选择几所学校,让学生在小学阶段不学外语”)、《把游戏还给孩子》(“住宅区没有沙坑,沙是最好的玩伴”)、《幼儿园“共享”男教师》、《“寻呼”寻呼员》、《居委干部几岁退休?》、《的哥几岁退休?》、《废品的“短板”》、《晾衣绳与碳排放》、《欢迎黄鼠狼》……

其三,思考深入。能够观察细致、平实写作,已经是好记者了。但写评论,考验着作者的思想深度。邵宁显然不满足于就事论事,往往能透过现象看本质,提出深刻的见地。请看:

《取消期中考试,真的假的?》:“我很担心,从小接触‘口惠而实不至’的孩子,长大了会变成什么样?”

《“二万户”的乡愁》:“在人们的一般理解中,乡愁往往是离开故土的人才有的情感,思念的对象以乡村居多。事实上,城市的市民也有乡愁。”

《当幼儿园遭遇“二孩热”》:“只有方方面面都充分考虑到,配套法规政策不断完善,才能让育龄人群想生、敢生二孩。”

《“坏人变老了”吗?》:“其实,究其根本原因,是老人变多了!”“在一个老年人占较低比例的社会中,老人中‘坏人’的数量是不多的,但在一个老年人超过20%的社会里,老人中‘坏人’的绝对数字也就大大增加了。”

《英国人过马路》:“英国人乱穿马路的情况提醒我们：人群的文明素养并非一成不变，可以从差变好，也可以从好变差。上海也应以此为鉴。”

《“爱心冰箱”的尴尬》:“一个项目能否成功不在于一个点子或概念是否新、奇、洋，关键在于是否适合国情、适应需求，为人们所接受。而媒体也应保持一份冷静，对于这样由‘概念’引领的新闻，不妨静观一段时间。”

其四，尖锐犀利。邵宁的笔端，是充满温情的。她对平民百姓一言一行，总是抱着“理解的同情”，即使平民百姓有缺点甚至错误，邵宁行文也是很温和的。但是，对于握有公权力的政府管理部门，邵宁用语要峻切得多。对上金刚怒目，对下菩萨低眉。对此，我激赏之。请看：

“但是，他们恰恰没有从群众的角度来考虑问题，而是只从自身角度出发，相互推诿。”

“为什么很多并不复杂的事，都要到了市长这里才能解决呢?”

“政府对宏观管理不积极、不主动、少作为，而对微观管理则过分积极、过分主动，紧紧抓住不放。”

“事实上，各部门‘多一事不如少一事’、‘求稳’、‘少惹麻烦’等心态，成为乱设摊等违法行为真正的‘保护伞’。”

“在处理类似违反法律法规行为时，有些部门怕矛盾激化而不作为，但实际上却损害了更多群众的利益。”

“在任何场合只会念稿子，算不算庸政懒政?”

“这些并不复杂的投诉和求助，反映至有关部门后，为何会如石沉大海般，迟迟等不到解决的结果?”

“如果什么问题都要靠‘老大’(一把手)来推动，那么各级干部的主观能动性到哪里去了?”

其实，再总结个其五其六其七，也不难。但此文已然太长，该打住了。最后想说的是，近年来，新媒体浪潮无比凶猛，许多纸媒纷纷关张，作为同行，难免心生兔死狐悲之叹。当然，自怨自艾，是大可不必的，紧跟潮流，也不是什么难事。每天刷手机，万千信息奔来眼底，但是，我们还看得到像邵宁这样的平民记者吗？

2017年7月

目 录

城市短板与幸福指数

常回家看看

“坏人变老了”吗?

宝宝为何不哭？

城市短板与幸福指数

“纽约人”在上海

2月19日，我写的《沪上出现另类“洋打工”》在新民晚报刊登后，接到一个朋友的电话。他说，他一位亲戚的孩子和文中Sandra的情况十分相似，也是20世纪80年代末随父母去美国的，后来全家都入了美国籍。孩子出去时年仅6岁，所有的教育都是在美国接受的，现在纽约一所大学攻读建筑设计硕士学位，今年暑假就将毕业，曾在设计金茂大厦的美国SOM公司实习过。近几年，这个年轻人多次来上海，认为搞建筑设计在飞速发展的上海大有可为。朋友问我，能否为他在上海联系一家知名的建筑公司工作？

“纽约人”想来上海打工！我不禁联想到了那部曾风靡一时的电视连续剧《北京人在纽约》。20世纪80年代末，成千上万的北京人、上海人纷纷放弃原本不错的职位、安定的生活，漂洋过海，到异国他乡“洋插队”。这部电视剧是他们这段艰辛经历的真实写照。

当年，曾有人对于这股出国潮表示担忧。但也有一些有识之士指出，出国的游子总有一天要回来的。爱国主义和叶落归根的观念，将使他们在年迈之时回归故里。老一辈华侨中有许多人就走这样一条路。这种判断，诚然是不错的。

但是，他们所始料不及的是，当年出国为求生存和发展的许多中国人，他们的加入了外国籍的下一代，在刚刚成年后不久，就急不可待地回归上海了，成了新一类的“洋打工”，尽管他们中有的人中文说得结结巴巴，有的人汉字不识几个，但还是满怀憧憬地回来了。和当年他们的父母亲投身到出国潮相比，在形式上一样是“洋打工”，在内涵上却发生了深刻的变化。

北京人在纽约是为了图生存，纽约人在上海，更主要的原因是为了事业上图发展、经济上得实益。上海20多年的改革开放，形成了一个强烈的磁场，产生了一种无与伦比的吸引力，把成批的“纽约人”吸引到上海来了。他们希望在上海找到一显身手的广阔天地，当然也是为了把自己在海外学到的本领用来报效祖国。他们的目光是远大的。我们欢迎他们的回归。

从“北京人在纽约”到“纽约人在上海”的历程，时间不到20年。中国强盛速度之快，上海经济腾飞之迅猛，出乎老一辈华侨的意料。中国的这个变化，有许多发人深省的东西让人们回味。

2006年2月26日

六个步骤

这里所说的“六个步骤”，是指企业的退休职工去世后，家属领取丧葬费所必须经过的程序。在不少企业，这个程序长达一两个月。在几天前市政府召开的市人大代表、市政协委员座谈会上，市人大代表、原上海第三十一棉纺织厂工会主席、金秋敬老院院长曹莉萍讲述了这一咄咄怪事。

退休职工的丧葬费是由社会保险统筹支付的。具体领取的程序如下：家属将职工死亡证明的复印件交给退管会；退管会在每个月一个固定的日子，将名单和复印件交到区社保中心；区社保中心对名单进行审核；区社保中心将丧葬费款划到单位账上；单位将现金交给退管会；退管会打电话给家属前来取丧葬费。这个过程少则一个月，多则两个月，家属至少要跑上两次。

在一些效益好的单位，或许有一笔备用金，可以先行垫付给职工家属。而在很多企业已破产、倒闭的纺织系统，往往几个企业合并为一个退管会。如棉纺印公司下属的沪东块退管会，管着3.5万名退休职工，平均每月就有100多名职工死亡，如要支付丧葬费，就得有70多万元“流动资金”，退管会根本拿不出来。

曹莉萍说，现在，办个丧事总要万把块钱，六七千元的丧葬费对一些困难家庭来说，也是一笔不小的费用。她就曾亲眼见到为了早点领到丧葬费，职工家属到退管会拍桌子吵闹的场面。丧葬费不能及时领到，就得由家属垫付，于是乎，老大推老二、老二推老三，容易引发家庭矛盾。

“建议领取丧葬费也能‘一门式服务’。现在信息都已联网，最好是家属只要带好死亡证明复印件和单位证明，就可以到社保中心直接领取。”曹莉萍说道。

“这个建议提得好！”曹莉萍的话音刚落，市长韩正就接了上去，“请市劳动和社会保障局研究一下，尽快解决这个问题。”韩正又说，退休职工都为企业、社会作过贡献，现在人已过世了，家属为了领取丧葬费还要等几个月，实在说不过去。政府和企业之间必要的程序要走，但不要给当事人带来麻烦。

一旁的市劳动和社会保障局局长周海洋点头道：我们一定研究改进方案，力争做到既要准确，也要快捷，方便当事人。

“六个步骤”可望缩减为一两个。旁听会议的我，高兴之余也有一丝疑惑：为什么很多并不复杂的事，都要到了市长这里才能解决呢？

载于 2008 年 6 月 13 日新民晚报

“科学家”看病

身体不舒服，找人看病，如果让你在医生和科学家之间作个选择，相信绝大多数人都会选择前者。然而，在目前上海的一些三级医院里，正有一种将医生变成“科学家”的奇怪风气。

在昨天韩正市长召开的人大代表、政协委员和基层群众代表座谈会上，市政协委员、瑞金医院心内科副主任医师刘艳讲述了这样的不正常现象。刘艳在谈到医生队伍的培养问题时说，现在不少三甲医院的临床医生，都有医疗、科研和教学三方面的任务。医疗工作自不必说，而教学任务，作为医科大学附属医院的医生，也是必须承担的。只是科研方面近年来要求越来越高，分量也越来越重。医生要想晋升职称，就要有研究课题，而且必须是省市级以上的课题，还不止一项；此外还得写科研文章，还必须在 SCI（科学文献索引）杂志上发表。这让临床医生不堪重负。

没有科研课题就不得晋升高级职称，而且这些课题都和临床脱节，动辄基因、蛋白等分子生物学研究，这就迫使临床医生把大量时间、精力花在了科研上，而不再钻研医术。刘艳说，医生们整天被科研、课题、基金、文章、SCI 所淹没，不知道自己的角色到底是医生，还是“科学家”（科研工作者）？

现在医院里博士、硕士很多，他们一门心思搞研究、写论文，有的一年 SCI 文章可以写几十篇，职称晋升很快，但却连一些常见病都不会诊断，更不要说疑难杂症了。令刘艳担忧的是，现在医院中坚力量的医疗水平不如老一代医生，而青年医生的诊疗水平又差了一截。如果医生的培养和晋升走入这样的误区的话，几十年后，很可能没有医生看病动手术了，只有一群“科学家”在医院坐堂。这可不是危言耸听。

韩正市长认真听取了刘艳的发言，感叹道：“在医院里，写文章一代胜过一代，看病一代不如一代，这就麻烦了！”

曾听说，一门外语卡死了一位优秀临床医生的晋升通道，现在，科研的重负又压在更多的中青年医师的身上。不知此类“土政策”的制定者听了刘艳委员的这番话，作何感想？

载于 2008 年 11 月 6 日新民晚报

在世博园遇见托尔斯泰

这几天，上海世博园俄罗斯国家馆内，正在举办图拉州专题展览。图拉是俄罗斯莫斯科附近的一个州，尽管在中国知名度不高，但与之有关的一位文学巨匠却家喻户晓。他就是列夫·托尔斯泰。托尔斯泰在图拉州的雅斯纳亚·波良纳庄园度过了生命中的大半时光。

展厅里，来自托尔斯泰故居的墨水台、钢笔，把我的记忆拉回到那片清新明朗的田野。16 年前，我在俄罗斯留学时，曾去图拉拜谒过托尔斯泰故居。

托翁厌倦贵族生活，对西方文明日渐失望，而对土地和农民充满了感情。他回到家乡，创作出了《战争与和平》、《安娜·卡列尼娜》等不朽巨著。他死后也要求葬在家乡，不竖墓碑。他的墓只是一个长方形的土堆，但上面绿草青青，周围开遍了鲜花，还有白桦和小鸟相伴，被德国作家茨威格称为“世界上最富有诗意、最感人、最使人倾心的坟墓”。

在以城市为主题的世博会上，托翁的思想有着独特的意味。“我欲漫步。清晨，秋高气爽，宁静，温暖，绿草及叶子的芳香。而人类在这城市中正用自己创造的人造自然——工厂烟囱、宫殿、汽车、留声机来替代着美好的自然。可怕，彻底无法改变……”这段摘自托尔斯泰日记的话，充满了对自然的赞美，对工业文明的忧虑。

托尔斯泰和中国很有缘分。他曾经说过，在所有东西方哲学家中，孔子和孟子对他“影响很大”，老子对他“影响巨大”。在他的故居 2 万多册的藏书中，就有中文的线装书《道德经》。1893 年，他亲自同助手从法文和德文转译《道德经》,出版了俄文版。1910 年,他在生命的最后一年收到上海环球中国学生会出版的一份刊物,读后说:"如果我还年轻,我一定要到中国去一趟。"

今年,恰逢这位大文豪逝世 100 周年。因上海世博会的机缘,他的思想和精神也来到了中国。他的关于人类生存的意义、人与自然、道德的自我完善等命题的思考,依然值得今天的我们深思。展厅中,托尔斯泰与老子的观点并列,相隔 2000 年的东西方两位智者展开了对话。

托翁如泉下有知,定会感到欣慰的。

2010 年 8 月 14 日

可以“阅读”的城市

2月13日以来，本报连续报道了关于上海尚有155处名人故居未得到保护的新闻，并公布了这155处名人故居的地址，呼吁加强保护。这让我想起了在俄罗斯的见闻。

俄罗斯的大城市，无论是莫斯科还是圣彼得堡，给我印象最深的便是随处可见的名人故居。有的名人故居已辟为专门的博物馆，而更多的只是在房子外墙上钉上铭牌。铭牌上镌刻着名字，通常书写着“某某于某年某月至某年某月在此生活、工作过”，有的还配以头像。这些名人包括政治家、军事家、文学家、艺术家、科学家、教育家，以及劳动英雄、宇航员，等等。

将名人故居挂牌，在俄罗斯已有百年的历史。尽管大部分名人故居如今已是普通民宅或办公场所，但走过这些挂着铭牌的房子，一股厚重的历史感和对名人的敬意油然而生。阅读名人故居的文字，也成为游客“阅读”这些城市的一种途径。

一座城市之所以成为闻名世界的大都市，不仅仅是因为摩天大楼、霓虹闪烁，更重要的是这座城市中所体现的文化底蕴及特殊魅力，而这种魅力，则来自聚集在这里的各界知名人士，他们留下了一种看不见、摸不着，却影响巨大的“气场”。试想，没有了雨果、巴尔扎克、威尔第、罗丹、香奈儿的巴黎，是否还会是今天的巴黎?

上海尽管开埠不过100多年，但其在近现代史上有着特殊的地位，在这里住过的名人不一定比巴黎、伦敦、圣彼得堡少。上海的大批旧区被改造，城市面貌、交通状况，市民的居住条件得到了改善，功莫大焉。但是，有不少优秀历史建筑以及名人故居也化为废墟，这是十分可惜的。如位于延安中路的徐志摩故居，泰戈尔访沪时还曾住过，也被拆除了。

名人故居记录着名人的足迹，承载着城市的记忆，是一份可以直观的城市档案。

上海市政协文史委经过两年的调查，为我们提供了这样一份宝贵的名录。目前可以做的，是尽快将这155处名人故居的牌子挂起来，告知、提醒人们这里所承载的历史记忆。虹口区于20世纪90年代率先对区内数十处名人故居挂牌，给四川北路周围增添了浓厚的文化氛围，值得提倡。

希望上海也能成为一座可以“阅读”的城市。

载于2011年2月16日新民晚报

教师的“形象”

昨天是教师节，我在本报中国新闻版读到一篇关于乡村教师的报道，这位教师的遭遇实在是令人愤慨。

河北蔚县一所乡村小学的代课教师郭省是位残疾人，身高不足1.2米。郭省在偏僻的宋家庄镇中心校大宁村小学当老师，从学前班教到四年级，语文、数学、英语、科学、品德等各门课都是他一个人教。他每天站在板凳上上课，深受学生的喜爱。20年来郭省大大小小奖项得了无数，但却一直无法转正，生活靠乡亲们接济。几年前，在讨论他的转正问题时，前县委书记竟说：“郭省不能转正，他有损蔚县的教师形象。”

这名县委书记的话，实在是“雷人”。评价一个人形象的高下，是看其外在形象还是内在形象，是不言而喻的。郭省外在“形象”确实不怎么样，但一个农村的残疾人，一步一步走到今天，付出了比平常人多得多的努力。更何况，他热爱教育，热爱孩子，坚守在代课教师的岗位上，用矮小的身躯为孩子们撑起了一所学校，是非常值得尊敬的。郭省在大宁村的乡亲们和学生眼中，形象是最高大、最美好的。郭省这样的老师如能转正，给蔚县的教师形象带来的将是光彩，而绝不是损害。

这样的好老师不给转正，不是说明当地这名领导的荒唐吗？确实如此。据报道，这名前县委书记不仅有眼无珠，而且有严重的经济问题，他因“蔚县7·14矿难”和贪污受贿问题，和原县长一起锒铛入狱。

郭省和原县委书记，最底层的代课教师和权倾一方的“父母官”，形成了鲜明的对比：一个是教师的楷模，一个是人民的罪人；一个是无私奉献、甘于清贫，一个是贪污腐败、以权谋私；一个身材矮小，却精神伟岸；一个或许身材高大，却灵魂卑下。回到本文开头的形象问题上来，真正有损于蔚县的形象的，绝不是郭省，而是这个前县委书记。

令人遗憾的是，郭省的转正问题至今仍没有解决。请问，尽管原县领导已入狱，该县的用人标准为何还是“萧规曹随”？

载于 2011 年 9 月 11 日新民晚报

提篮桥监狱的去留

日前，本报报道了这样一则新闻：几位人大代表提议搬迁提篮桥监狱，理由是其与北外滩发展地块不相适应，而且也不利于犯人的监管。

如今，北外滩的开发进行得如火如荼。或许，在部分人士眼中，这样好的地段居然有一座阴森森的监狱存在，实在不相称，它如同美女脸上一块难看的胎记，最好能够尽快去掉，以流光溢彩的高楼大厦取代之。

始建于 1901 年的提篮桥监狱，由英国人设计，建筑极富特色，是近现代监狱文化的集中体现，现在是上海市近代优秀建筑保护单位。100 多年来，这一圈庞大而牢固的大墙，曾关押过各色人等，其中不乏中外名人，还是中国最早审判日本战犯的场所，并且现仍在有效利用中。这样的监所，在国内几乎绝无仅有，在世界上也不多见。

现在有一个流行词叫“城市地标”，随便一座高一点的商务楼、购物广场或文化场馆，就自称为“地标”，可想当年，提篮桥却是一个实实在在的城市地标。它是提篮桥监狱的简称，在相当长的时期里，它是上海唯一的监狱，且是“远东第一大监狱”；这里也是本市东区一个热闹的商业街区，因为新中国成立前有不少犹太人在此居住而商业兴盛，甚至几十年后物是人非，还保留着“维也纳皮鞋店”之类洋气的店名；这里还是一个重要的交通枢纽。因此，在沪语中，“到提篮桥去”也有多重含义。

甚至，我还听到过这样一个说法，“提篮桥”地名也来自监狱。早年这里确有一座桥，当时犯人家属都拎着篮子过桥来探监，所以这座桥就叫作提篮桥。

对于这样一个承载着几代上海人集体记忆、具有很高历史文化价值的城市地标，今天该如何对待？

首先，应当敬畏历史，珍视遗产。近几十年来，上海已拆除了许多历史建筑，而新建了许多高楼大厦，当时沾沾自喜，而现在看来，有些新楼却是败笔，对整体景观造成了破坏。历经岁月洗礼的百年老建筑，上海已经不多，我们应当视作宝贵的遗产。有了这样的态度，才有资格讨论提篮桥监狱的去留。

其次，提篮桥监狱的去留不能简单化决定，而应由政府管理部门、建筑学家、文物保护专家、研究上海历史的学者等共同探讨、论证，甚至应当听取市民的意见，切忌草率拍板、仓促上马。

第三，即便决定将提篮桥监狱搬迁，这座建筑也决不能一拆了之，或拆一部分留一部分，应当完整保留。像这样建筑特色鲜明，且有大量历史、人文遗存的地方，完全可以建成监狱博物馆。另外，国外有些监狱，如法国的伊夫堡，因关押过“基度山伯爵”而出名，已成为旅游景点，也颇值得借鉴。

载于 2012 年 2 月 10 日新民晚报

“无房证明”的怪圈

市民老王卖了房子后没处落户口，听说去年上海有了公共户口，可以让他这样的人挂靠，便来到某派出所办理。派出所说，其他材料都齐全，还需要一份“无房证明”，否则怎么证明你没地方落户口啊？老王便跑到区房地产交易中心，要求那里出证明。可是，房地产交易中心告诉他：“‘无房证明’不能随便出，你拿一份公安部门出具的介绍信过来，我们给你出。”

于是，老王只得又跑到派出所，让他们开一张介绍信。派出所说：“你开‘无房证明’不是公安机关工作需要，这样的介绍信我们不能开。”随后，老王又跑到房地产交易中心，把派出所的答复告诉他们，再次请他们给自己开“无房证明”。而房地产交易中心还是坚持没有派出所的介绍信不能开。

就这样，老王在派出所和房地产交易中心之间来来回回地跑了很多次，两个机构都坚持要凭对方的证明或介绍信才能办理。老王陷入了一个“先有鸡还是先有蛋”的悖论之中，他转晕了头，兜来兜去转不出这个怪圈。

这是不久前我在市信访办听到的真实故事，颇具黑色幽默色彩。无奈，老王将自己的遭遇通过网上信访向市领导反映。市府领导多次在他的信访件上批示指出，这是典型案例，政府部门不能简单化，应以此案例教育干部，服务群众不能成为一句空话。

经有关部门调查，两家单位乍看都有各自的“道理”：派出所没有“无房证明”的确不能办理落“公共户”；而房地产交易中心只对公检法等特定部门办案需要才能查询个人的房产信息。但是，他们恰恰没有从群众的角度来考虑问题，而是只从自身角度出发，相互推诿。如果不是市领导批示，这只皮球不知要踢到何时！经过协调，老王的户口终于落到了公共户。

群众办事不能总是靠领导批示。好在，这一特殊的网上信访案例起到了警示作用，催生了一个“公共户”申报的规范性文件。今后，像老王这样的情况，可以直接向市房屋状况信息中心提出申请，由中心出具专门证明，然后凭证明到公安机关办理相关手续。

老王的故事最终有了一个光明的结局。

载于2012年5月16日新民晚报

请多关注明星的“摇篮”

伦敦奥运会落幕，无数镜头和掌声对准了夺牌选手以及他们的教练和家人。不过，人们有时会忽略一个地方——基层少儿体校。

基层体校是冠军的摇篮。最近，我在杨浦区采访时获悉，此次上海选手获得的奖牌中，有两块银牌是杨浦区贡献的：陆滢的女子100米蝶泳和曹忠荣的男子现代五项。曹忠荣这块银牌更是中国在这个项目上“零的突破”，含金量很高。而且陆滢和曹忠荣出自同一“摇篮”——杨浦少儿业余游泳学校，他们都是从幼儿园中班起就在这里练游泳的。

我慕名前去，在不起眼的打虎山路上，找到了同样不起眼的泳校的大门。

泳校和杨浦温水游泳池是“两块牌子、一个地方”。出人意料的是，相对于熠熠闪光的体育明星，这座游泳池实在是有些寒碜，建筑老旧，泳道仅六条，采光和透气都不佳，名为温水游泳池，夏天冲澡还没有热水。泳池里，一群娃娃正练得热火朝天。这里不训练的时候也对外营业，每次20元，堪称上海最低。

泳道少，小运动员只能轮流“错时”训练。听说，泳校早就提出改建游泳池，但无奈小小的泳校“人微言轻”，得不到重视。全市其他这样“高龄”的游泳池，已全部改建完了。以至于有一个电影摄制组要拍摄20世纪70年代的游泳池，四处觅不到，本想搭一个，有人推荐他们来杨浦温水游泳池，导演一看：没错，就是这样的！

这里的硬件条件虽差，但是，教练水平高，训练方法得当，能源源不断地把好苗子输送到市队和国家队。草窝里不断飞出金凤凰，让人肃然起敬。

最近，有些媒体在讨论奥运奖牌获得者该得多少奖励。那么，孕育这些明星的摇篮，是否也应得到奖励呢？多给“母鸡”增加一点营养，就能让她多多下蛋。这点投入是值得的。借着奥运的东风，市、区有关部门能否尽快将杨浦温水游泳池改建一下，让运动员和教练员有一个较好的训练环境？场地扩大了，设施提升了，学游泳从娃娃抓起，好苗子肯定会更多。这次拿两块银牌，没准，以后就会捧回一块金牌呢！

载于2012年8月22日新民晚报

何言“喘息”

最近，媒体介绍了一种时髦的“喘息式服务”，还有具体的机构喘息、居家喘息、应急喘息……这个新名词看了让人吓一跳，是服务者本身气接不上来，边喘息边为别人服务呢，还是医生护士帮呼吸困难的病人喘气，比如上呼吸机什么的？

仔细看报道，才知都不是。原来，这是上海市某区引入的来自我国香港、台湾地区的新概念，即为照顾老人的人服务。因为他们长期照料老人，得不到“喘息”。有关部门通过让老人进敬老院暂住、派护工上门等方式，使得老人的家人得以休息一下。

现在，上海的老龄化程度是越来越高了，据最新统计数据，上海户籍人口中60岁以上的老人已达到340多万。许多卧床不起或失能失智的老人需要长期的照顾，家人确实非常辛苦。为照料老人者提供服务，也是十分必要的。

只不过，既然是一桩民生好事，名称就应当让老百姓听得懂。“喘息式服务”针对性不强，如果说，照顾老人的人需要喘息，那么单亲妈妈、单亲爸爸既要工作，又要独自照料孩子，是否也需要“喘口气”？初三、高三学生学业紧张，双休日、假期也在外面补课，天天晚上十一二点才睡，是不是更需要“喘息”？如果一位市民到街道说“我要申请一次喘息式服务”，听上去显得很滑稽。

我们的民生工作、社会管理，照搬外来名词的情况并不少。多年前上海还推出过一种“非正规就业”，这是来自国际劳工组织的一个概念，实为扶持下岗失业人员创业的优惠举措，但初期许多下岗职工听不懂，都认为这种就业是“不正规”的，因而少人问津。其实，如果用“微小型创业”来代替就简单明了。

日前，我在杨浦区民政局采访时，听说了一种“护老者之家”，由杨浦区福利院和长白街道试点。这也是针对照料老人者的一种服务。来自福利院的专业“护老团队”上门指导如何护理老人，在家人无暇分身之时帮忙照料老人，或将老人接到福利院暂住。这一公益项目已开展一年多了，有 1 500 人次护老者受益。“护老者之家”与“喘息式服务”有异曲同工之处，但这个名称通俗易懂，感觉温馨多了。

载于 2012 年 10 月 10 日新民晚报

当西方遇见东方

最近，我参加市政府新闻办组织的对外文化传播培训团赴英国学习。前不久，在牛津大学阿什莫伦博物馆参观时，一个特别的主题展厅引起了我的兴趣，上面书写几个大字：当西方遇见东方。

细看陈列品的说明："自从15世纪的地理大发现后，商人的商船从东亚运来了瓷器、漆器和印度的棉纺织品。它们的流行改变了欧洲人的口味。"展厅中，放着多组瓷器，有三件粗看都是东方的，其实却只有一件是，还有两件是18世纪法国尚蒂伊瓷器厂仿制的，从造型到颜色、花纹都极为相似。此外，欧洲的早期瓷偶从造型、釉色，都可以看出对中国陶瓷人像的模仿。

17、18世纪，当中国的瓷器、茶叶、丝绸传到欧洲的时候，欧洲也掀起了一股"东方热"。当时由于中国货非常稀罕、昂贵，买不起的人也会用一些仿制品，这就催生了一些工厂仿制东方瓷器、漆器。这种风潮，就如同今天的不少中国人崇尚西方文化，甚至不惜仿造类似风格的产品。

东方文化从来都具有深厚的历史积淀，也不缺少自信。请不要忘记：东方人"曾经改变欧洲人的口味"！

进入21世纪，当西方再次遇见东方，其内涵有了新的变化。不久前，在莎士比亚的故乡斯特拉特福，我看到了一幅巨大的戏剧海报，竟然是元曲大家纪君祥的《赵氏孤儿》！经英国剧作家改编后，《赵氏孤儿》成为皇家莎士比亚剧院诠释的第一部中国舞台剧。金发碧眼的英国演员穿上中国春秋时代的服饰，以自己的理解，来演绎东方剧作家笔下的爱恨情仇。

今年5至11月，剑桥大学博物馆举办了一个“追寻不朽——中国汉代墓葬精华展”，包括金缕玉衣在内的350余件汉代文物首次在海外亮相，引起轰动。如今，走在伦敦街头，孩子会对着东方面孔的我们说“你好”。现在，英国普遍鼓励小学将汉语作为外语进行教学。

然而，值得思考的是，我们带给世界的东西，不应只是传统文化艺术，而可以送去更多新的高科技成就和现代文明成果。除了莫言，我们还有更多的当代文艺家的优秀作品可以输出。

当西方再度遇见东方。中国，准备好了吗？

载于2012年11月28日新民晚报

“年夜饭”，吃还是不吃？

今年的“年夜饭”，吃还是不吃？对不少单位领导来说，这是一个问题。其纠结程度，恐怕不亚于哈姆雷特对“生存还是毁灭”的思考。

中央的“八项规定”给政府机关、国有企事业单位上了一道“紧箍咒”，好得很。大吃大喝“急刹车”，也出了不少新闻：

某街道办事处每年都请社区的老同志、文化人士、志愿者聚餐，其间还有居民表演节目。今年请帖早已发出，前几天却紧急打电话，一一通知取消。沪上一家大型国企在“年夜饭”举办前夕突然取消，佘山一五星级酒店却不愿意退订金，无奈之下，该企业只好派了两部车从酒店打包好 20 桌的饭菜运回。某公安分局在食堂吃“年夜饭”，全体民警到齐坐下，冷菜刚刚上桌，还没动筷子，只听一声令下——“执行中央规定，年夜饭取消！”到底是纪律部队，所有民警二话不说，齐刷刷地离场。

有关禁止公款吃喝的文件年年发，却从未像这次这样立竿见影。“八项规定”给愈演愈烈的公款吃喝风下了一剂猛药。有人说，这样有些“矫枉过正”，把正常消费也禁止了。但有时候，“矫枉”必须“过正”，不“过正”不能“矫枉”。尤其是当公款消费、公款吃喝、公款浪费等难以区分的时候，五星级宾馆、高档烟酒、奢华餐食、昂贵礼品、明星助阵……只有先严格控制住公款消费，才能堵住奢侈浪费的漏洞，管好财政和国企的“钱袋子”。

那么，对于忙碌了一年的员工来说，这顿“年夜饭”，还吃得上吗？其实，不妨让“年夜饭”回归本色。正如家庭的“年夜饭”的意义是一家人团聚，单位的年会或“年夜饭”，其实本意是一种人心的凝聚，一种情感的交流，一份精神的慰藉。记得多年前有次在郊区一家医院采访，中午时分，院长邀请我参加他们医院的“年夜饭”，食堂做了不少家常菜，分量很足，院领导向职工道一声辛苦，同事们相互敬酒，只有雪碧可乐，也很尽兴。

对于那些盼望着年终聚聚的老同志，也不妨请他们来单位，和大家一起聚餐，或者开个茶话会，捧上一杯热茶、一份水果、几盘零食，也能开得热热闹闹。而对于社区那些一年到头没有上馆子机会的孤老，街道请他们到饭店吃顿“年夜饭”，大概没人会说是乱花钱吧。

载于 2013 年 2 月 6 日新民晚报

再说“动迁黄牛”

“动迁黄牛”是沪上旧改征收(原动迁)基地的一大怪现象,他们像苍蝇一样,挥不去、赶不走,信口开河,忽悠造假,无孔不入。而在杨浦区旧改任务最重的定海地区,两年来通过公开透明的“阳光征收”以及严格管理、执法,“黄牛”基本消失了。我经过几次采访,写了篇报道《征收基地“动迁黄牛”不见了》刊发在 2 月 21 日的本报上。

昨天,我接到一位读者的来电。他说:“在普陀区的一个旧改征收基地,那里‘动迁黄牛’依旧很猖狂,有什么办法可以对付他们吗?”这位读者的老房也属于征收之列,他觉得政策也不错,按照他家的面积、人口,可以补偿三套安置房,他挺满足的。不过,他的一个家庭成员不争气,还是和“黄牛”勾结,还伪造假证,想通过征收多捞一票。

这位读者是位正直的人,他对于“动迁黄牛”深恶痛绝,也看到“黄牛”与征收工作人员有接触、勾结的不正常现象。他希望有关部门能来“煞一煞”这股歪风。

这些年来,我在采访中了解到的情况和这位读者所反映的一样,在一些征收基地,“动迁黄牛”依然出没,而他们之所以能够生存,有征收工作透明度不高、政策前后不一致等多种因素,也不排除个别征收人员与“黄牛”内外勾结,材料审核不严,甚至向“黄牛”透露居民信息等。

其实,大多数老百姓都是诚实的,对于“动迁黄牛”十分不满,因为“黄牛”通过不正当的手段获取利益,肥了自己的腰包,实际上侵害了大多数征收居民的利益。

“一边是高楼大厦、一边是棚户简屋”,这样的景象在上海依然存在。在今后的几年中，上海将加大旧区改造力度，今年的力度就大于去年，将拆除70万平方米的旧房，惠及3万户家庭。而加大对“动迁黄牛”的打击，规范征收行为，不仅深得民心，也是迫在眉睫。

其实，评判一个地区旧改工作的好坏，除了签约率等硬指标，还有一个“软指标”可以参考：有无“动迁黄牛”。哪里有“动迁黄牛”，哪里的旧改就速度慢、问题多；哪里黄牛消失，哪里的征收工作一定是公平公正、迅速平稳的。

载于2013年2月27日新民晚报

一纸批文

采访两会，能听到各界代表的议政观点，也能听到各种各样来自基层的好事、怪事、烦心事。在前天的上海代表团的审议会上，我就听到盛亚飞代表讲了个“一纸批文”的故事。

几年前，松江新建了一条轨道交通线。开建时老百姓都很高兴、很期待，等到建完了，却发现问题出现了，因为它与老城区、中心城区还相差一两站路。老百姓看到地铁通车后，通不到自己家，还绕圈子，就开始骂娘了：“政府怎么搞的，建地铁不为我们服务好？”

老百姓强烈要求地铁延伸过来。轨交线延伸，区政府算了一下账，这个资金区里还是有能力承担的，问题不大，于是，区里和申通公司一商量，就决定实施这个项目了。不过，资金超过一定额度，项目需要报有关部门批准。谁知一报批，就是若干年。其间既没有一个人下来看一看、听一听，也没有人告诉一声到底是批准还是不批准！

如果一直等下去，不知道要等到猴年马月。老百姓的出行难可不能一年年地拖下去啊！好在区里抓住了有利时机，在市里领导的支持下，决定边报批边启动。当时这是冒了很大的风险的。所幸，去年 12 月底，这个项目顺利完工了。一条轨交延伸线建成，方便了几十万人出行，老百姓欢欣鼓舞。

说到这里，故事就要结束了，不过“亮点总在最后”——就在这条轨交延伸线准备通车的前一天，同意建设的一纸批文下来了！

手捧建设批文，项目负责人真是哭笑不得。

“我就是想不明白。不要中央财政一分钱的项目，我们报上去几年，没有人下来看一看，不来调查研究，也不告诉你批准不批准。这样的审批权，为什么还要死死攥在手里不放呢？”盛亚飞的感慨，引起许多代表的共鸣。

这件事暴露出“衙门作风”、“朝南坐”、“不作为”等种种行政审批中的问题，十分典型。现在，政府对宏观管理不积极、不主动、少作为，而对微观管理则过分积极、过分主动，紧紧抓住不放。

政府职能转变、行政审批制度改革，迫在眉睫。这次国务院机构改革是一个大好时机，一定要加大行政审批制度改革的力度，简政放权，向市场、向社会放权，提高审批效率，减少“一纸批文”这样的怪事。

载于2013年3月13日新民晚报

谁是第一责任人？

老龄化社会催生了一些为老服务的新行当。

巡视报告员就是其中一个。他们每天到独居老人家中“巡视”，发现老人有异常情况立即向上“报告”。一个巡视报告员一天要“巡视”十多个老人，如果某位老人24小时没有音讯，就立即向居委会报告。这样的工作人员，在有些社区叫“关爱员”，顾名思义，为独居老人送上关爱。还有的社区向社会组织购买服务，由电话中心的话务员每天给老人打一个电话……

这样的做法，初衷是好的，从事这项工作的人也很辛苦。不过，从另一个角度来看，这样的关爱，老人是否乐意接受呢？不少老人反感这样的“巡视”，因为它往往会成为例行公事的蜻蜓点水；而那种“关爱电话”，往往千篇一律：“老伯伯，侬今朝身体好哦？好的。再会。”于是，为了解独居老人是否平安，不少社区又想出了许多“土办法”：以送牛奶为名了解老人健康状况；知道老人爱干净，观察他家衣服有没有晾出来……可谓绞尽脑汁，煞费苦心。

绞尽脑汁为哪般？曾听社区干部大叹苦经：阿拉也是没办法，万一老人突然在家中去世，你们新闻媒体马上就来采访了，发生在这个小区，就是社区的责任！而且，即使新闻没有报道，上级部门也会怪我们工作没做好。

那么，老人平安、健康的第一责任人究竟是谁？毫无疑问，是老人的子女、家人。其实，最应该到老人家里“巡视”的，是子女；最应该给老人打电话的，是子女。一位老龄工作者说：同样是看望老人，子女、孙辈来看望，和志愿者、关爱员来看望，老人的感受完全不同。子女走了之后，老人还会津津乐道好久，而其他人离开后则没有这种“回味”。

在子女缺位的情况下，“巡视”、“关爱”队伍和“电话工程”，成为守护老人安全的“最后一道防线”。但要防止政府的包揽，助长了个别子女对老人的不闻不问。

独居老人要不要关心？为老服务的钱要不要投入？答案都是肯定的。如何把资金用得更恰当，用在老人更需要的地方，还得多听取群众的意见。而让子女“常回家看看”，不仅需要写入法律，更需要形成一个强大的舆论场。

载于2013年8月28日新民晚报

真正的“保护伞”

一个多星期前，电视台曝光五角场占道无证摊贩背后有神秘“保护伞”的新闻，让人震惊。次日，杨浦区区长就到现场查看，连公安分局局长都“坐镇”派出所，彻底调查这件事。事情很快就清楚了，“保护伞”纯属子虚乌有，乃亭子主人“老四”自己“豁胖”，“保护费”乃是他自己收取的租金，也没有新闻中说的那么多。事实上，由于这“老四”一家三人都是残疾人，城管执法曾遇到阻挠。

这一事件最终水落石出，然而背后隐藏的问题发人深思。

城管，可能是时下中国最“悲催”的行业之一了。对于城市顽症乱设摊，管吧，会受到小贩的反抗，光靠“微笑执法”、“眼神执法”无济于事，如果发生冲突，挨骂的肯定是城管，而残疾人更因为是弱势群体，碰不得；不管吧，环境脏乱则会遭到居民投诉和媒体批评，甚至让人产生“保护伞”的联想。

那么，对于马路上的小摊贩，是不是束手无措了呢？在这起所谓“保护伞”事件中，由于领导的重视，各级部门雷厉风行，五角场的两个占道多年的小吃亭当场被拆除。本报也多次报道过许多地区整治乱设摊的好经验，同样是在杨浦区，新华医院门口的数百个摊位曾摆了好几年，搞得医院不像医院，现已被整治得干干净净。关键在于有没有决心去做。

当然，整治乱设摊，不仅仅是城管一家的事。如工商部门负责核发经营主体营业执照，对于无证无照经营等违法行为何以不能管？又如，食药监部门负责食品安全，无证小摊贩卖烧烤、炒饭、肉夹馍，没有食品经营许可证，影响市民的生命安全，完全可以依法取缔。

事实上，各部门“多一事不如少一事”、“求稳”、“少惹麻烦”等心态，成为乱设摊等违法行为真正的“保护伞”。

要解决城市管理的顽症，关键是要破除干部思想上的“保护伞”，要有敢于担当、敢于碰硬、敢于迎难而上的精神。旧区改造原来也是矛盾非常突出的难题，曾被称为“天下第一难”。然而从去年以来，上海的旧区改造开创了新局面，各区接连传来好消息，连 18 年都动不了的虹镇老街，在几十天里就完成了二次征询。相信只要下定决心，齐心协力，严格执法，城市管理一定也会取得新突破。

载于 2013 年 11 月 13 日新民晚报

外长的承诺

今年全国两会的外交部部长记者会上，王毅外长的最后一段话给我留下了深刻的印象。他透露了一个信息：外交部将在年内建成领事保护与服务全球应急呼叫中心，一条 24 小时的电话热线为海外公民服务。“今后，我们的同胞不管走到世界哪个角落，一旦遇到危难，就能在第一时间与祖国取得联系，听到来自祖国的声音。”他还说，“外交只有植根人民、造福人民，才能立于不败之地。我们愿意为每一位怀揣梦想、走出国门的同胞遮风挡雨，成为大家可以依靠的坚强后盾！”

我采访全国两会新闻已经十多年了，外交部部长的记者会也参加过多次。然而，关于“外交造福人民”的理念，还是第一次听到。这几句话掷地有声，让人听后心中涌起一股热流。

自从 1989 年第一次公派出国留学，我持有护照已经 25 年了。这个小小的咖啡色的本子，从未像今天这样让我感到底气十足，甚至套用一句时髦的用语——霸气十足！

网络和微信上曾流传过这样一个帖子，对中国护照和美国护照上写的内容作了比较。美国护照上写着：不管你身处何方，美国政府和军队都是你强大的后盾。中国护照上写着：请严格遵守当地法律，并尊重那里的风俗习惯。虽然这个帖子后来被证实是编造的，但部分国人“崇洋”之心可见一斑。

而王毅外长的话，给了成千上万中国护照的持有者一个庄严的承诺：我们的国家、我们的外交部、我们的领事保护与服务，有能力保护本国在海外的公民。这一承诺，来自一个大国的自信。这一承诺，是对这个帖子最好的反驳。这一承诺，给持有护照的中国公民吃了一颗定心丸。

近年来，很多中国人移民海外。其中有不少外国“绿卡”持有者，因为羡慕这些国家的护照“含金量”高，去很多国家可以免签，才选择加入外国籍。然而，最近几年与中国互免签证的国家也不断增多，去欧美国家办理签证也十分方便，出入国门对许多中国人来说已经是家常便饭，中国护照的“含金量”也在提高。加上我国的外交保护正日趋完善，有强大祖国为海外公民撑腰，相信将有越来越多的人为拥有一本中国护照而自豪。

载于 2014 年 3 月 12 日新民晚报

被告与被告人

关于“被告与被告人”的问题，先从我和女儿舒尔的一段对话说起。那天，我们一起看6点半的电视新闻，有一个报道是一起行政案件的庭审，上海某区区长出庭，面前摆了一个牌子：“被告”。

舒尔指着电视画面叫了起来：“这个牌子写错了！应该是‘被告人’，少了一个‘人’字！”我忍不住笑了。先表扬了一下她看新闻很仔细，而且知道“被告人”这个法律名词，然后给她解释了一下：这个牌子没有错。“被告人”和“被告”是两种法庭上的称谓，都有的。“被告人”是指刑事案件的当事人，而一些民事案件和行政案件的当事人，则不叫“被告人”，称为“被告”。简而言之，“被告人”一般都是坏人，而“被告”多数情况下则不是。中间，孩子又追问什么是刑事案件、什么是民事案件？我都给她作了解释。

看新闻时注意观察，还有质疑精神，这对于不到9岁的孩子来说是很可贵的。“被告与被告人”的问题不仅孩子容易搞错，连很多成年人都不清楚。还有一次，看音乐剧《妈妈，再爱我一次》彩排，有一场“弑母”青年在法庭受审的戏，舞台上青年人面前的牌子上写着“被告”两字。我看后发现这个错误，把意见告诉了导演。后来剧组就改掉了。

后来我把这段和女儿的对话发到微信的朋友圈里，没想到许多朋友在点赞之外，纷纷留言：“长知识了”、“还有这说法？”、“普法学习中”……我很惊讶，看来，不知道两者区别的朋友确实很多，普法教育任重道远。

而第二天看报纸，更让我惊讶了。本市一份早报对区长出庭应诉作了很大篇幅的报道，并配了大幅区长的照片。但报纸上的照片将区长的形象拍得很糟糕，低着头，表情无奈，面前“被告”的牌子很触目，很可能是有关记者、编辑将“被告”和“被告人”搞混了！事实上，在电视报道中，区长在庭审中坦然自若，在辩论时陈述理由，侃侃而谈，思路清晰。相信摄影记者拍下的镜头有不少，但编辑在选用照片的时候，不恰当地选择了这样一张，使得报道出现了偏差。这家报纸即便没有把“被告”和“被告人”搞混了，至少也有着“坐被告席不光彩”的观念。

有一些法律知识的人都知道，在行政案件的庭审中，原告和被告的地位是平等的，在开庭之际，绝不是坐在被告席上就是有错的一方，更没什么丢脸的。统计数据显示，在2008至2012年间，上海法院共受理一审行政案件9 976件，审结9 887件，同比分别上升7.3%和5.9%。行政机关败诉率为6.1%。也就是说，在过去几年本市的“民告官”案子中，行政机关绝大多数都是胜诉的。

今年，上海市政府出台《上海市人民政府关于本市行政机关负责人行政诉讼出庭应诉和旁听审理的指导意见》，这位区长成为本年度上海首个出庭应诉“民告官”的区长，其行为值得称道。在一个半小时的庭审中，原被告双方面对面辩论争议焦点问题，最后，合议庭作出判决，驳回原告诉讼请求。这样一场庭审，体现出法治上海对依法行政、依法维权的新要求。

区长出庭应诉本是件正常的事，而且体现法治的进步。随着人们法治意识的增强，相信今后此类“民告官”案件会越来越多，也会有越来越多的区长、局长出庭应诉和旁听。而破除人们头脑中“坐被告席不光彩”的错误观念，也要通过各种媒体上越来越多的此类报道来实现。

因此，提高媒体从业人员的法治素养，刻不容缓。

载于2014年5月《现代工商》

拆除鸽棚的随想

最近，我在杨浦区采访时，听到了这样一件事：有一处搭建五六年、被邻居投诉几十次的阳台鸽棚，终于在街道开展的群众路线教育实践活动中，被拆除了，群众拍手称快。然而，这件事的解决过程，却引发了我一些随想。

搭鸽棚的是顶楼的一户人家，养了几十羽鸽子和几只乌骨鸡。这些鸽子不是信鸽，而是肉鸽。城市不能养鸡鸭、牛羊等家禽家畜，人人都知道，这也是国务院《城市市容和环境卫生管理条例》明确规定的。但这户人家依然我行我素，狭小的鸽棚臭气熏天，鸽粪经常掉在邻居晾晒的衣服上，还有引发和传播禽流感的隐患。

违反法规、影响环境、妨碍他人，这样的鸽棚当然没有存在的理由。几年来，当有关街道、居委会屡次上门劝说时，这户人家态度强硬，根本不予理睬。在这次群众路线教育实践活动中，鸽棚作为涉及周边群众的“老大难”问题，被报上来，列入限期解决问题的清单。然而，街道组织城管、居委干部和民警上门 20 多次，可主人就是不开门，更不要说配合执法人员调查了。最后有关执法人员制订了行动方案，决定从隔壁邻居阳台爬过去。幸好在最后一刻，主人打开了门，同意拆除鸽棚。

明明是违反了法规、影响了别人，可户主不开门，那么多部门就束手无策。尽管条例规定可以罚款，但在实际操作中还是“以人为本”。相比之下，在欧美许多国家，类似的行为都会受到严重处罚。在美国，如果不修剪草坪、不清扫门前积雪，就会引起邻居投诉，还会被政府开罚单。甚至家里孩子吵闹奔跑影响邻居、炒菜油烟过大，也都会引来警察上门、法院传票。如果对于政府、警察的提醒、罚单不予理睬，轻则会在个人信用档案里记录在案，重则受到罚款、监禁等处罚。

由此看来，我们的法律法规还是不完善，在规定了哪些行为“不可以”的时候，没有具体规定如何执法。就拿最近新华路历史风貌保护区里一栋欧式别墅被“拆落地”（原拆原建）事件来说吧，如此恶劣的违法行径，当事人至今没有受到任何惩罚。另外，在处理类似违反法律法规行为时，有些部门怕矛盾激化而不作为，但实际上却损害了更多群众的利益。

载于 2014 年 8 月 13 日新民晚报

您吃不吃?

前天，我去便利店买牛奶。拿起一盒1升装的鲜奶，惊讶地发现竟然是9月3日上市、保质期至8日的，也就是说当天就到期了。好不容易在货架最里面，找到了一盒当天上市的。便利店里牛奶的摆放位置，和新鲜程度成反比，这已成惯例。店员对此不以为然："又没过保(保质期)，怎么不能卖?"

便利店本小利薄，希望将前几天的牛奶尽快卖完，可以理解。但是，如果是老眼昏花的老人或者大大咧咧的顾客，拿了就走，又万一当天喝不完，岂不是可能损害健康?我很想问一声便利店的经营者："当天到期的牛奶，您自己会买吗?"

最近，有媒体报道，现在上海不少包子店蒸包子、蒸馒头，已悄然将竹木垫、纱布垫更换成一种硅胶垫。而当记者就此事采访市食药监局和市质监局时，对方起初均表示，此事并不在自己的管辖范围内。随后，市质监局称，目前相关的卫生标准只有《食品用橡胶制品卫生标准》，但该标准没有限定食品用硅橡胶制品的使用范围和温度，也未规定食品用硅胶垫的使用期限。对蒸煮馒头时，硅胶垫在高温下反复使用是否有安全风险，他们将会同相关部门进行安全评价。

可是，就在有关部门不紧不慢地进行安全评价的时候，已经不知道有几千几万只硅胶垫蒸出的馒头，卖到了消费者的手里，吃进了肚子里。听了这样的答复，我很想问这些官员一句："用这样的硅胶垫蒸出的包子，您吃不吃?"

几个月前电视台报道，一些菜场卖黄鳝的小贩在洗黄鳝的水中放入一种白色粉末，据说可以使黄鳝更易清洗，看上去更光亮新鲜。

这种白色粉末究竟是什么？对人体有没有危害？当记者带着这种白色粉末找到某区食药监局时，一位科长面对镜头淡定地说："无法马上证明这种粉末是什么，必须送到市里的实验室进行检测，前后过程大约要一个月。"这位科长应该是"照章办事"。可是，看到她那种不紧不慢的态度，我还是想问一句："这样的黄鳝，您吃不吃？如果家里的老人买了用这种粉末清洗的黄鳝，您同样无所谓吗？"

"法无禁止皆可行"，在食品安全方面，并不可行。如果经营者和管理者能够将心比心，或者换位思考，那么，问题就会少很多。

载于 2014 年 9 月 10 日新民晚报

再说牛奶的保质期

前不久我在《您吃不吃?》一文中,讲到了便利店鲜牛奶的保质期问题。随后我收到宝山区一位朱姓读者的来信,信中谈到了"福利牛奶"的保质期问题。来信不长,不妨实录如下:

"我今年7月已满90周岁,蒙政府关怀,每月获赠一箱光明牌牛奶(24盒),使我心中充满感激和温暖。但万万未料到的是,领到手中的牛奶,竟是已生产了三四个月的宿货(7、8月份领到的是4月份生产的,9月份领到的是5月22日生产的)。众所周知,牛奶是最讲究新鲜程度的,对老年人尤其如此。对于这种生产了三四个月的牛奶,虽然尚未过六个月的保质期,但已过了三分之二的时间,岂可再发给耄耋老人饮用?我也很想问问牛奶公司负责发奶的同志,假如你们的双亲也已达到享受'福利牛奶'的高寿,你们是否也发给他们这种牛奶?

"这件事憋在心中已久,看了您的文章心中产生了共鸣。今天写信给您,一方面与您聊聊心中的不快,一方面也想借记者的力量,能向有关方面反映反映,加以改进,真正造福于民。"

读了这封信,我心中五味杂陈。

生产了三四个月的常温奶,能喝吗?能,因为没过保质期。拿这样的牛奶作为政府给予高龄老人的福利,有错吗?似乎没大错。可是,一箱牛奶24盒,如果一天一盒,喝到最后一盒,又是一个月快过去了。如果有怨言,似有"拎不清"之嫌——政府送给你喝的,还要挑三拣四?朱老先生只能"憋在心中"。

然而,朱老先生每次拿到这样的牛奶,原先心中的那份感激和温暖，便慢慢消失了。看样子，他是不会喝这牛奶的，那么，政府的一片关爱，也就落了空。

正是由于没有注意细节，导致“好事没有办好”，这样的例子并不鲜见。出现这种情况，关键还在于办事的人没有“换位思考”。只要想一想，同样两箱常温奶，一箱刚出产的，另一箱三四个月前生产的，如果放在超市，你会选哪一种？送自己家里的老人，哪一种更合适？那么，办事的人就能把“好事办好”。

敬老爱老，“敬”字当头。如果没有一份敬意在里面，给老人送再贵重的东西，意义都会大打折扣。

载于2014年9月24日新民晚报

沉默是金

喧嚣尘上的复旦投毒案，在时隔一年之后又掀起涟漪，因为该案下周即将迎来二审。从 12 月 1 日起，各家网站和媒体就争先恐后地发布了这个消息。有人说，二审还未开庭，“舆论法庭”、“媒体审判”已经纷纷登场，令人担忧。

刑事案件二审是一个极其严肃的司法行为和法律程序，消息必须由审判机构，即上海市高级人民法院发布。但是，现在几乎所有的网站、纸媒的信息都是从被告代理律师那里了解到的。只有本报记者昨天在采写报道之前，向市高院进行了求证。这一点，反映出一些媒体法治素养的缺失。

更为不恰当的是，一些网站和媒体在二审开庭前对一方当事人给予大量含有浓厚的感情诉求的报道，比如林森浩“道歉信”内容的摘抄、道歉信转交被拒收、对林父及其家人的采访，等等，加上数月前的“复旦学子为投毒凶手求情”等报道，均在一定程度上对社会公众造成了影响。一些从事法治报道多年的资深记者表示，在案件审理过程中，媒体对涉案任何一方有倾向性的报道，应当审慎，避免舆论影响司法公正。

当然，这一切不能完全怪罪于媒体。一些能够接触到当事人、案情，在法庭之外出奇活跃的身影，是否更应承担责任呢？林森浩身陷囹圄，其“道歉信”媒体是无法获取的，无疑也是其代理律师提供的，这封信的真实与否，是否为林森浩亲笔所写，也是律师的一面之词。

律师之所以在开庭前发布如此多的信息，目的是博眼球、博出位，甚至还希望“以民意影响判决”。这样的律师，如今并不鲜见。有些做得实在太过分，如北京李某某案的律师，就因不当披露案情，受到了律师协会的处分。

律师，作为专业法律工作者，必须比一般公众更敬畏法律。事实上，一名律师是否成功、优秀，不在于有没有事先“爆料”，不在于懂不懂打“擦边球”，而在于法律功底的深厚、法律知识运用的恰当，在于能否以充分证据、事实以及在法庭上出色的表现打赢官司。

有时候，保持沉默要比开口说话更艰难。但有时候，沉默是金。

2014 年 12 月 3 日

匆忙的免职

上周发生在贵州毕节的四名留守儿童服农药自杀一事，震惊了所有人。几乎每个人都在追问：是什么造成了这一出罕见的人间悲剧？

6 月 12 日，相关新闻接踵而至。毕节市委和七星关区委决定对毕节四名儿童服食农药身亡事件相关责任人进行处理：七星关区政府一名副区长、区教育局局长和田坎乡茨竹村一名包村领导被停职检查；七星关区田坎乡党委书记和乡长均被免职。而此时，距孩子们之死只有三天，他们的父亲还没有找到，母亲也还未赶来。

我不禁有点疑惑：这么快对基层官员进行处理，是不是太匆忙了一点？

四个幼小生命这样离去，确实让人唏嘘不已。但平心而论，把这件事的责任都归结于当地政府，是不公平的。这四个孩子不是孤儿，尽管父母感情不和，婚姻出现问题，但他们是孩子的法定监护人。退一万步说，即便双方离异，对孩子来说，父亲和母亲的身份从来不会改变。让四个未成年的孩子留在家里，自己出去打工，并且没有托付给其他人照料，尽管可以用贫困来解释，但也无法减轻父母在这个事件上的责任。

据报道，孩子的一个远亲说，孩子不缺吃穿，缺的是家人的关心和照顾。“父母说走就走，很多责任都没尽到”，他们对孩子的关心，甚至还比不上村里的干部和周围的邻居。事实上，当地政府对这些孩子没有不闻不问，出事当天还有多人上门家访。

这几天，媒体和专家更多地把悲剧的原因归结到留守儿童的心理需求没有得到满足上。是的，孩子们因为缺乏爱而告别人世。中国青少年研究中心今年发布的一份关于农村留守儿童的调查报告称，当下中国有超过6 000万的留守儿童，其中200万名独居儿童完全得不到父母长辈照顾。留守儿童问题，是一个迫切需要全社会关注的问题，这也不是处理几名基层官员就能解决的。

说到底，这起悲剧是一个突发的个案。对于发生了这样无法预料的事，如果当地市长出于痛心，愿意主动“引咎辞职”，倒还说得过去。可是，在事件调查还未结束的时候，便匆匆忙忙将下属停职、免职，除了是为了“对上面有个交代”，真不知道是为了什么。

载于2015年6月17日新民晚报

今天，怎样当代表？

我连续两天中午来到上海市人代会的静安代表团所在地，都看见上海市民熟悉的“新老娘舅”柏万青。身边没有了团团包围的粉丝，不用慷慨激昂地演讲，中午时分对大忙人柏阿姨来说是难得的清静。她一会儿从包里拿出一叠叠材料翻阅、整理，一会儿戴着老花眼镜在电脑上一个一个键地按着，当然，也不时有其他代表跑来和她交流。

我问：“柏阿姨，这次会上您准备提什么建议？”她说：“有好多呢。比如信息泄露问题，比如失独父母的养老问题，比如多层老公房推广‘座椅式电梯’，还有老年人的监护人怎么落实！”

只听说过未成年人有监护人，老年人也需要监护人？这让我有点好奇。

“是的。去年我碰到一件事：14个聋哑人的房子被骗掉了！还有些弱智人员、患了老年痴呆症的失智老人，都需要有人监护。上海已经进入老龄化社会，八九十岁的高龄老人越来越多，怎么保护他们的权益，值得引起重视。”……柏阿姨滔滔不绝。

柏阿姨是老代表了。记得五六年前她来开市人代会，曾拖了一个拉杆箱，里面满满的都是她撰写的议案、书面意见和群众来信。她说，自从在电视台主持了“新老娘舅”节目以后，加上参加其他社会活动，有很多观众和市民都给她写信反映情况。对于群众集中反映的意见和问题，她都整理汇总，带到人代会会场上。

几年过去了，柏阿姨的装备也更新换代了，笔记本电脑取代了拉杆箱。前天，为了给我材料，她又拿出一个U盘，所有的意见、议案都存在里面。

今年的人代会上，柏万青代表共提交书面意见37个、议案九个。她连续五年提出针对家庭暴力必须立法的议案，引起了市人大常委会的重视，他们转给了全国人大，全国人大正准备制定《反家庭暴力法》。前两天，市人大的同志特地告诉她，准备等全国出台后，再制定上海地方法规。

静安代表团的一位领导感慨道："要是代表都像柏阿姨这样，就是真正的人民代表了。"

很多年前，曾有人开玩笑地说两会的特点是"代表的手，委员的口"，意思是人大代表在会上的主要任务是举举手，政协委员则"开炮"多。事实上，我采访上海两会十多年，发现完全不是这样。有许多代表像柏万青一样，带来了大量有价值的意见建议，特别是一些基层代表，为老百姓的大事小事大声疾呼，还有一些行业专家以及来自法律界代表，履职水平很高，对推动上海的城市发展和法治化进程作出了巨大的贡献。

昨天，听了一上午的"加强城市公共安全管理，科学编制城市总体规划"专题审议会，觉得会风有了不小的变化。代表们争相抢话筒，说套话好话的少了，谈实际问题和具体建议的多了。

当然，也有一些代表在会上不怎么发声，几年来不提议案和书面意见；面对记者采访，也是婉言谢绝。他们中有一些是各级政府部门的官员。政府官员作为代表能不能提出建议和意见？答案是肯定的。事实上，政府官员作为在更高层面掌握信息的人士，更应当积极建言献策，当然也应当多下基层调查研究，使得言论和决策更接地气。

要知道，人大代表，不仅仅是一种令人瞩目的身份，更是一种沉甸甸的责任。

载于2015年1月28日新民晚报

老房之殇

几天前，本市黄浦江边的一座老仓库被拆除。有市民向媒体爆料：这是英商班达蛋行旧址，属“不可移动文物”。而拆除房子的区属单位表示，这栋房子建于20世纪初，已摇摇欲坠，几成危房，出于安全考虑将其拆除，而且工作人员也不知道是文物。

英商班达蛋行旧址被拆的调查还在进行中。不管结论怎样，从中可见公众对老建筑保护越来越重视了。与此相比，某些政府部门这方面的意识还有待增强。我不禁想起了另一栋老房子的遭遇。

在海南路吴淞路口有一个很大的工地，经过几年的建设，一栋100多米高的大厦已矗立起来，十分光鲜亮丽。老上海人都知道，海南路10号原来是某区政府。十多年前，我因为工作关系曾经常出入这里，对这栋房子有着很深的印象。这是一栋很有特色的老建筑，四层楼高，清水红砖，简洁大气，印象最深的是内部二楼有一大圈回廊，西式风格的。解放前这里是国民党空军上海供应司令部，当年还曾有个地下党外围组织“新空军自卫总队”在这里战斗过。1949年5月25日，这里升起了上海苏州河以北第一面五星红旗。新中国成立后，这栋建筑便成为区委区政府所在地。

后来，区政府迁往新址，这栋楼所在的地块便用于商业开发。几年不见，这里变成了一片废墟，让人扼腕。海南路10号的这栋房子有没有挂过“历史建筑”、“不可移动文物”之类的牌子，我没有印象了。不过，解放前既然是国民党空军的重要单位，新中国成立后又作为区委区政府机关使用了几十年，规模不小，房子质量肯定不差。加上它有着深厚的历史，还是上海解放的重要见证，认定为“历史建筑”

肯定无疑，理应加以保护。但是，这栋老房子还是消失了。

想来区政府算的大都是经济账，把发展、建设作为第一要务。然而，发展经济和文物保护并不矛盾，有时候，有故事的老房子比千篇一律的摩天大楼更有魅力。

消失的老房子再也回不来了。老建筑是一座城市的根，是一座城市文化和气质的重要组成部分。上海不少地方仍在进行旧区改造，应该怎样对待老房子，值得各方深思。

载于 2015 年 5 月 20 日新民晚报

工资“被平均”的背后

在这个世界上，总有一些数字，格外牵动着你我的心。其中一个数字，就是工资。

对大部分靠劳动换取报酬的人来说，除了关心自己工资的多少之外，更会引发焦虑的，是“别人的工资”。

最近，各地 2014 年平均工资数据陆续出炉。目前全国有 20 个省区市公布了 2014 年平均工资。在这 20 个省区市中，北京的平均工资最高。北京市统计局公布的数据显示，2014 年北京市城镇非私营单位就业人员年平均工资为 102 268 元，城镇私营单位就业人员年平均工资为 52 902 元。

这个数据甫一发布，和往年一样，立即引发许多人的吐槽。不少人称自己的工资未达到平均水平，大呼“拖了后腿”。还有人调侃：“张家有财一千万，九个邻居穷光蛋，平均起来算一算，个个都是张百万。”而“别人的工资”那么高，也引发了很多人的羡慕嫉妒恨。更有媒体质疑统计局，每年在那里“自说自话”，发布的数据太粗糙，应当精细化发布、分行业发布。还有专家指出，应像其他国家那样，在发布平均工资水平的同时，发布中位数、高位数乃至低位数。

在这里，我想对平均工资的来龙去脉作一点解读。

统计社会平均工资，反映出实际上人们的收入是“不平均”的。

我国也曾有过不发布平均工资的年月。在新中国成立后到改革开放前的 30 年时间里，人们的工资标准是统一的。作为 20 世纪 70 年代初生人，我清楚地记得小时候周边亲戚邻居的收入，那时普通职工是“36 块万岁”，学徒是 18 元，大学毕业生是 60 元左右，最低的是在里弄生产组工作的,7 毛钱一天。也有例外的,如“八级钳工”等高水平的老工人、高年资的知识分子、高级别的干部,工资比普通人高一些。在计划经济时代,铁饭碗、大锅饭,干多干少都一样,所以根本不需要统计平均工资。各地开始统计平均工资,是 90 年代的事,它随着社会主义市场经济的发展而诞生,与社会保障制度的建立健全有着紧密关联。所以,平均工资统计数据的出现,相比“36 块万岁”,是一大进步。

上海最早发布平均工资是 1993 年,发布的是 1992 年度的上海职工平均工资——356 元/月。之后,上海年年发布平均工资:1993 年度为 471 元/月;1994 年度为 617 元/月;1995 年度为 773 元/月……1998 年,上海人的月平均工资便达到了四位数——1 005 元/月;2004 年又翻了一番,为 2 033 元/月;到 2011 年又翻了一番,达到 4 331 /月。2014 年发布的是 2013 年度平均工资,达到 60 435 元/年,5 036 元/月。工资水平 20 年来的变化,还是很让人感慨的。

平均工资,是国家经济数据的重要组成部分,关系到国家的宏观调控,与社保标准、最低工资、最低生活保障等挂钩。比如上海五项社会保险的最低基数是按照社会平均工资的 60%计算的,而最高基数则是平均工资的 300%。目前分别是 3 022 元和 15 108 元。而上海的最低工资,也随着平均工资的增长而水涨船高,今年调整后已达到 2 020 元。而社保标准最低基数、最低工资标准、低保标准,则关系到低收入人群的生计,调整时必须有严格的依据。

因此,从这个意义上说,平均工资的统计是科学的、专业的,而且必须搞“平均主义”,而不能发布高位数、中位数、低位数。否则,其他相关的标准都会乱了套。如果要发布不同行业的平均工资水平则是另一回事。事实上,这些数据几年来也并不少见,上海就曾发布过包括高位数、中位数和低位数在内的各行业工资指导价。

最后,我还想谈的一个问题是,很多人抱怨自己的工资拖了平均工资的后腿。而是否真的“拖后腿”,还要再仔细算算。统计局早就说了，平均工资不是到手的工资，一般指的是税前工资，另外还包括社保、公积金等。北京非私营单位人员年平均工资10万元，每月也不过8 000元出头，扣除个税、社保、福利，到手的工资不过5 000元。再看私营单位年均工资5万元，每月不过4 000元，拿到手的就更低了。在网上吐槽的北京的小伙伴们，你每月收入真的连三四千元都不到吗？

在不发布平均工资的年代，一个人干到退休能拿多少钱，退休后拿多少钱，是早就知道的，要多挣一点，是不可能的。而现在，今年拿多少工资，不等于明年能拿多少工资，更不等于十年后能拿多少工资。在这个充满机遇的时代，一个人对现有的工资水平不满意，完全可以自主选择其他工作，说不定换个行业，明天工资就翻番。挣多挣少，都在自己手里。

载于2015年6月18日新民晚报

新毒之患

新毒，新型毒品也。

时代在前进，毒品也在发展。进入21世纪以来，由罂粟等毒品原植物再加工而成的鸦片、海洛因等传统毒品，在我国不再是毒品的主流，而以冰毒（甲基苯丙胺）为首的化学合成类新型毒品正迅速扩张着它们的领地。据昨天警方向媒体通报，2014年上海新发现的吸毒人员中，以吸食冰毒、氯胺酮为代表的合成毒品已经占到91%，查获的各类毒品中，冰毒、氯胺酮、甲卡西酮占到毒品总数的90%。而上一年，冰毒、氯胺酮等占本市收缴毒品总量的80%。

新毒之患，触目惊心。

曾几何时，毒品离普通人比较遥远。而现在，则不然。刚刚发布的《2014年中国毒品形势报告》显示，中国吸毒群体向企业事业职工、自由职业者、演艺界人士甚至公务人员等人群扩散。

去年以来，演艺圈不断有明星吸毒的新闻爆出，从李代沫、张元、宁财神、尹相杰到房祖名、柯震东、王学兵，举报他们中多人的北京"朝阳区群众"因此也声名大振。明星们服用的都是冰毒等合成类毒品，理由往往是"激发创作灵感"、"释放心理压力"，还认为"吃了不上瘾，老吃也吃不死人"。作为公众人物的他们，一旦染毒，形象便轰然倒塌。

前天的上海电视台《案件聚焦》节目报道了一名在上海戒毒所里强制戒毒的男子的故事。这名男子37岁，相貌帅气，出口成章，有着一份让管教人员惊叹的"黄金履历"：上海知青子女，在东北长大，毕业于北大，拿到奖学金赴英国留学，还曾为中东某国的王室工作过，活脱脱一个寒门子弟逆袭的成功例子。回国后，他也有一份体面的工作。起初为了抵抗疲劳，多一点时间工作，他初尝冰毒，此后便不能自拔，毒魔毁了他的一切。曾经是父母最大骄傲的他，如今却成为老人心头永远的痛。

两年前，同事潘高峰写过一篇长篇通讯《毒品究竟离我们有多近》。文中一名吸毒20多年的瘾君子说："以前毒品是有钱人玩的，现在什么人都来了，老头老太，家庭妇女，做小生意的，甚至还有公务员。说句夸张的，说不定你隔壁就住着个吸毒的你不知道……"

最近记者采访的一位戒毒所的管教人员说，现在吸毒低龄化让人震惊。就像以前一些小伙伴在一起，偷偷拿出大人的一根香烟，大家一人吸一口，很新鲜刺激，现在的小伙伴在一起，拿出来的可能是冰毒！小伙伴的年龄到底有多小？管教说，见过十二三岁的！

新毒之所以迅速泛滥，主要是因为制作简单，只要掌握配方，配齐原料，就可生产，而且成本低廉。今年初，沪粤警方联手捣毁了一个特大制贩毒集团。在这次行动中，上海警方创下一个上海缉毒史上前所未有的纪录：单案缴获结晶冰毒和固液混合体冰毒2.4吨！这些冰毒如果流入市场，至少将给毒贩带来上亿元的利润。更让人担忧的是，上海也已发现制毒的小作坊。

新型毒品不仅制取容易，还可变身"摇头丸"、"K粉"、"浴盐"等多个品种，甚至有"大力丸"、"催情药"等别名，在娱乐场所时常可见，迷惑性强。近年来，其品种不断增多，甚至只要更改一个分子式，就可以变成一个新的毒品。公安部禁毒局通报，全国各地不断出现新型毒品，如"恰特草"、"浴盐"、"跳跳糖"、"开心水"等。前年，上海警方还拦截了125公斤"毒品奶茶"，这是制毒贩毒集团将多种新型毒品制成粉末后，与劣质奶茶混合包装而成的"新产品"。而混合服用更容易导致吸毒者猝死，危害极大。

新毒有多毒？冰毒不会上瘾，不会戒不掉，这是不少吸毒者的错觉。实际上，新型毒品直接作用于人的中枢神经系统，达到致幻、兴奋作用。冰毒的精神依赖性极强，已成为目前国际上危害最大的毒品之一。

媒体曾报道过发生在浦东的一个案件：夜晚，一名男子开着车，见啥撞啥，先在小区门口用车尾对着后车连续撞击十几下，将后车撞出大门，然后在马路上狂飙，还进入一个市场，撞伤多名无辜路人，撞坏好多辆车。此人被抓住后，自己交代刚刚吸食了冰毒，出现幻觉，认为有人要追杀他！还有一次，一辆旅游大巴在常合高速公路常熟段发生车祸，导致14人死20人伤，经查，司机前晚吸食了冰毒。

专家指出，比起海洛因、鸦片、大麻等传统毒品，化学合成类新型毒品对社会具有更大的危害性。它不仅让吸食者成瘾，而且直接作用于神经系统，在急性中毒的情况下，它能让一个正常人瞬间变成精神病人，给公共治安和公共卫生安全制造了重重危机。最典型的一个案例，就是发生在美国的啃脸案。

海洛因等传统毒品吸食者一般是在吸食前犯罪，由于对毒品的强烈渴求，为了获取毒资而去杀人、抢劫、盗窃；而冰毒、摇头丸等新型毒品吸食者一般由于在吸食后会因幻觉、极度的兴奋等而导致行为失控，造成暴力犯罪。

换句话说，通常吸食传统毒品的人首先危害的是自己，但冰毒等新型毒品却让人失去理智，直接伤害他人。

说不定某一天，新型毒品吸食者伤害的，就是无辜的你和我。从这个意义上说，消除新毒之患，人人有责。而禁毒防毒方面，“朝阳区群众”是全国人民的榜样。

载于2015年6月26日新民晚报

照本宣科

前不久，我参加了一个重大政策的新闻通气会。在市里多个主管部门介绍完情况之后，某区作为试点区介绍相关政策。

只见该区一名官员拿出一份稿子，开始一字一句读了起来。不过十来分钟的介绍，他的目光没有离开过稿子。而他所读的内容都是记者手中材料里有的，不仅如此，还加上了许多“汇报”、“指导”、“重视”、“贯彻”等套话的帽子，以及“在市某某局的大力支持下”、“与市某某局对接”、“区委书记某某亲自……”等官样文章。最后应该讲到先行先试的具体措施了，这也是记者们最期待的“干货”，只听他继续照着稿子念道：“具体细则，还待有关委办局进一步研究。”

这不是等于没说吗？下面有的记者咕哝了一句。不过，大家都听明白了一点，稿子肯定是办公室的人写的，而且是写给上级领导看的，唯一的标准是“不出错”，有没有“干货”，听众是否感兴趣，并不重要。

这样照本宣科的干部，并不在少数。他们无论在什么场合，讲话、发言、介绍情况都离不开稿子，而稿子里，充满了这样的套话、官话。一位同事说，他在外地采访一位抗战纪念馆馆长，两人在办公室里面对面，当问到当年那场战役的情况时，馆长立即从一堆材料里抽出一份，开始念起来；问到另一个问题，馆长又抽出一份材料，开始念起来……其实，我同事的问题都是很基本的，馆长在这个岗位做了那么多年，肯定了然于胸，他之所以拿出材料来念，是怕说错话。

或许，讲话是一门学问，有人就是不擅长当众讲话、演讲。可是当公务员，就是和人打交道的，如果不会讲话，就必须让自己学会这个本领。退一万步说，就算官员在面对记者时一定要备一个稿子，那些“穿靴戴帽”的空话套话，难道就不能精简掉？而在任何场合只会念稿子，算不算庸政懒政？

党的十八大以来，从中央到地方，领导干部的讲话和文风已经有了很大的变化，变得接地气、有生气，与过去充斥着“空话、套话、废话”的旧官话体系有了很大区别。

我们期待，照本宣科的官员，少些再少些。

载于2015年7月1日新民晚报

外流与回流

我的微信上有个高中同学群，其中三分之一的同学是“外国人”。当年我们的高中是上海四大名校之一，同学也大都考入国内一流大学。一部分同学在大学期间或大学毕业后去了国外，先留学后工作，以美国居多，其次是欧洲。因为在海外居留时间很长，大部分人已入了外籍。这几年，不少事业有成的老同学纷纷回到上海发展，还有的创办了自己的公司。聚会时，有人曾向我咨询如何获取上海“绿卡”，因为他们在上海生活碰到了一些实际问题，比如孩子在上海读书，必须就读国际学校，学费比本地学校高很多倍。

事实上，这样的情况很普遍。上海人差不多家家户户都有亲戚、朋友、同学、邻居在国外，其中有 20 世纪八九十年代“洋插队”去的，也有进入 21 世纪后出去的小留学生。

记得 20 世纪 80 年代，中国有个热词叫“人才外流”。这是因为当时国门刚刚打开，出国潮涌动，许多人想方设法跑到国外去打工挣钱，电视剧《北京人在纽约》就是当时中国人在海外奋斗的真实写照。而大学生、研究生则迫切希望到发达国家去留学。由于长期以来我国对人才的定义是“大学及以上学历的人员”，为了制止“人才外流”，当时国家还出台了一个政策——大学毕业五年内不得出国。于是，为了能圆出国梦，不少国内名牌大学的学生咬咬牙在大三退学出国。不过，这个政策实施没几年就取消了。

30 多年过去了。中国早已不是改革开放之初的中国了。

如今，出国已经是寻常事。不仅是大学生、研究生，高中甚至初中阶段出去留学的也越来越多。来自教育部的一组最新数据显示，

2014年度，我国出国留学人员达45.98万人，海归人数也持续增长，达到了36.48万。中国留学服务中心去年发布的《中国留学生回国就业蓝皮书》显示，超过70%的在外留学人员表示学成以后要回国。专家预测，未来五年，我国将迎来回国人数比出国人数多的“拐点”，中国将从世界最大的人才流出国，转变为世界最主要的人才回流国。

对企业界人士和普通百姓来说，出国经商、探亲、旅游也是家常便饭。近年来，许多国家热情欢迎中国人前去旅游，中国护照的含金量也不断提高。

与此同时，来华工作、生活的外国人也不断增加。走在上海的闹市街头、大学校园，以及居住小区，经常会看到各种肤色的外国人。据《上海观察》今年5月报道，移居上海的外国人在过去十年间，人数上升了70%，从2005年的10万人上升到2014年的17万人。道理很简单，人往高处走，水往低处流。有不少外国人是因为本国经济不景气而来中国寻找机会的。

在华留学生的数字也在年年上升。2008年，在北京高校和中小学学习的外国留学生约5.5万人次，到2014年已增至11万人次。

然而，由于种种原因，外国人要在中国长期居留，并不容易。“中国绿卡”，一直是世界上最难拿的“绿卡”。而许多出国多年已加入外国籍的优秀同胞，要吸引他们回流，也并非易事。

美国之所以多年来一直是全球最大经济体，也被公认是最具有创新活力的国家，关键在于拥有全世界的优秀人才。举个很简单的例子，人们都知道，美国中小学对数学的要求很低，中国学校最一般的孩子到了那里都是数学尖子。可是，美国却从不缺少一流的数学家，美国科学家也获得了世界上最多的诺贝尔奖，这是因为美国集聚了大量各个学科的顶尖人才。

所以，上海要向具有全球影响力的科技创新中心进发，也必须实施更加积极的创新人才引进政策，集聚一批站在科技前沿、具有国际视野和能力的领军人才。换句话说，上海要打造国际人才高地，就得让“往高处走”的人走得顺畅。

昨天，上海发布了《关于深化人才工作体制机制改革促进人才创新创业的实施意见》(以下简称《实施意见》)，共 20 条。《实施意见》聚焦人才集聚制度、人才管理机制和综合环境三大方面，在许多方面已经有了重大突破。比如，“中国绿卡”的门槛降低了，在上海已连续工作满四年，每年在中国境内实际居住累计不少于六个月，有稳定生活保障和住所，工资性年收入和年缴纳个人所得税达到规定标准的外籍人才，经工作单位推荐，可申请在华永久居留。再比如，上海将扩大国际化教育资源供给，不仅将增设外籍人员子女学校，还鼓励本市中小学为外籍人员子女随班就读创造更好条件。还有，在医疗方面，鼓励有条件的医院加入国际医疗保险的直付网络系统。

我在微信群里把这几条新政告诉了老同学，好几位外籍同学听了十分高兴，纷纷表示要认真“学习”和“研究”一下政策，看自己能否从中受益。

载于 2015 年 7 月 6 日新民晚报

梦花街悲喜剧

生活中从大喜到大悲，往往只是一瞬间。梦花街馄饨店就是如此。

一间老城厢里的老房子，总共 24 平方米，住了三代四口人，还开了一家馄饨店，店堂就是门口的弄堂。小店开了多年也有了名气。忽地，幸运之神降临到他们身上，破旧的老房子被电视台房屋装修改造节目选中了。经过一番化腐朽为神奇的设计、改造，老房子华丽变身，既满足了四个人的居住功能，又可以容纳十多个客人同时在屋内吃馄饨，还颇有点时尚小清新的风格。如此两全其美，主人喜出望外。

节目播出后，馄饨店声名大振，慕名而来品尝馄饨、参观房子的人络绎不绝。孰料，电视节目播出不久，馄饨店却关门大吉了，原因是被举报无证经营，被有关部门要求关停。店主也承认，的确没有营业执照和食品卫生许可，因为多年前去办过，办不出来。现在，有关部门认定，馄饨店属于"居改非"，是不允许的。

"剧情"如此突转，实在是出人意料。这几天，小小馄饨店的去留顿时成了沪上一大新闻热点，广受关注。有人认为，无证餐饮店违反了法律法规，该关；也有人为今后吃不到家常美味馄饨而惋惜；更有人为馄饨店叫屈：店开了 20 多年，之前有关部门为什么没来监管？

事实上，这家弄堂馄饨店从大喜到大悲的命运，也折射出城市发展进程中的多重复杂的命题。

应该说，梦花街馄饨店的出现，有着特定的历史条件。那是 20 世纪 90 年代初，正值上海实行大规模产业结构调整，大量工人下岗，政府鼓励大家自谋职业，还出台了促进社区服务、非正规就业等政策。梦花街这家店的主人是三姐妹，她们都是下岗女工，没有其他技能，其中一人还是高度近视，只能靠卖馄饨为生。她们做馄饨比别人家认真，价廉物美，满足了周边居民吃早餐的需求，因而一直开到现在，甚至还上过美食节目。

这就引出了第一个命题：对于在特定历史时期产生的"无证经营户"，如何在依法行政和人性化操作之间找到平衡？现在的一句"关门"，是否过于简单化？

另外，有记者发现，就在同样一条梦花街上，还有三四家饭店、小吃店，店堂里均没有张贴营业执照和卫生许可证。那么，如果这家馄饨店关了，梦花街其他无证店面全部都关吗？附近更多的无证店面呢？如果不是，那么只让这家馄饨店关门是不是属于选择性执法？

黄浦区有关部门表示，他们是接到群众举报，才约谈店主的。其实，馄饨店多年来一直和周围邻居相安无事，这次改造后环境变好了，却被举报了，这大概也应了"人怕出名猪怕壮"的老话。

这又引出了第二个命题：依法行政如何保证公平公正？

我曾就此事与一位当过基层工商所所长的公务员探讨这个问题。他表示，有人举报，如果不去查处，就是不作为，他们也要承担法律责任。而执法时，法律面前人人平等，一条街上所有无证店面都必须关掉。

没有营业执照，没有食品卫生许可，跨门、占道经营……用今天城市管理的眼光来看，梦花街馄饨店早就该被取缔了。可是，20多年来，梦花街馄饨店一直在那里，活得草根而顽强，充满浓浓的市井生活气息。也有人建议索性把生意做大，甚至把"梦花街馄饨"打造成连锁品牌，搞成中央厨房、配送中心……不过，三姐妹对此不大感兴趣。从另一个角度看，如果不是她们亲手和馅、调味，再一只一只包出来，这馄饨也不会是这个味道了。

电视台之所以选中它作为装修案例，也正是看中了位于老城厢的这家小店所散发出的市井生活气息。这种气息，随着上海多年来大规模旧区改造，已经越来越少了。正因为少，所以愈发显得珍贵。随着城市的发展，老城区面临动迁，孕育弄堂文化的根基正在逐步消亡。

食物，大概是最能体现乡土文化、集体记忆的东西之一。德国哲学家费尔巴哈曾说过："人就是他所吃的东西。"如今，经济飞速发展，生活今非昔比，高档餐厅、异国风味随处可见，可正宗的老上海弄堂美食却成了奢侈品。可能终有一天，熟悉的弄堂都将灰飞烟灭，邻家的老店都会成为历史，但在许多上海人的心中，关于童年的回忆，或许就是一碗热气腾腾的豆浆、一块烫嘴的粢饭糕，一碗鲜美的馄饨……

这，大概就是小小一间馄饨店的命运如此牵动上海人心的原因吧。

载于2015年9月9日新民晚报

"无名英雄"

前几天，我在报社接待了一位老先生。老先生姓周，80 多岁。他说，最近全国在隆重地纪念抗战胜利 70 周年，这让他想起了自己的父亲。

周老先生说，他父亲在八一三淞沪抗战后即参加国民党军事委员会抗日秘密工作，于 1938 年 1 月被日寇杀害。他颤颤巍巍地拿出一本小册子。这是一本 1946 年上海各界为他父亲举行追悼会的纪念册，内有许多前来参加追悼会的人的题词："为国牺牲"、"坚贞不屈"、"乾坤正义，民族之光"。曾任全国人大常委会副委员长、民革第七届中央主席的朱学范当年也参加了追悼会，题写了"慷慨成仁"四字。

老先生说，父亲从事抗日活动时，把家人送到了乡下。父亲牺牲时，他只有 5 岁，妹妹更小，母亲也于 1949 年去世了，所以对父亲当年的事，他知之甚少。新中国成立后他曾把这本册子交给组织，希望组织上能够对此有个说法。

老人的讲述和这本薄薄的册子让人肃然起敬。册子里有一幅他父亲的遗像，是位穿西装打领带的相貌清俊的男子。他的父亲应该是上海一位建有不小功勋的抗日英烈，由于从事秘密工作，应当还有着惊心动魄的故事。然而，他的故事，尽管就发生在上海，却已经湮没在历史的尘埃之中，不知到哪里去寻找。

我为老人联系了他所在区的民政部门，希望他们能够帮助他。

我进而想到，1931 至 1945 年间，无数中华儿女浴血抗战，为国捐躯，许多人的名字镌刻在了纪念碑上，他们的故事也被后人诵念。然而，又有多少人，却像这位周姓烈士一样，因种种原因，成了“无名英雄”？

近年来，党和国家没有忘记国民党抗日将士。去年和今年，民政部公布了两批著名抗日英烈和英雄群体名录，共 900 人，其中有相当一部分是国民党将士。在不久前的抗战胜利 70 周年纪念大会和盛大阅兵式上，一些国民党老兵还受邀参加观礼。从 2013 年起，健在的国民党抗战老兵也纳入了社会福利保障体系。

对于身边的抗日英烈及后人，我们更应予以关注。拂去尘埃，让英烈的事迹重见天日，告慰英灵，激励后人，也是我们的责任。

载于 2015 年 9 月 9 日新民晚报

告别八埭头

八埭头，是一个地名，位于杨浦区平凉路，西起景星路，东至许昌路。这是一个特定区域的人才熟悉的地名，而其他地方的人却对此无感，甚至念不出这个“埭”字。它对于老杨浦人来说，就像“大自鸣钟”之于普陀人，横浜桥之于虹口人，八仙桥之于黄浦人。而令人惋惜的是，八埭头，这个承载了杨浦百年历史和故事的地名，即将随着旧区改造而消失了。

埭，音 dài，在沪语里的意思是“排”。19 世纪末、20 世纪初，杨树浦工业兴起。1908 年，天主教会在通北路上，造了八排两层砖木结构的房子，以供职员和工人居住，“八埭头”由此而得名。此后，周边陆续建成一批旧式里弄，人气日盛。

曾经在杨浦区当过多年中学英语教师的已故著名作家程乃珊，曾写过一篇文章《情系八埭头》。她回忆，八埭头全长不过三四百米，却有电影院、清真馆、医院、布庄、理发店、教堂、学校……一应衣食住行，都可在本街区自行解决，且价格肯定比市中心便宜。八埭头就是杨浦区的“南京路”。“我作为班主任常去那一带家访，行走其间，觉得这里的石库门弄堂与棚户，老年人与青年人，邻里街坊，共同形成一种和谐的生活环境。”

近几年来，棚户简屋集中的平凉西块迎来了大规模的旧区改造。今年，杨浦区启动了八埭头所在的平凉四街坊、五街坊的旧改意愿征询，第一次征询同意率分别达 98.85%和 98.15%，均超过 90%的法定生效条件。可以想见，蜗居在老式弄堂里的数千户居民很快将告别马桶，住进宽敞的新房。与此同时，八埭头周边的石库门弄堂也将在推土机的轰鸣声中化为废墟。取而代之的是高楼大厦和“滨江豪宅”。

在城市面貌日新月异的同时，我们也付出了老上海弄堂民居、市井风情一并消失的代价。

幸好，人们也以各种方式留住八埭头。平凉街道今年新办了一家上海八埭头书画院，由沪上著名书法家刘小晴任顾问。最近，书画院里的画家们正在以速写的形式，把八埭头历史和现状描绘下来。这一幅一幅画面，今后将成为珍贵的回忆。

可我仍希望，八埭头还能留下哪怕一条弄堂、一幢房子，甚至一堵墙。

载于2015年10月14日新民晚报

朱阿姨家的地坪

60多岁的朱阿姨在天山路的老公房底楼住了几十年。自从2006年附近建造了一个商业广场以及地铁2号线，她家雨天就经常进水。2008年，开发商将朱阿姨等所住的前排房子的底楼室内地坪抬高了10厘米。2011年进行了旧房改造，朱阿姨家的房子变成套了，不过房屋进水问题仍没有彻底解决。2013年9月的一次特大暴雨，导致她家进水严重。于是，朱阿姨就到有关部门投诉、上访，要求政府出资抬高她家地坪，并赔偿特大暴雨造成的损失。

区里有关部门答复她，成套改造时已实施了防水防汛项目，且一般居住层高不能低于2.8米，她家地坪不适合再抬高，若朱阿姨坚持要抬高地坪，可向公房管理单位提出申请，并自己承担费用。另外，2013年特大暴雨导致她家进水，是自然灾害天气造成的，全区有2 000余户居民家中进水，政府和物业公司没有义务赔偿。

对此，朱阿姨表示不能接受，仍一次次地跑街道讨说法。

这是昨天我随市信访办到长宁区开展信访督查时听到的一件事。那么，朱阿姨家的地坪究竟该不该抬高呢？

督查组认为，地坪的抬高问题和赔偿问题，应当依法依规办理，长宁区的回答没有错。可是朱阿姨之所以不依不饶，是因为她家以及整个小区的排水问题没有很好解决。多年前因建设商业广场和地铁，小区地势低了，排水管道改了方向，这些年来，这些管道是否畅通？有没有做过检测？小区内的管道和市政管道布局能否加以改进？如果排水状况彻底改善，朱阿姨家也不需要抬高地坪了。当然，这需要多部门合力解决。

朱阿姨的案例非常典型。事实上，我们不少政府部门对待群众的信访和投诉，往往就事论事，拿出法规条例，列举出一二三四，表示已经尽责或与本部门无关，但群众的问题却没有真正解决。

让人高兴的是，长宁区一位副区长就此表示，这个信访件引发了他们对旧小区管理的思考。像这样的旧小区还有很多，怎样从根本上解决这类问题，避免居民可能受到的自然灾害侵袭，政府在“十三五”期间将从整体规划上来考虑。

这，大概是信访人朱阿姨没有想到的。

载于2015年11月11日新民晚报

信访干部为何成了“信访户”？

作为一种具有中国特色的制度，信访，对大多数市民来说都不陌生。不过，信访究竟管不管用？能解决多少问题？可能有不少人会在心里打个问号。最近，上海开展了大规模的信访督查，记者随同前往，听到了这样一个故事：

50 多岁的王先生曾经是一位国企信访干部，如今却也成了一名“信访户”。

王先生家对面有一排商铺，分别开了一家汤包馆、一家酸菜鱼饭店和一家酒店。今年 1 月，汤包馆和酸菜鱼饭店分别在屋顶上安装了油烟直排系统，另外，这三家商户还在沿马路的外墙安装了大大高过屋顶的外墙装饰。于是，王先生于今年 1 月向 12345 市民服务热线投诉，要求对上述设施是否属于违建进行定性，如果属于违建则应整改。半年过去了，其间闵行区城管局、区环保局、所在镇房管办也曾与他电话联系，但都没有实质性有针对的回答，事情也没有任何结果。这期间，汤包馆与酸菜鱼饭店已完成了装修，开张迎客。无奈，王先生又向市长信箱写信反映，同时又向区政府信访办申请复查。

王先生的不懈努力终于有了结果，9 月，区里召开了协调会，几家职能部门对三家商户开展了行政执法，认定屋顶外墙装饰属于违法建筑，同时区环保部门也核实，餐饮项目不符合环保审批条件。另外还发现，三家商户竟然都没有营业执照，开张半年多来都属于无证无照经营！于是，区里要求三家商户立即停业。11 月初，镇联合执法办对两家餐馆进行了现场执法，责令停业，并拆除了屋顶的排油烟管。

现在，三家商户是停业了。但后续问题又来了，两家餐馆认为，他们前期装修投入很多，现在停业损失很大。之后，几个老板竟又带着员工来到镇信访办上访了！

市信访办督查组认为，这个案例反映的在居民区开设餐饮店造成的违法搭建、环境污染问题，在当下很有典型性和代表性。同时，从中也可以看出目前信访工作的一些问题，如前期有权处理的部门监管不到位，查处不及时；前期相关职能部门未能形成合力妥善处置矛盾；对信访的答复缺乏针对性。

明明居民区的餐饮不符合环保审批条件，如果有关部门在三家商户装修之初就立即制止，就不会导致后面的问题。另外，还有一个无证经营的问题也值得重视。饭店无证无照，却也顺利开张，营业了好几个月，这监管责任应该谁来承担？这样的事情屡见不鲜。我们时常听到老百姓抱怨，无证的小饭店、小商铺开着没人管，因为工商部门只管有证的商户！这实在是件荒唐事。这个信访案例中暴露出的问题，更多是职能部门的工作理念和工作作风问题。王先生认为，自己这次加入了信访队伍，原因就是一些职能部门的不作为。

继国家信访局今年到各地开展信访实地督查后，上海也首次开展了大规模的信访督查。市信访办成立了三个督查组，宝山区、青浦区、黄浦区、普陀区、长宁区和闵行区都在督查之列，并且督查组带着案例下去，工作内容包括现场查看、约谈信访人、听取责任单位意见、当场反馈等。

在其他区里的督查也发现了很多类似的问题：一座违法建筑，搭建之初就被举报，但迟迟未得到处理，直到搭完，新违建变成了老违建，处置办法又不同了；一个噪声扰民的问题，经多次信访投诉和转办，仍然未能彻底解决……

这些并不复杂的投诉和求助，反映至有关部门后，为何会如石沉大海般迟迟等不到解决的结果？在今天的上海，一些社会矛盾涉及的监管部门可能不止一家，相关职能部门“请不动”、部门与部门之间

“踢皮球”，这让信访办也无能为力。尽管督查的是信访工作，其实也“诊断”出了公共管理、社会治理中的不少症结所在，值得警醒。

市信访办希望以点带面，举一反三，摸清基层职能部门在处理信访事项中的薄弱环节，以此来加强信访工作机制建设，进一步提高信访工作的有效性。事实上，要让信访这个具有中国特色的制度设计在当今社会发挥更大的作用，还需要各级政府部门共同努力。

载于 2015 年 11 月 27 日新民晚报

老年综合津贴，好事要办好

周一来上班，桌上放了一叠读者来信。这年头，在纸上一笔一画写信，再装进信封、贴上邮票，找个邮筒寄走，这样的人大概已经很少了。

这些读者来信谈的都是一个热点话题——上周本报刊登的本市明年将推出老年综合津贴制度的消息。此外，我还不断收到通过微信转来的有关此事的看法。我从 12345 市民热线了解到，那里也接到了大量市民有关这方面的来电，短短三四天就有 300 多个。大部分来电者对完善这项政策提出了自己的意见和建议。

89 岁的老读者郑联成整整写了两页信纸，字迹十分工整。他说，总的来说，这个政策我们周围老人是赞赏的，只是对津贴通过敬老卡发放有不同意见，敬老卡不能提取现金，而我们希望每月的补贴能够提取现金，用于需要的地方。有这种想法的老人还有不少。杨浦区一位社区干部在微信上转来的一段话："居委会听取了小区妇女代表的意见，大家一致认为这是个惠及更多老年人的好政策，也提了几个建议：70 到 89 岁的年龄跨度太大，可否调整为 70 到 79 岁，80 到 89 岁，分两档并调高补贴金额；老年卡的用途要广泛些，可否支付博物馆等场馆门票；有些老年人因身体状况问题不能出门的，可否支付牛奶费、缴纳水电煤费。"

当然，还有一小部分市民认为，推出老年综合津贴，原来 70 岁以上老人免费乘车的待遇就调整掉了，对他们来说，不合算。有的说，去一次宝山地铁单程就要 7 元，加上公交车 1 元，往返 16 元，50 元津贴只够去三次；还有的说，去一次崇明公交车费就要 20 多元……

在已经迈入老龄化社会的上海，即将实施的老年综合津贴政策覆盖所有 65 岁以上老人,总人数达 270 万,接近上海户籍人口的 20%。一项新政,事关那么多老人的切身利益,难怪引发方方面面的热议。

事实上,市民们提出的意见,和我在市人大代表、政协委员座谈会上听到的,基本是一致的。70 至 89 岁年龄段跨度太大的问题,多位代表委员都已提到。另外,关于老年津贴的使用范围问题,据我采访了解到的信息,今后敬老卡的功能将大大扩大,有关部门将与银联合作,使敬老卡具有银行卡的功能,老人需要的零星支付不仅都可以刷卡,甚至还能够取现。

至于一小部分市民提出的"不合算"问题,也不应忽视。即将推出的老年综合津贴制度,旨在提高本市老年人福利水平,促进老年人福利均等化,政府每年投入的财政补贴将超过 33 亿元。其中,这"均等"两字尤为重要。那么,究竟有多少老人将从中受益,多少人"不合算"呢?还是让数字来说话。

根据市交通委 2015 年 10 月数据,当月未使用的敬老卡 158.08 万张(占比 59.19%),使用一天以上的敬老卡 108.98 万张(占比 40.81%),若出行 20 天以上的为常态化出行乘客,那么这部分老年乘客占比为 12.94%。另外还有一组今年 10 月的数据:若按照出行次数统计,除 59.19%持卡人没有出行外,21.31%的持卡人每月出行少于 16 次,11.87%的持卡人每月出行 16 至 40 次,7.63%的持卡人每月出行超过 40 次。

也就是说,上海将近六成的 70 岁以上老人,原先几乎是享受不到免费出行的福利的,另有 20%以上的老人,每月使用敬老卡出行少于 16 次。而常态化出行的老年人,仅一成多一点;每月出行超过 40 次的,只有 7.63%的老人。还有数据表明,老人出行,乘公交车大大多于地铁。应该说,只有 7.63%的每月出行超过 40 次的持卡人,每月交通费可能超过 120 元,除此之外,上海 92%以上的老人,都是新政推出后受益的群体。说句心里话,即便是常态化出行的老人,花 20 多元车费去一趟崇明、花 10 多元车费去一趟临港的情况,也不会天天发生。而提出“50 元只能去三次宝山”的市民，应该是 65 至 70 岁年龄段的，而这部分人群，原先是没有免费乘车待遇的，对这部分人，新政完全是“做加法”的。

一项政策的出台，应该考虑到大多数市民的利益。此次有人向信访部门反映自己意见，而一位信访干部告诉我，当年推出 70 岁以上老人免费乘车，也有不少老人来到信访办，反映自己或年龄大，或腿脚不好，无法享受到这个福利待遇。

即将出台的新政成为热点话题，也折射出一个新的理念。我曾经采访政府部门多年，也曾报道过各种民生政策的消息。在我的印象里，很少有具体政策像“老年综合津贴制度”的制定和推出这样慎重和透明。目前，这项政策只是一个初步方案，正在听取各方意见。而听取意见并不是走过场。12 月 2 日下午和 3 日上午市有关部门分别召开了市人大代表和市政协委员的座谈会。今天上午，我的一位担任原闸北区政协委员的同事，前去参加两区合并后的静安区政协举办的委员座谈会，主题也是关于老年综合津贴听取意见。这也是新静安政协委员首次就民生问题开展民主协商。另外，本市各街道、居委会也都在广泛听取基层群众的意见。

就这一点来说，这项政策的制定和出台过程，本身就反映出上海城市治理方面的进步。我相信，有关部门将在采纳各方意见之后认真地对这项制度加以完善，因为，它事关 270 万沪籍老人的福利，事关千家万户的切身利益。

给我来信的读者郑联成最后客气地写道：“我们高龄老人，现在发表意见很困难，一不能上网，二不能发微信。只有通过写信的传统办法向您倾诉。打扰了，很是不好意思……”我觉得，有关部门能否开通一门“老年综合津贴”的热线电话，让老年人多一个发表意见的便捷渠道？这样也有助于更全面地了解基层群众的想法。

载于 2015 年 12 月 9 日新民晚报

“政治任务”

今年秋冬上海雨日多。上海市郊一些种粮大户先是遇到收割难,好不容易趁天晴的两天抢收了稻子,又遭遇“卖粮难”,原因是粮库满了。粮农望着金灿灿的稻谷心急如焚。经媒体报道后,当地政府立即开会,拿出了收储粮食的解决方案。昨天,一位农委干部对着电视镜头斩钉截铁地表示:“我们将把这件事当作一个政治任务来完成。”

粮农大概可以放心了。

民以食为天。手中有粮,心中不慌。尽管现在生活水平提高了,大家为了健康考虑,米面都吃得不多,但粮食对一个国家来说,重要性依然不言而喻。这位干部这么说,或许是为了强调收购粮食的重要性。不过,听上去总有点不是滋味。多年来,农民种粮,政府收粮。保障粮食入库,这是农委的本职工作,年年都在做,为何今年突然成了“政治任务”呢?就像高考,年年都考,什么时候成了教育部门的一桩“政治任务”?

我觉得,这位干部口中的“政治任务”,其实是“上级布置的任务”的意思。农民卖粮难已经有好几天了,稻谷在外面多放一天,农民就多担一天心事,淋了雨,质量变差,更卖不出价了。农民一次次向村里、镇里反映,当地农委不会不知道,可依然没人来管这事。直到媒体报道了,当地政府才加以重视,想办法解决。而此时区领导发了话,要求全部收储,保证农民的粮食入库,这对于区农委来说,才是一桩大事,才是必须保证完成的“政治任务”。

我不禁联想到,生活中还有很多群众的“急难愁”,都不属于“政治任务”。比如说老公房加装电梯，事关上海这座老龄化城市的民生，老百姓呼声强烈。装电梯是一项大工程，非常复杂，全部由居民自己实施困难重重。这中间，区房管部门、街道办、镇政府可以发挥很大作用，至少是指导、协调作用。可是，因为“上面”没有要求，也没有列入工作考核内容，所以大多数街道办都没有主动关心这件事。在他们看来，装电梯是老百姓自己的事，装好了，不是他们的政绩；装不上，他们也不会吃批评。

当然，也有例外。在一次采访中，得知长征镇的一位负责人建议设立“电梯办”，我很感动。只有主动把群众的事当成“政治任务”来做，这样的干部才是造福百姓的好干部。

载于 2015 年 12 月 9 日新民晚报

养猪问题

近年来,猪好像不大受阿拉上海人欢迎了。当然,这里说的是农村养殖的猪,不是宠物猪。

最近,上海大力整治市郊环境,多家养猪场被要求退养,理由是猪粪污染河道,臭气熏天,给村里环境和村民生活造成了很大影响。据报道,浦东一个养猪场就退养生猪 14 000 多头。

曾几何时,猪可是样好东西,猪不仅提供肉类,它浑身都是宝,就连排泄物都是好东西。尽管我没有在农村生活过,但我也知道有句顺口溜:“猪多肥多,肥多粮多,粮多猪多……”那时候,农民往田里施的可不是化肥,而是猪粪等有机肥。这是一个完全自然的循环过程,在今天看来,绝对绿色环保。

可是现在,猪的排泄物却成了影响环境的罪魁祸首。一方面,人们抱怨用化肥种出来的大米没有小时候的香,另一方面,却对能够产生有机肥的猪避之唯恐不及。

在刚刚结束的中共上海十届市委十次全会上,我和松江区委书记盛亚飞聊起了这个话题。盛亚飞长期在郊区工作,曾担任过上海农委主任,对土地和牲畜非常熟悉。他说,养猪是件好事,绝不会影响环境,只有不规范养猪才会污染环境。“你看我们松江的家庭农场,种养结合,一边种地,一边养猪,不但没有污染,而且猪粪还田,地越种越肥。”

的确,几年前我曾采访过松江的家庭农场,亲眼见到农家的猪舍。猪舍有 500 多平方米,分为十个圈,养了 400 头雪白滚壮的猪。猪舍是钢结构框架,配有自动饮水装置、通风设施、湿帘降温系统,地面有小坡度,便于猪尿集中。猪舍边上有一个600多平方米的大池子,蓄了一池经过处理的粪尿。站在池子边上,也闻不到什么异味。这家农户种了100亩耕地,猪的粪尿正好作为水稻、小麦的有机肥。

看来,上海绝不缺少规范化养猪的范例,松江的种养结合家庭农场还在全国得到推广。不规范的养猪场应当取缔,但这样的家庭农场,以及有一定规模、科学规范的养猪场,应该鼓励开办。这不仅有利于推进现代化生态农业,实现可持续发展,从另一个角度看,上海减少生猪养殖,一味从外地调运生猪,其实也不利于食品安全的管控。

载于2015年12月23日新民晚报

城市短板与幸福指数

上海，近年来有了一个时尚的新称谓——魔都。魔都者，魔力之都也。经过20多年的大规模建设，用翻天覆地来形容这座大都市也不为过。白天，走在陆家嘴、南京路、徐家汇等市中心的街区，摩天大楼鳞次栉比，时尚地标人头攒动，顶级酒店富丽堂皇；入夜，商厦霓虹闪烁，剧院璀璨夺目，豪车在四通八达的高架隧道上飞驰……挡不住的魅力构成了这座城市的魔力。

东海大桥、上海中心、浦东国际机场……近年来，上海创造了许多个全国第一、亚洲第一，乃至世界第一。上海地铁总长度548公里，继续保持世界第一。集装箱吞吐量全球前十大港口中，上海已超过新加坡，跃居第一。“2016上海会展论坛”传出消息，上海可供展览总面积超过100万平方米，展览总面积、特大场馆展出能力已达到全球第一。这一切，足以令这座城市的市民自豪。

然而，如果从繁华的中心城区往外走一点，来到城郊接合部，一不留神走进“城中村”，却时常会看到另外一种景象。老房子摇摇欲坠，违法建筑犬牙交错，小商小贩随意摆摊，地下食品加工场、无证餐饮小店一个接一个，垃圾成堆，污水横流，河道黑臭……违法用地、违法建筑、违法经营、违法排污、违法居住“五违”现象严重。在上海，这样的因为历史原因造成的“城中村”有不少，像已经开展大规模整治的闵行区许浦村，以及市委书记韩正近日暗访的普陀区红旗村、嘉定区江桥镇幸福村，都是如此。

事实上，不仅是“城中村”，市中心也有这样的不和谐景象。在一些批发市场里，生产、经营、生活“三合一”的情况比比皆是，一个铺面，不仅做生意，而且一家人的吃喝拉撒住都在这里；在浦东某个高档小区门口的道路上，违法建筑、跨门经营随处可见，各类生活和工业垃圾当街堆放，各种脏乱差现象长期困扰周边居民；在中心城区稍微偏僻一些的小路上，修车铺、洗车摊一个接一个，将人行道全部占满，泛着白色泡沫的污水四处飞溅；甚至在轨交 2 号线南京西路站，一溜小摊贩永远将地铁口堵得严严实实。这一切，都与一路之隔的繁华街区、幽雅住宅区恰成鲜明的对比。

有人这样感慨上海城区的某些地方："外面看看像欧洲，里面看看像非洲。"这不是一句笑话，而是点出了城市环境的短板所在。一只木桶能盛多少水，取决于最短的那块木板而不是最长的那块。这就是"短板效应"。上海的飞速发展取得了令人瞩目的成就，市民的生活质量也得到了不断提高，可是，一块环境的"短板"，往往影响了生活在这座城市里的居民的幸福指数。一座城市要实现平衡、协调、可持续发展，老百姓的满意度能否提升，还取决于短板能否补齐补好。

补齐短板更是百姓的期盼所在。去年的上海市人代会上，德甄代表向韩正书记反映了浦东新区合庆镇勤奋村黄月琴老妈妈的心愿："希望自己有生之年，看到合庆镇的环境能够改善。"黄妈妈的心愿得到了各界的广泛关注。年中，韩正书记亲自到合庆镇暗访，提出了限期整改的要求。举一反三，上海的环境短板还有哪些？去年 9 月，本市确定了 9 个区县 11 个地块作为 2015 年治理对象，包括浦东新区合庆镇、青浦区青东农场和练塘镇、金山区朱泾镇等。

去年 10 月，闵行区向最大的"城中村"许浦村发起了攻坚战。经过努力，许浦村拆违和环境综合整治已经取得了阶段性的成果，历史违法用地 153.81 亩全部消除，民房违法建筑拆除 11.5 万平方米，河道违法建筑拆除 5.32 万平方米，企业存量及其他违法建筑拆除 25.5 万平方米，无证无照经营整治取缔 565 家，外来人员减少 1.3 万余人。许浦村现已进入了以环境改善及生态修复为主要内容的综合整治阶段。而地域更广的合庆镇希望用三年完成“黄妈妈的心愿”。去年，经过大半年的整治，环境安全问题基本得到清除，上海运泽实业公司 2 300 多吨危化品实施搬迁，一批违法建筑被强行拆除。浦东新区先后对 96 条河道进行了疏浚整治。

环境短板，是民生问题，也是对上海整体发展有影响的问题。它绝不仅仅存在于城乡接合部的“城中村”，中心城区也有各自的短板，比如一些尚未改造的棚户区，一些别墅区里的违法搭建，一些无证经营的餐饮店，一些跨门营业的水果摊，一些四处散发的小广告……环境短板，也是最难根治的城市顽症。今天拆除了违建，明天又悄悄搭起；今天整治了乱设摊，明天又摆了出来。这就需要各级政府、各职能部门积极行动起来，用创新思维来加入“补短板”的行列。也希望市民们来当“啄木鸟”，将脏乱差的环境问题向有关部门举报。

正如黄妈妈期待重现“小桥流水人家”的优美环境，中心城区的居民，则期待街道整齐，道路畅通，小区洁净。一座城市，只有从“面子”到“里子”都干净、美丽了，市民的幸福指数才能真正提升。

载于 2016 年 1 月 7 日新民晚报

“老大”和“老大难”

“老大难，老大难，‘老大’重视了，就不难了。”这是我最近采访上海各区“补短板”时，听一位街道干部说的话。

这是一句大实话。时下，上海以环境综合整治为抓手着力补短板，一批“老大难”重点区域纳入全面整治。事实上，很多环境问题都是历史遗留问题，或者是乡镇为了发展经济而引进小企业，或者是因为单位效益不好而将厂房出租，最终却“请神容易送神难”。也有的是居(村)民为了自己的利益搭建违法建筑，一间两间没人管，到了几百上千间的时候就难拆了。“积重难返”这个词用在这里非常恰当。

不少区县、街镇不是没有看到问题，也不是不想整治，但由于这些环境“短板”形成的时间长、原因复杂，而且阻力大，整治起来难度很大，而且容易回潮。

比如，中心城区有的环境脏乱差的地方原本竟然是学校。这些闲置校舍最初是出租给民办教育机构的，后经过三四次转租，变成了外来人口聚居地：上午卖菜，晚上卖熟食，夜里住人；教室成了群租房，电线乱拉。事实上，“大房东”教育局对此也非常头疼，合同早就到期，几年拿不到房租了，想收回房子，可是二房东、三房东不知去向，官司打赢了也赶不走租户。

而这次，从市领导到区领导都动了真格，一次次暗访，一次次曝光，确立整治方案，调动各个职能部门，定出时间节点，向环境顽症宣战，百姓拍手称快。从这个意义上说，“一把手”重视，的确能够调动各类资源，推动单个基层部门无法攻克的“老大难”问题的解决。

然而，“‘老大’重视就不难”这句话也不完全对。如果什么问题都要靠“老大”(一把手)来推动,那么各级干部的主观能动性到哪里去了?归根结底,各级政府官员只有对老百姓的困难、苦恼感同身受,把群众的事当作自己的事来办,才会想方设法去根治“老大难”,啃掉“硬骨头”。

此外,对付“老大难”更应当依靠法治。像“校舍”变成群租房的情况,既然官司打赢了,又为何不能通过执行来解决呢?只有依法管理,才能长治久安。

2016 年 1 月 20 日

期待名人故居变身“故居博物馆”

今年春节前，张乐平故居、柯灵故居对外试开放，成为我们这座城市文化生活中一件大事。这两处位于徐汇区的住所，张乐平和柯灵分别居住了 42 年和 41 年，当是他们度过生命最长时光的地方。如今，卧室、书房、客厅、饭厅等都复原为他们居住时的原貌。张乐平用了几十年的巨大画案、倒插着画笔的笔筒，柯灵先生的数百封书信、手稿、最喜爱的全套《二十四史》，也让人感受到两位文化巨匠留下的气息。

春节假期，市民排着长队前来参观，不惜等候两小时也要与“三毛之父”的老房子亲密接触。据统计，截至 2 月 14 日柯灵故居暂时闭馆，两座故居参观人数达到 7 000 人次。事实上，位于五原路 288 弄 3 号的张乐平故居是一栋近代里弄式花园洋房，位于复兴西路 147 号的柯灵故居是一幢西班牙式风格的黄色公寓住宅，本身也都是颇有年头的优秀历史建筑，散发着独特魅力，能够入内参观，也让“老洋房迷”兴奋不已。

建设和开放名人故居体现出对历史和文化的尊重，也一点一滴增加着城市的文化底蕴。欧美国家非常重视名人故居的保护，把它作为文化遗产来对待。就拿文化传统深厚的俄罗斯来说，普希金、托尔斯泰、高尔基、契诃夫、柴可夫斯基、列宾等文学艺术大家均有多处故居得到保护，如普希金在莫斯科和圣彼得堡的市中心各有一处故居，不仅完全复原了作家当年的生活场景，还被作为“故居博物馆”开放，是重要的普希金研究机构。而位于图拉的托尔斯泰庄园，更因为其完整的建筑、丰富的藏品和优美的风景，已成为一大旅游景点。去年初夏，我在圣彼得堡期间，还探访了陀思妥耶夫斯基故居。

陀思妥耶夫斯基是写圣彼得堡最多也是最深刻的作家，他的故居博物馆位于铁匠巷5号。入口是一栋老建筑的地下室，沿着扶梯往上走，才是二楼的陀氏公寓。推开门，映入眼帘的是米色和浅褐色相间的墙纸，门厅里放着长柄伞、帽子，散发着居家气息。客厅、餐厅、卧室、书房的布置都是19世纪风格，雅致漂亮，甚至称得上华丽，一盏吊灯的底座竟然还是中国瓷器。陀思妥耶夫斯基的书房内，宽大的书桌上亮着蜡烛，摊着稿纸，边上还有一杯红茶，仿佛笔耕不辍的主人刚刚走开一会儿。旁边的老式座钟是带日历的，上面的时间停留在1月29日8点40分，这是1881年作家去世的那个时刻。

听了讲解员的讲述我才知道，家具大部分是博物馆后来添置的，只有少数是原物。因为陀氏一辈子遭遇坎坷、苦难、贫困，居无定所，他晚年境遇稍好，才租住了这里的房子。他去世后，这里成了"公共住房"，类似于上海的"72家房客"。博物馆花了很大力气，根据照片和人们的回忆，找来相似的家具和物品，一一复原，连墙纸都是根据残存破旧的碎片再去特别定制的，和从前一模一样。当地政府对文化遗产保护的精心，由此可见一斑。

令人欣喜的是，最近徐汇区又传出了好消息，将把更多老洋房资源用于公共服务，包括修复夏衍、赵丹、郑振铎旧居及草婴书房等，原上海京剧院南伶酒家也将修复成周信芳纪念馆。更多名人故居和纪念馆的落成，也标志着上海在文化层面增添了与其他国际大都市对话的空间。

名人故居如何更好地保护和利用，让其发挥更大的作用？对外开放，让市民和游客近距离参观，是题中应有之义。另一方面，可否借鉴俄罗斯的做法，在故居内设立博物馆，增添研究和教育功能？事实上，博物馆、纪念馆也是重要的教育资源，多座名人故居串在一起，就是一本活生生的人文教科书，可以成为中小学生的第二课堂，让青少年对上海的历史和文化有更直观的了解。

徐汇区恢复部分名人故居还引出了另一个思考。绝大多数名人故居都位于老房子里。在上海这几十年来大规模的旧区改造中，有不少优秀历史建筑以及名人故居也化为废墟，这是十分可惜的。如位于延安中路一条弄堂内的徐志摩故居，泰戈尔访沪时还曾住过，也被拆除了。如今，上海完整的石库门弄堂都已所剩不多。在旧区改造的同时，如何对于有历史文化价值的老房子予以保护，而不是一拆了之，仍是摆在市、区两级政府面前的一个课题。

载于 2016 年 3 月 2 日新民晚报

关于“僵尸楼”的问号

小区里、马路上的“僵尸车”已经不稀奇了，现在又有了“僵尸楼”。“僵尸楼”并不是烂尾楼，它原本是可以使用的房子，是因为多年闲置、无人管理造成的。昨天，本报刊登了一则图片新闻，说的是徐汇区对斜土路大木桥路的一栋“僵尸楼”实施了拆除。

上个月，电视新闻也对这栋“僵尸楼”进行了报道，这栋 20 米高的楼已闲置六七年，成为拾荒者和流浪汉的聚集地，里面不仅脏乱不堪、异味熏人，而且墙皮也不时掉下。街道办表示，这栋楼今年 10 月准备拆迁。如果不是电视台曝光，“僵尸楼”的拆除大概不会如此雷厉风行。

多年的“僵尸楼”，一朝拆除，附近居民拍手称快。不过，高兴之余人们也有不少疑问：从图片上可以看到，这栋楼就在斜土路沿街，占据了一大块黄金地段，那么，这栋楼的主人是谁？它是怎么变成“僵尸”的？这栋楼有四层高，造起来也要花不少钱，之前也使用过的，这些年闲置着，岂不是浪费？如果这栋楼产权为国有，那么这几年的闲置算不算国有资产流失？还有，这栋楼如此脏乱差，居民反映多年，为何一定要等到媒体舆论监督才有所动作？

拆除“僵尸楼”是件好事，但同时也暴露出有关部门工作中的种种问题。最主要的就是不作为。首先，关于这栋楼是利用还是拆除，应当依法依规办理，不需要讨论六七年之久。其次是不公开透明，如果对建筑物的去留暂时没有定论，也应该把期限告知附近居民，并维护好它的环境和安全。

“僵尸楼”这样的庞然大物，处置起来当然不简单。可它并非隐藏在某个角落里，有的机关干部还天天路过，但就是这种“事不关己，高高挂起”的态度，使它堂而皇之地闲置了这么久。在一些干部的脑子里，做工作最大的法宝就是“等”，等“上面”发声音了，我再做，这样才万无一失，又何必自找麻烦？

时下，上海正在进行环境整治“补短板”，如果没有主动作为的精神，缺乏依法行政的理念，这块“短板”可能难以彻底补上。

“僵尸楼”好拆，而个别干部脑袋中的僵化思想和作风，恐怕破除起来更难。

载于 2016 年 4 月 20 日新民晚报

四合一“大盖帽”为何管不了无证店?

大半年中居民投诉20多次,没有餐饮服务许可证,没办环境影响评价手续,刺鼻油烟呛煞四邻……就是这样一家无证扰民餐饮店,大半年来,却在相关部门的一罚再罚中,继续着自己的红火营生!居民们只得再一次向媒体求助。

这家餐饮店位于宜川路宁泰馨苑。上个月,本报记者接到居民反映前去调查,从一户居民家的窗户望出去,面馆近在咫尺。“每天一开窗就是油烟味道,实在呛人,这日子真勿晓得哪能过!”去年10月,居民们就发现底楼前排空置的裙房突然装修,要开一家烧烤火锅店。于是,大家多次拨打12345市民服务热线,并向市区两级相关部门反映该店没餐饮服务许可证,开业后会严重影响周边居民生活。随后,有关部门在彭浦镇政府开了协调会,承诺如该店无证开业,会马上查处。然而,烧烤火锅店还是开业了。今年4月,老板重新装修,改开面馆,从早到晚起油锅炒菜,味道比以前更厉害。

静安区环境监察支队负责人称,区环保部门多次接到居民的投诉,到目前为止有16件之多。今年5月6日,执法人员就该店未经“环评”审批擅自新增产生油烟餐饮项目的违规行为,作出行政处罚。并且,这家店虽有营业执照但尚未取得餐饮许可证,属无证经营。

那么,无证扰民餐饮店到底该由谁来管呢?彭浦镇政府信访办说,如果餐饮店无证经营,真要取缔,执法权在市场监督管理局手中,镇政府只能协调。彭浦镇市场监督管理所称,应该向静安区市场监督管理局反映情况。静安区市场监督管理局表示,去年12月已对该餐馆立案查处,今年2月16日也作了行政处罚决定,罚款人民币

5万元。但是，无证扰民餐饮店依然存在。

无独有偶，不久前电视新闻报道了浦东临沂六村一家开在居民楼里的无证盒饭小作坊，居民投诉了两个多月，都没有解决。这个小作坊就开在天井里，一对外来夫妻每天上午和下午都要做几十份盒饭，由车辆运送出去，油烟呛人，污水遍地，不间断的剁菜声影响邻居休息。居民先是自己和作坊主直接交涉，但对方气焰嚣张。随后，居民向南码头市场监管所投诉，市场监管员上门调查后开具了整改通知书，不过之后却没有责令小作坊停业，而是把任务派给了居委会。居委会和物业多次上门劝说都没有效果。

面对电视台的镜头，几个部门的负责人叹了不少苦经。“因为我们执法权有限。它是开在家里，要查处涉及多个部门，我们请求街道办牵头，会同其他职能部门进行联合整治……”市场监管所负责人如是说。而街道社区管理办（食安办）负责人则表示，没有发现小作坊对外挂牌，要认定它“居改非”有难度，希望在整治过程中“不要出现明显的矛盾冲突”。

无营业执照、无餐饮许可证、油烟噪声扰民、食品卫生没保障……这样的黑作坊显然是不应该存在的。可是市场监管所这个行政执法部门，却管不了一个居民楼里的小作坊，还要求助于没有行政执法权的街道办，这真有点黑色幽默的味道。当然，经过媒体曝光，有关部门终于有了动作，关闭了小作坊。可是，还有很多分散在全市各个角落的没有被曝光的无证餐饮店、小作坊呢？

从体制上来看，上海的市场监管体系已经很健全了。2014年，浦东在全市率先启动市场监管体制“三合一”改革，将工商、质监、食药监三局合一。之后，又将物价局的价格监督检查职能并入，实现了“四合一”。去年，这一改革又在全市推开，各区都已将“四顶大盖帽”合成了“一顶”，现在统称市场监督管理局，为的就是加强监管力度，提高监管效能，减少推诿扯皮。另外，还有一顶“大盖帽”——环境监察，对于环保违法企业也有查处的权力和责任。然而，现实情况是：

这么多顶大盖帽，还是管不了一家无证餐饮店，关不掉一家小作坊！

事实上，根据《中华人民共和国食品安全法》规定，区县市场监督管理局有权处罚未取得食品生产经营许可而从事生产经营活动的行为。根据《行政处罚法》，对无视行政处罚、拒不整改的，行政机关有权没收违法所得和违法生产经营的工具、设备、原料等，查封生产经营场所以及吊销营业执照。也就是说，法律早已赋予了“大盖帽”行政强制权。

无证扰民餐饮店和无证盒饭小作坊关不掉，根本原因正是有关部门的不作为！如果以罚代管、“踢皮球”、多一事不如少一事等工作理念和工作作风不从根本上加以改变，再多的改革，再多的创新，再多的“三合一”、“四合一”，也无济于事。

载于2016年8月16日新民晚报

“网红花露水”的启示

今夏，有一款“网红花露水”卖断了货，甚至万能的淘宝上也卖空了，一个同事在小便利店抢到一瓶，开心不已。“网红花露水”，其实就是六神花露水！更让人振奋的是，最近，又传来消息，六神花露水已进入美国市场了。

且听听网友的评论：“六神的冰莲味花露水，就是爱马仕的尼罗河花园香水的味道；冰芬香味花露水，就是宝格丽活力海洋香水的味道；紫瓶清爽祛味就是 CK one 香水的味道；黑瓶激情海洋就是纪梵希海洋香水的味道……”“用了劲凉提神花露水，凉爽得你都像到了北极！”“中国人民的国民圣水，made in 阿拉上海的网红花露水，终于也不负众望，进军海外市场了！”

六神花露水是所有上海人的集体记忆，也是上海家庭夏日里常备的物品。哪个爱美的小姑娘，手帕上没有洒上几滴？哪个孩子小时候夏天洗澡的时候，妈妈没有倒上一点儿？然而，几十年不变的玻璃瓶包装、味道，也使六神一度淡出了人们的视线。而今，上海家化在原有基础上改进了配方、包装，并推出了多种功效和味道的花露水，使其变得更具时尚感、更为多样化，适合当下年轻人的口味，但价格依然亲民，并且注重电商渠道，因此一下蹿为“网红”。可见老品牌只要坚持创新，照样有极强的生命力。

其实，上海历史上曾经有很多老牌子，无论是服装、鞋帽、家用纺织品，还是钟表、家电、自行车，以及化妆品、洗涤用品、儿童用品，都有响当当的名牌产品。岁月流逝，随着市场大潮的冲击、产业结构的调整，以及国有企业的改革，它们中的相当一部分悄悄消失了。但近年来，我们欣喜地看到，又有一些老品牌像六神这样实现了“华丽转身”，逆袭成功。

回力球鞋就是另一个传奇。

回力是中国最早的时尚胶底鞋品牌。“回力”商标注册于1935年，在20世纪70年代，年轻人都以拥有一双回力篮球鞋为时髦。80年代，回力牌篮球鞋、排球鞋、乒乓鞋等均是国家队的比赛专用鞋，1984年，老中国女排就是穿着回力排球鞋夺得第二十三届奥运会冠军的。到了1997年，“回力”被认定为上海市著名商标，1999年被认定为中国驰名商标。可就那段时间，回力的光芒逐渐黯淡了，因为改革开放后大量的运动鞋洋品牌进入中国市场，回力已不再是本土第一品牌了，便宜、耐穿的球鞋与农民工联系在了一起，这个老牌运动鞋在市场上举步维艰。

回力的逆袭在2008年。突然有一天，在国内售价仅20多元人民币的回力“臭球鞋”，却成为欧美潮人争相购买的“尖货”，在欧洲，它的身价至少翻了25倍，达到让人惊愕的50欧元。在国人看来老土的回力白底红标，在国际时尚人士眼中却是活脱脱的复古风向标，登上了时尚杂志《ELLE》，好莱坞影星穿着它上片场。上海回力鞋业有限公司也抓住这个机遇，拓展市场，实现转型发展。公司请来十多位来自国内外的设计师，对老回力进行了再加工。2015年回力产品在市场的销量突破了6 000万双，总销售额达到了35亿元。2016年7月，回力品牌在上海老码头举行品牌推介会，推出了以红白鞋系列为主的升级产品，从用料、工艺和设计上改变了回力产品款式陈旧、色彩单调的旧貌。

上海以工业兴市，老品牌是上海历史的一部分。今天，振兴实体经济，同样需要“上海制造”继续发力。如何让“上海制造”重新焕发青春？六神花露水和回力球鞋的故事告诉我们，关键在于“创新”二字。

最近，一则英雄金笔的新闻又一次让人们看到了希望。这个诞生于1931年秋天的民族品牌，被誉为“国民钢笔”。“国民钢笔”有过辉煌与坚守，也有过“气短”与沉寂。随着创新时代的到来，“工匠精神”的回归，“英雄”又迎来了发展的春天。2015年，英雄集团突破了几年来经济发展的徘徊局面，实现了经营规模的提速增长。今年1至5月，英雄集团与英雄金笔厂又分别实现了同比12.13%和26.17%的增长。今秋的杭州G20盛会，英雄钢笔又将“闪亮登场”。

我们有理由相信，一定会有更多的上海经典老牌产品，能够像六神花露水、回力球鞋、英雄钢笔一样，实现凤凰涅槃，让今天和明天的上海人骄傲和自豪。

载于2016年8月25日新民晚报

公交车上的“辩论”

不久前的一个星期日中午，我乘 71 路公交车回家。车上乘客很多，车开出不久，车厢里变得热闹起来，一段有意思的争论传入我的耳朵。

大概是先有乘客抱怨“车怎么那么挤”，有人说是因为 127 路缩线，终点站提前到华山路，所以乘 71 路的人多了。还有人联想到了很多年前公交车拥挤的盛况。于是，有个六十来岁的男乘客——姑且称他乘客甲——抛出了一个问题：“你们说是现在好还是以前好？”

“那当然是现在好了。”旁边的人不假思索地答道。“我说以前好，就说一点，以前看病不要钱的！”乘客甲大声道。“以前看病是不要钱，可是病看得好吗？”乘客乙立即反驳道。“就是，以前医疗条件怎么能和现在比？”有人附和。可乘客甲还是嘟囔着：“现在要看好病，花钱是不得了！”

“以前有啥好？吃的东西都没有。”另一位乘客提出了新的论据。“以前是没什么吃的，但都是健康食品啊；现在吃的东西是多了，但都是打了农药化肥激素的……”乘客甲继续证明自己的观点。

“那也不能一概而论。相比之下，现在物质多丰富。阿拉小时候，肚子都吃不饱。你们说对吗？”乘客乙继续反驳。“对啊！”车厢里的声音顿时一边倒了：“以前住多大房子？人均 4 平方米！现在呢？哪家不住几室几厅的新房子！”“以前还要生煤炉，自己捏煤球，这种日子怎么过……”其他乘客也加入了“辩论”的队伍。

“那个年代，别看我们嘴里叫着‘赶超美帝’，其实美国到处压制我们。可是现在呢，中国强大了，别的国家不敢对我们怎么样，就比如南海问题上，美国也不敢轻举妄动。最近在杭州还开了G20大会，世界各国领导人都来了！”乘客乙提到了中国的国际地位，自豪感油然而生。

可是，乘客甲依然有不满：“你们别看现在人均寿命80多岁，现在空气这么差，吃的东西又不健康，等我们老了，不一定活得到那么长！”“人均寿命不可能降低的，如果降低的话，社会就要倒退了！”乘客乙说道。

乘客甲有点语塞，停了一会儿，他又说了一句：“健康最重要，大家还是把身体养养好，看看到底今后怎么样……”对于这句话，没有人反驳他。

“辩论”结束了。“以前有什么好？就说这公交车吧，现在都有空调了。以前呢，外面38度，里面温度更高，人挤人。唉……”一位靠近后门的老者发出一声喟叹，看似轻描淡写，实则意味深长。

短短几站路，从公交车、医疗、住房到物质供应、食品安全，再谈到国家的综合实力，国际地位，以及人均寿命……这场车厢里的“辩论”，内容可谓丰富，不亚于“两会”的涉及面。乘坐公交车的，都是普通市民，以工薪阶层、退休人员居多，没有什么政府官员、企业家，而他们虽然说的都是大实话，但“议政”水平，实在不低。

现在好还是过去好？这样的比较，大概有时会出现在上了年纪的人的脑海里。不可否认，乘客甲的观点，也代表了一部分国民的想法。事实上，中国这几十年来的变化，实在是太大了，而很多人由于身在其中，感受并没有那么强烈。

最近有一篇网上很火的文章《中国这三十年到底干了什么》，写出了我国这些年来的变化。文中说，20世纪80年代，中国是孱弱的，那时候不但有像英、法、德、日、美等发达国家凌驾在我们的头上，还有“亚洲四小龙”在我们身边耀武扬威。当时中国人羡慕外国：美国人的月收入能过万，水龙头能出热水，连电视都是彩色的；欧洲人的城市里全是楼房，每家每户都有抽水马桶，连私人都买得起小轿车……

作者写道:“在今天看来,当时人们的那种羡慕之情显得如此可笑。‘日本怎么可能战胜呢?’这在当时是绝大部分人共有的想法。但是还没等到2015年,中国的经济总量已经超过了日本,并且以一发不可收的势头直追美国。”2012年,一个伦敦大报的记者来中国乘坐一次高铁之后,当即惊呼:“中国是一个神话般的国家。”而最关键不是这个英国记者的惊叹,而是中国老百姓对这些事情的平淡态度。“巨大的改变对中国人来说习以为常,只有在国外生活过很久的人才能体会到这种不平常。因为全世界30多年来几乎什么都没变,只有中国在日新月异。这是一种奇迹,而我们都是见证者。”

作为巨变的见证者,我们应当感到自豪,更不要说跟20世纪六七十年代相比了。相信真的让乘客甲回到过去,他也不会愿意。然而,他的观点也不应该被忽视,正是因为在日常生活中碰到了较大的困难,比如看病贵、食品安全、环境质量等问题,才使他发出“今不如昔”的感叹。当然,还有乘客甲没有提到的贫富差距问题、房价问题、教育问题……这些问题,也是我们政府和社会各方应当正视的。这些问题是随着经济社会的快速发展出现的,要解决并非一日之功。然而,只有把这些难题逐步解决了,才能让老百姓的幸福指数进一步提升,国家才能可持续发展。

载于2016年9月《现代工商》

“二万户”的乡愁

上周，市规划局在杨浦区长白社区举办了一个“228 街坊城市更新论坛”，探讨的是刚刚创下三个 100％的纪录、顺利完成征收的“最后的二万户”地块的未来规划。

这是一次不同寻常的论坛。首先，论坛的召开本身就代表了一个新的理念——旧改地块的规划不再“拍脑袋”、简单化。以往上海的旧区改造，最早是先批租“毛地”再由开发商动迁，之后改为由政府实施征收，然后“净地”出让，土地拍卖后再建商业设施或住宅。无论哪一种，几乎都是将原有土地上的建筑全部拆除，再建新的。而此次有关部门对于远在敦化路、延吉东路的这个不大的地块却十分慎重，请来了城市规划、建筑专家、文化学者一起讨论，甚至多位刚刚搬走的居民也受邀前来发表意见，体现了一种开放的思维。

其次，尽管未来 228 街坊究竟会变成啥样，目前还没有定论，但有一点基本可以肯定，将不再采用原先大拆大建、推倒重来的模式，里面的 12 栋“二万户”建筑将会被保留。

“二万户”为什么值得保留？第一眼看去，这些“二万户”仅两层楼高，建筑也没啥特色，还这么破旧。不过，现在的年轻人很难想象，这种房子在 60 年前还是让人羡慕的新公房！“上海杨浦”微信公众号的一篇文章这样写道：“当年能入住‘二万户’的大多是劳动模范、先进工作者。想必当时跟着爸爸妈妈住进去的小朋友一定会在作文里面写道，‘今天搬进工人新村了，无比自豪，感觉胸前的红领巾更加鲜艳了’。”因此，专家指出，尽管“二万户”建筑的经济价值、生态美学价值并不高，但历史文化价值和社会情感价值却不可低估！

更何况，这里承载着老住户剪不断的乡愁。前来参加论坛的居民这样说："这棵树、这个门牌号，我和爱人在这里第一次牵手，也曾经在这里吵过架，之后送女儿出国……""中间这片空地很宽敞，夏天晚上邻居们都喜欢在这里乘凉、聊天。""我小的时候就在这里河边抓鱼，以前这里还有个操场，下大雨我照样在上面踢球。""'二万户'有公共厕所和厨房，阿拉每天生活在一起，出门都不上锁，知道邻居会帮忙照看家里，心里特别有安全感。"

在人们的一般理解中，乡愁往往是离开故土的人才有的情感，思念的对象以乡村居多。事实上，城市的市民也有乡愁。我从小生活在南京西路上，20 世纪 90 年代因为动迁，大片房子被拆除，取而代之的是高楼大厦，而楼下的又一村点心店，附近的人民饭店、海燕西餐馆、中国照相馆、人立服装商店、长江剧场，以及马路对面小巧的街心花园，都消失了。一个人儿时的记忆往往是最清晰的，而且随着年龄的增长，对过去生活环境的怀念会不断加深。

习近平总书记对城镇化建设曾有过这样的论述："要体现尊重自然、顺应自然、天人合一的理念，让城市融入大自然，让居民望得见山、看得见水、记得住乡愁。"在上海，"二万户"的乡愁，绝不仅仅属于 228 地块上那 360 户刚刚搬走的居民们，还属于在第一代工人新村住过的 2 万户家庭，更属于和上海这座城市风雨同舟的广大市民。

令人欣喜的是，有关部门注意到了这一点。"要让居民再回到改造的地区，仍然体味到乡愁，仍然有记忆中的样子。这是对'二万户'改造的原则。"市规划局一位处长这样说。据介绍，这里将在保留 12 栋"二万户"建筑的前提下，引入特色商业、创业办公和文化展示等复合功能，还会有一些配套设施，赋予老建筑以新的活力。可以想见，待这一项目建设完毕，定会成为沪上一处别具情怀的好去处。

去过欧洲的人，常惊叹那里历史建筑之丰富多彩、保护完好。其实欧洲的历史并没有我国这么悠久，但当地政府和民众对于每一栋建筑都非常珍视。不仅仅是对于老建筑，即便是几十年前建造的房子，也被精心保护，不轻易拆除。这，也是尊重每一段历史，为市民留一份情感寄托。

经过20多年大规模旧区改造的上海，终于也迎来了既保留历史记忆，又提升空间品质的新阶段。我们希望，这样的城市更新模式能在更多的区域得到效仿。

载于2016年9月19日新民晚报

泰晤士的变与不变

泰晤士西餐社位于杨浦区，因为开得久了，而被许多家住杨浦的市民誉为“国民西餐馆”。泰晤士给人印象最深的，是它的变与不变。

红烩蜗牛是泰晤士的招牌菜。蜗牛嫩滑入味，口感层次丰富，回味无穷。这道经典法式大菜，制作工艺复杂，非常“吃功夫”。20 世纪 90 年代，泰晤士的红烩蜗牛就凭着正宗的法式味道，获得了上海西餐比赛的大奖。忌司焗面也是一道名菜。美食家沈嘉禄笔下的这盘焗面：“表面微微鼓起，象牙色中带些微金红色的‘斑疤’，用叉子挑开，一股香气直冲鼻孔。”味道与他早年在天鹅阁吃过的一样，不同之处在于面里加入了金枪鱼丁。而不少 80 后童年幸福感的象征——土豆色拉、罗宋汤、炸猪排“三件套”，现在外面已经很少能吃到了，但走进泰晤士，一样样都会给你端上来。这些菜的味道，二三十年都没有变过。炸猪排依然如故，外脆里嫩，火候恰到好处，肉质有弹性。

如此说来，泰晤士应该是一家老字号西餐馆了？可出人意料的是，这家西餐馆的前身竟然是长丰饮食店，即是一家供应大饼、油条、馄饨、阳春面的国营点心店。在 20 世纪 80 年代中期，有职工 30 人，全部资产仅 3 000 元。在市场经济大潮的冲击下，传统的饮食店经营亏损，职工收入每况愈下。是坐以待毙还是主动出击？1987 年，当时年仅 30 岁的经理丁美凤鼓起勇气，带领职工重新创业。他们选择了在杨浦区是空白点的西餐业，聘请名师，根据本区居民的消费特点，创制了适应不同层次消费者的菜肴。平民百姓可以来这里吃到 4 元的土豆沙拉、8 元的青豆浓汤，也推出了红烩蜗牛等创新菜，泰晤士一下子火了起来。

泰晤士的西点、蛋糕也很出名，每天下午门前总有人排长队，公司还创下了一年销售鲜奶蛋糕3万只的纪录，成为西餐行业内的“蛋糕大王”。十几年前，为使企业得到进一步的发展，上级单位对公司进行了资产评估和招投标，经过企业全体职工投票，一致同意泰晤士西餐公司转为民营企业，由总经理丁美凤继续担任新企业的经营者。原有的30多名职工也都一同参与转制，没有一个下岗。

这些年，尽管餐厅的营业面积不大，但餐厅布局、装修每隔一两年就会变一下，一间间包房像变魔术一样变了出来。而且每隔几个月，餐厅就要推出新的菜品、西点、饮品：野生菌汤、酥皮海鲜汤、墨鱼面、焗龙虾、蟹斗、意大利冰糕、养生糙米茶……所以菜谱也经常更换。当然，经典菜的味道不会改变。一位网友是这样评论泰晤士的：老式的上海西餐馆，儿时满满的回忆。以前是爸妈带我去，现在是我带宝宝去，还是老味道……

从泰晤士的故事，我想到了另外一些老字号。

两个月前，沪上知名老字号老半斋突然成为“网红”，出名的方式却十分尴尬。一家日本媒体暗访了这家被网友评为“零分餐厅”的老店，拍摄到了店员服务态度不佳、上班看报纸、玩手机以及在店内打牌的画面，经过网络传播“出口转内销”，成了网上的热门话题。同时，上海媒体也暗访了功德林、沈大成等另外几家老字号，发现环境卫生、服务同样存在很大问题。在舆论监督之下，几家老字号表示要采取措施整改，并且向社会作出服务承诺。经过四天的停业整改，老半斋重新开门营业后，市民表示服务已有明显提升，希望能够保持。

说到底，老字号的问题，是体制机制的问题。泰晤士的变与不变，可以给上海一些老字号以思考和启示。是抱着祖上留下来的金字招牌，在经营管理方面不思进取，守着固有的几只招牌菜过日子呢？还是顺应时代的变化，进行改革、创新，主动参与市场竞争，使企业迎来新的发展？应该不难选择。

载于2016年11月《现代工商》

哥本哈根的早餐

杭州“老赖”吴某没有想到，一份哥本哈根酒店的早餐，竟把自己送进了拘留所，并且唯一的住房也被法院查封，将用于归还债务。

这是两天前从杭州市拱墅区人民法院传出的一条新闻。吴某本是做服装生意的老板，多年前夫妻俩以一套房产作抵押向银行贷款170多万元，却一直没有偿还。2014年，两人被银行诉至法院并以调解结案，双方约定，吴某夫妇须在2015年4月15日前连本带利还清贷款。但夫妻俩一直逃避债务，银行申请强制执行。此后吴某夫妻便与法院玩起了“躲猫猫”。

吴某自以为不接法官电话、不在住所出现，索性飞到国外去旅游，法院就拿自己没办法。谁知“智者千虑必有一失”，当年放贷的银行工作人员也是他的微信好友，迅速将他的信息转交给了法院。法院执行局立即决定对他实施司法拘留，并申请警方配合布控。上周，刚回到国内的吴某就被控制，被处以司法拘留15天。

一起原本陷入僵局的执行案，得以顺利执结，整个过程如此富有喜剧色彩，大概是谁都没有想到的。

此时在拘留所里的吴某大概悔得肠子也青了：要是那天没有手痒发照片就好了，要是早点把那个银行工作人员从微信好友中删除就好了，还有，要是不去哥本哈根就好了。

真是手痒惹的祸吗？非也。俗话说，躲得过初一躲不过十五。在全国各级法院加大力度，全力破解执行难的今天，当一名“老赖”是越来越难了。

“老赖”，是人们对失信被执行人的称呼。限制高消费是针对“老赖”的一项有力举措。最高人民法院早在2010年就作出了“限高”规定，2015年又进行了修改，具体被限制的行为有九种：乘坐飞机、列车软卧、轮船二等以上舱位；出入星级以上宾馆、酒店、夜总会、高尔夫球场等场所；购买不动产或者高档装修房屋；租赁高档写字楼、宾馆、公寓等场所办公；购买非经营必需车辆；旅游、度假；子女就读高收费私立学校；支付高额保费购买保险理财产品；乘坐高铁等其他非生活和工作必需的消费行为。

因此，吴某就是因为违反了其中的“旅游、度假”一条而被司法拘留的。如果你是一个被执行人，不要说海外旅游，就是国内旅游，也不可以。据最高法发布的信息显示，截至今年5月10日，已向社会公众发布失信被执行人信息391.61万例，有关部门共限制失信被执行人乘坐列车105.96万人次、乘坐飞机415.09万人次。

退一步说，即便不去旅游，没有高消费，也不见得太平无事。如今“老赖”越来越难以藏身。今年7月，上海铁路运输法院在上海火车站、虹桥火车站的广场大屏幕及候车厅大屏幕上滚动曝光“老赖”名单和照片，这些被执行人涉案标的最小的为1 984元，最大的为292万余元。曝光信息包括被执行人的照片、身份信息、执行案号、拖欠金额等，连续曝光七天。

此外，近一两年来执行信息化建设的突飞猛进，更是为执行工作配上了千里眼、顺风耳。一位区法院执行局局长就深有感触地对我说，现在执行效率的提高方面，效果十分显著，传统模式下两人一天只能查询四家银行账户，依托网络执行查控体系，执行法官足不出户，轻轻一点鼠标，几分钟后就可以查询到全国2 000多家银行的账户，效率提高上千倍。目前金融方面信息共享的单位不仅包括银行，连腾讯、支付宝等互联网金融也在合作行列。这种巨大的量变将引发质变，从而推动执行模式实现质的飞跃。

昨天，上海市一中院发布了今年1到11月期间的执行相关数据。139名自然人、法人列为失信被执行人，对20余名被执行人采取边控措施，执行到位金额 33.01 亿元……下一步，法院将进一步运用罚款、拘留，甚至追究刑事责任等强制手段，加强执行威慑力建设，挤压“老赖”的生存空间。

执行程序被称为“社会正义最后一道防线的最后一个环节”。可以想见，在全国各级法院以及全社会的共同努力下，“哥本哈根的早餐”将不是个案，而最高法院院长周强今年 3 月给出“用两到三年时间基本解决执行难问题”的承诺，一定会实现。

载于 2016 年 12 月 1 日新民晚报

排队

排队，最近似乎成了一大流行。人民广场附近的两种网红美食竟要排队五六个小时，为了一口奶茶、肉松面包，孕妇、“黄牛”都拼了。有人质疑：网红美食除了“流行”外，还有别的价值吗？如此排队，究竟是上海人喜欢“轧闹猛”呢，还是商家的一种营销策略？

这次到北京采访全国“两会”，我也经历了多次排队。3 月 4 日上午是全国人大新闻发言人傅莹的记者会，记者会 11 点开始，怕到时没有位子，我 9 点 15 分就到了人民大会堂门口，这时前面已经有了好几十名记者。10 点钟，开始放行，经过安检，我大概在 10 点 20 分进入了新闻发布厅，会场内座位已经所剩无几。更多晚来的记者只能站在后面和旁边。

不过，我到得绝对不算早。在全国“两会”记者微信群里，8 点 12 分就有位记者发出了一张图片，是人民大会堂东门记者入口排队等候的镜头。他还说“都到一个半小时了”，又配发了一张刚到时晨曦微露的照片。顿时大家纷纷膜拜：“给跪了！”“太牛！”这时，一个声音幽幽地冒出来：“6 点 15 到的路过……”原来，他是中国旅游报的记者小左。他说，来得太早，遇上庞大的国旗观礼队伍。今年是他第一次来采访全国两会，为了在记者会上抢占好位子，特地起了个大早。

可是，小左仍然不是第一个，他前面还有新京报的记者。真是“没有最早，只有更早”！

3 月 5 日全国人代会开幕，我 7 点多到达人民大会堂，前面的长龙却更长，弯弯曲曲排到了边上，我大概花了 45 分钟进入会场。赶到部长通道，那里早就有了许许多多同行架好了“长枪短炮”，等待向部长们提问。想想他们扛着这些沉重的器材，在寒风中排队数小时，真是让人钦佩。

会场外排队，说明媒体和记者数量增加了。今年的全国人代会，登记采访的记者有3 000多名，其中1 500多名来自境外。我发现，外国媒体确实比往年更多。这也从一个侧面反映出世界各国对中国"两会"的关注。

记者队伍虽长，但秩序井然，甚至成为各国记者互相采访、交流信息的机会。这，也是排队的意外收获吧。

载于2017年3月8日新民晚报

部长应考

作为新民晚报记者，我连续多年参加全国“两会”采访。从一个媒体人的角度看，今年的“两会”有几大变化：

一是记者会增加了，不算李克强总理的记者会和3月4日的全国人大新闻发布会，由全国人大举办的各个主题的记者会多达17场，都邀请有关部门的“一把手”参加。这些记者会，内容涵盖国计民生，从国企改革、财政工作、外交政策、脱贫攻坚，到百姓关注的环境保护、教育问题、医疗卫生、质量提升，每场都通过电视和网络直播，拉近了普通人与全国人大的距离，使得“两会”透明度增加，传递出的信息量更大了。

二是“部长通道”更为热闹了。“部长通道”位于人民大会堂北大厅，长度不过100余米，是每年列席全国“两会”的国务院各部门主要负责人进出会场的必经通道。不知从哪一年的全国“两会”起，每当召开全体会议时，记者们就开始在那里等候部长们的入场，拦住他们，希望从他们嘴里挖出点新闻。部长们的表现也各不相同，有的侃侃而谈，也有的行色匆匆。不过，从两年前开始，情况有了变化。大会开始前，就有专人为记者把部长请来，接受记者采访。据统计，今年“部长通道”共开启了五次、八场。累计有46个部门的领导接受了采访，回答问题多达95个。

记者会不同于新闻发布会，部长面对的是来自世界各地的几百名记者，不介绍情况，只回答问题。记者的问题也是形形色色，有的问题部长们心里早有准备，但也有些问题锋芒毕露颇为刁钻。一场记者会下来，回答十几个问题，并不容易。难怪教育部部长陈宝生在开场白中说:“我把今天的记者会看作是一场考试。各位就是出题、阅卷、监考的老师,我就是答卷的学生。”同时他还幽默地说,希望今天的这场考试是一场素质教育的考试,不是应试教育的考试。

短短十几天的全国“两会”,几十名部长在全国人民面前集中亮相,他们风格不同、气质各异。他们有的口才好,讲话文采斐然;有的平民化,讲话接地气;有的话虽不多,但透露的信息中“干货”多。

印象最深的是外交部部长王毅,记者提出的问题,个个都是热点,王外长的回答掷地有声。如在回答关于朝鲜半岛形势的问题时,王毅说:“当务之急要做的就是‘亮起红灯,同时刹车’。今后我们仍然愿意做一名‘扳道工’,把半岛核问题扳回到谈判解决的轨道。”他在谈到领事保护时说:“哪里有危险和困难,哪里就会出现中国外交官的身影,哪里就会有五星红旗在飘扬。”在场的中国记者听了,一股自豪感油然而生。在谈到海外追逃问题时,他说:“海外不是法外,避罪没有天堂!”堪称金句。

上海是座大城市,原本以为农业部和我们的读者关系不大,没想到农业部长韩长赋在“部长通道”的回应却非常精彩。那天上午,他在回答记者关于奶业的问题时说:“十几亿中国人,不能没有自己的奶业!”他说,我们要振兴中国奶业,希望再过若干年,外国人到中国旅游,也来买中国奶粉!在谈到大家关心的农产品质量的问题时,他的话也实实在在:“吃得饱、吃得好、吃得安全,这是人的基本需求。我们农业部门有责任把农产品质量搞上去。农产品质量要通过两手抓:一是‘产出来’,二是‘管出来’。”

从多位部长的话语中,我们还可以感受到的是真诚。教育部长陈宝生在回应“凉山州悬崖村孩子上学”这个问题时说:“孩子们为了求学,爬上爬下,每天在危险中行进,我们感到非常羞愧。”我想,有了这种发自内心的情感,这些特困地区孩子的上学问题应该能够很快解决。陈宝生也是位敢于说话的部长,他在讲到高校引进人才恶性竞争时,批评有的高校竟然开出了上千万年薪,“不能搞恶性竞争,不要恶意挖墙脚”。

也有的部长，表达却不那么生动，在回答时不时有“嗯嗯啊啊”的“官腔”，似乎在作报告，还有的离不开手中的稿子。一方面，可能是与口才有关，另一方面，也可能是平时读稿子比较多。从这个角度来说，每年全国两会的记者会，对这些部长们来说，的确是一场不容忽视的考试。

尽管中国人崇尚“少说多做”，不过，当了部长，既要会做，也要会说。怎么说，是一门大学问。希望每年“两会”部长们的“应考”，一年比一年精彩。

2017 年 3 月

梦花街的后续新闻

前天是《上海市食品安全条例》实施的第一天，本市各区开展了执法行动。有一条新闻颇为引人注目：在黄浦区梦花街，执法人员对两处隐藏在居民区里的无证无照的餐饮店进行了集中取缔行动。这次整治效率奇高，市场监管部门不仅取缔了小店，城管还当场拆除了违法建筑，房屋管理部门还派了工人砌好了围墙，恢复了房屋原貌，使其不能再破墙开店。

记得梦花街两年前就有过新闻，当时梦花街馄饨店因为上电视而出名，后因无证经营而被有关部门责令关门。尽管关门的要求没错，但馄饨店的遭遇还是引发了许多市民的同情，因为当时就有记者发现，就在同样一条梦花街上，还有三四家饭店、小吃店，店堂里均没有张贴或悬挂营业执照和卫生许可证，却毫发无损。那时，我曾写过一篇题为《梦花街悲喜剧》的文章，提出依法行政如何保证公平公正的问题。

这几家店也开了多年，即便在"史上最严"食品安全条例出台前，无证无照经营也是不被允许的，加上又有违法建筑、油烟扰民，可谓多重违法，但有关部门却没有什么作为。执法人员解释说，他们也曾多次去告知、处罚，但店主和他们打游击，看到执法人员来了，就把卷帘门拉上。

其实，这些弄堂小店的长期存在，还是和执法部门"怕麻烦、多一事不如少一事"的心态有关。且看，这回店主的小伎俩在严格执法面前毫无用处，而且是强制执法，房屋也被恢复原状。周边居民和广大市民、网友纷纷叫好。

希望梦花街的整治成为上海的样板。一方面,已取缔的小店不再回潮;另一方面,上海更多的小马路、居民区里的无证无照餐饮店、小吃店,也能这样依法管理,该取缔的取缔,该搬场的搬场。

如今,在各方关心下,梦花街馄饨店已迁入正规店面,办好了证照,生意比以前更火爆。这也证明了一个最简单的道理,一切行为、活动都要依法依规。做生意,就得有正规场地,就得办证、交税,那些钻空子、打擦边球的,甚至要无赖、暴力抗法的,不应有生存空间。只有形成这样的氛围,一个公平公正的法治社会才会慢慢建成。

载于 2017 年 3 月 22 日新民晚报

嵌入式养老院收费该多少?

这是一种嵌入式养老院：有的是位于小区里的一栋小房子，有的就在居民楼的底楼或高层住宅楼的下面几层；里面硬件软件齐全，有专业人员服务，因为离家只有一碗汤的距离，所以亲情不会隔断；老人一旦无人照料就可短期入住，甚至有的老人选择这里夏天避暑、冬天避寒……去年以来，长者照护之家建设连续两年被列入市政府实事，如今全市已建成近百家，年底将覆盖各街道。

这么好又离家近的养老机构，应该一床难求，但事实是有的入住率还不足50%。原因何在？我采访了多家长者照护之家，发现问题出在收费上。黄浦区瑞金二路街道的长者照护之家每月收费为3 300元。而在普陀区、虹口区的几家长者照护之家，收费达6 000多元。

6 000多元，这个标准与一般中高端的民营养老院差不多。不过，长者照护之家性质不同。其场地都是由政府提供的，一般是街道办腾出闲置房屋，或者利用小区公建配套用房，也有街道办从其他单位租赁的；改建、装修也由街道办实施，而运营则由养老企业或社会组织承接，提供的服务包括一日三餐、生活护理、康复训练等。也就是说，一般养老院的“大头”床位费实际上在这里是不存在的。那么，服务企业有什么理由开出这样的高价呢？

企业的理由也有不少：高科技设施、智能化监控、海归管理团队、国际先进理念……不过，老人入住养老院，最需要的还是面对面的护理服务。而这些高价机构的服务水平，并不见得比其他养老机构高出多少。

对于这些高价嵌入式养老院，市民“用脚投票”。有位女士本来想送 80 多岁的老母来这里，一听说每月 6 000 多元，连连摇头：“还不如请个住家保姆呢!”而黄浦区的多家长者照护之家，收费均在 3 000 多元，入住率都在 80%以上。

随着深度老龄化社会的到来，养老已经成为一大“朝阳产业”。从老人身上赚钱，只要合理合法，一点没有问题。但是，把老人当成“唐僧肉”，并且利用政府建设的公益性机构来大赚一笔，未免有失公平。看来，有关部门对于全市长者照护之家的收费，应该尽快制定一个标准了。

载于 2017 年 5 月 31 日新民晚报

致敬老字号

本报今年伊始推出的“老字号新气象”系列报道告一段落，共计50篇。盘点一下，有不少有意思的发现。

这些老字号大多有七八十年的历史，最“高龄”的有100多岁了。世事变幻，沧海桑田，一个品牌能够在中华大地生存这么久，自有其奥秘。老字号有近一半是餐饮企业。民以食为天，只要有自己的特色、绝活，加上黄金地段，老饭店的招牌是最容易保存下来的。还有一部分是药店。这也不奇怪，人吃五谷，谁不生病？开在家门口的药店，只要货真价实、童叟无欺，总是需要的。

另一部分老字号，生存至今则并不容易。这些品牌都属于“上海制造”，如回力球鞋、民光床单、永久自行车、英雄金笔、蜂花檀香皂……有读者说，如果不是本报的报道，以为有的老牌子已经没有了！这些老字号大多是创办于20世纪二三十年代的民族品牌、老国货，但也有新中国成立后创立的品牌，如上海牌手表。它们有一个共同之处，就是都经历了从辉煌到没落，再到重新崛起的过程。

就说上海牌手表吧，这个1955年诞生的第一个中国手表品牌，男男女女都以拥有一只为荣，却在国门打开后迅速没落，甚至走到破产重组的地步。而今，转型后的上海牌手表依靠高超技术走上创新之路，推出了“表中之王”陀飞轮等新产品，重新回到市场。

这些老字号身上，承载着新中国成立后上海国有企业的光荣与梦想，体现着阿拉上海师傅一丝不苟的工匠精神，也饱含着20世纪90年代产业结构调整百万职工下岗的泪水，都有一段痛苦经历，而今凤凰涅槃、浴火重生，每一个品牌故事，都是一部励志小说。

目前的这些老字号，体制也十分多样。有的依然是国企，但改革重组过了，成为上市公司；有的以民营资本为主，比如永久、恒源祥、百雀羚；有的属于股份制，有多种资本注入。这从根本上给老字号带来了活力。

事实上，还有许多"上海制造"，已经衰落，甚至消失了，比如金星、飞跃等品牌的电视机、双鹿冰箱，又如鸿翔、朋街等服装，博步、奇美、花牌等皮鞋……这也证明了一点：创业难，守业更难。市场无情，曾经的金字招牌不是"保护伞"，没有改革，没有创新，就会遭到淘汰。

因此，我们向今天这些老字号的拥有者和经营者致敬。是他们，让"上海制造"重新有了底气。

载于 2017 年 7 月 12 日新民晚报

老字号与老读者

今年以来，本报推出了“老字号·新气象”系列报道。上月，收到一封读者来信。这位陈姓读者的信字迹很工整，他说，看了我的文章，得知老字号报道告一段落，他之前已经收集了刊登相关报道的晚报，数了数，还差 12 篇，如果报社资料全，能找到这几份报纸，他愿意买下来。他在信中一一列出了 38 篇篇目。

接到来信，我与陈先生电话联系。他在电话中说：“我在家里又找到 8 份报纸，现在还差 4 篇了！”于是，我请负责编辑这一系列报道的王欣帮忙，找到了刊登这 4 篇报道的报纸，给他寄去了。

办报纸的人，最高兴的是写的文章、编的版面有人看。不过，我们也没想到，竟有人把这 50 篇报道全部收藏起来了。而且老字号系列报道第一篇是今年 1 月 5 日，那么，这位读者把今年的新民晚报都留在家里，该是很厚的一叠了！用流行语来说，他是晚报的“铁粉”，对老字号是“真爱”。这也说明，这组报道的策划、采编的确受到了读者的欢迎。我还告诉陈先生，我们已经把老字号报道集结成书，将在今年的上海书展首发，欢迎他来参加首发式。

前晚，《老树花开无丑枝》首发式在上海展览中心举行。现场，我见到了陈先生。他年约七旬，精神很好，脖子上挂了一个颇为专业的相机，已经买好了书，兴致勃勃地在现场摄影。活动结束后，他又发来短信：“新民晚报宣传上海老字号，很有意义。上海老字号是海派文化的组成部分，是中华民族品牌的精华，是上海的创造力。同样，88 岁的新民晚报源源不断飞入寻常百姓家，也是在不断创新中开着新花，吸引着自费订阅的广大读者。祝晚报年年鲜花朵朵。”

老读者对老字号的评价，非常贴切；对我们晚报的厚爱，让人感动。

时代在发展，媒体也在改变。近来晚报通过媒体融合，传播方式大大丰富，吸引了更多的读者、受众；沟通方式也改变了，受众和我们的互动更为便捷、迅速。然而，也有东西没有改变，那就是新闻人的执着追求，以及读者对新民晚报的热爱。不断为读者和受众送上“鲜花朵朵”，永远是我们的使命。

载于 2017 年 8 月 23 日新民晚报

“普京同款”冰淇淋

不久前在北京采访。一日错过了午餐时间，就到街边的庆丰包子铺吃份包子。店堂整洁明亮，进门处有个大冷饮柜，墙上醒目地写着一行字——“俄罗斯国礼冰淇淋”，柜子里琳琅满目地摆了俄文包装的冰淇淋。哈，这不是“普京同款”冰淇淋吗？

去年G20杭州峰会期间的中俄双边会谈前，俄罗斯总统普京给习近平主席赠送了一份谁都没有想到的礼物——一箱冰淇淋。他表示，自己很喜欢吃冰淇淋，曾说过要带冰淇淋给习主席，这次就带来了一箱作为礼物。习近平对此表示感谢。

今年国庆长假，我看了一档电视节目。央视《开讲了》一带一路特别节目首站来到了莫斯科，是撒贝宁主持的。参加节目的有中俄企业家、留学生，俄罗斯汉学家塔布罗夫斯基担任嘉宾。在互动阶段，一位企业家举手说，他是生产冰淇淋的，就是普京带到杭州送给习近平主席的“普隆比尔”牌。撒贝宁打趣说：“你们请的‘代言人’太牛了！”这位企业家说，现在，中俄之间物流更便利，他们的冰淇淋不断用集装箱运到中国。他向塔布罗夫斯基提问，要打开中国市场，先从哪几座城市开始？口味上是否需要改变？塔布罗夫斯基给他的建议是：先从对俄罗斯有亲近感的城市开始，比如哈尔滨、北京。还有上海，因为20世纪30年代，上海也有很多俄罗斯人居住过。口味上，可以降低甜度。

我面前冷柜里的冰淇淋，外观有蛋筒、雪糕、纸杯，还有鲜奶、奶油、巧克力、香草等各种口味。我和同事一人买了一个品尝，口感细腻，奶香浓郁，甜度适中，每个售价15元。我的85后同事说，味道不比那个著名美国品牌冰淇淋差，性价比很高。

“一带一路”倡议看似是国与国之间的大事，其实不仅是经济、贸易、科技、文化方面的交流，与咱普通百姓也有关系。不是吗？普隆比尔冰淇淋已经进入北京的小吃店，估计明年，“普京同款”冰淇淋就能进入上海的便利店。或许，它将唤醒中老年人的俄罗斯情结，也会给吃多了美日品牌的年轻人以新鲜感，说不定还会出现在朋友圈，成为新的网红呢。

载于 2017 年 11 月 1 日新民晚报

“棉花糖”毛巾

一个时尚轻巧的半透明盒子，上面写着“棉花糖”三个字，里面装着一条毛巾，轻轻的，柔柔的，仿佛一片云朵，又像小时候吃的棉花糖，用来擦脸肯定舒服极了。印象中，日本某大品牌有这样的毛巾。这条毛巾卖得不便宜，专柜价 49 元。翻过盒子，侧面图案是一幢石库门，封口处贴着的商标赫然是“414 萃众毛巾”的字样。

414 毛巾是上海人熟悉的老字号了，那种蓝白条或红白条的毛巾因其质地牢固、价廉物美，曾经是家家户户的“标配”。不过近 20 年来，这个老字号已经离我们远去了。没想到，以前略带土气的毛巾现在竟然以这样一种娇俏的模样又回来了。

纺织行业曾经是上海的支柱产业。可是，20 世纪 90 年代中期，上海的纺织行业在激烈的市场竞争中遇到了寒冬，随着产业结构调整，纺织企业关停并转，职工大量下岗，有些老字号也随之消失了。所幸，民光床单、钟牌 414 毛巾、皇后毛毯等家用纺织品老字号都并入了龙头股份下面的龙头家纺有限公司，目前这些产品在市场上依然有销售，而且在电商平台卖得很不错，特别是民光床单还因为“国民床单”而成为网红。在采访中，我与龙头家纺的老总有这样一段对话。

“现在你们的生产地在江苏吧？”我问。

“是的。不过江苏的生产成本也在不断提高，我们很快又要搬了。”老总说。

“搬到哪里去？”我问。

“埃塞俄比亚。”老总答道。

真是大跌眼镜！埃塞俄比亚，这个非洲国家，我只知道它是歌剧《阿依达》的发生地，除此之外一无所知。

老总告诉我：不要小看埃塞俄比亚，它的旁边就是埃及，而埃及是出棉花的，这样可就近获得原料；其次，它离地中海很近，产品销往欧美，物流方便；第三，埃塞俄比亚也属于一带一路沿线国家，我国对于企业参与一带一路建设还有扶持政策。

听了这一席话，让我对新时代的"上海制造"刮目相看。正是因为不断创新、追求卓越，有 80 多年历史的老字号才如此充满活力。而在"全球布局，跨国经营"战略引领下，一个又一个上海品牌被擦亮，重新铸就了"上海制造"大品牌。

昨天我又了解到，龙头股份埃塞俄比亚工厂已经开建，明年就能建成了。那么，或许明年在欧洲就能看到"made in Ethiopia"(埃塞俄比亚制造)的 414"棉花糖"毛巾了！

载于 2017 年 12 月 27 日新民晚报

常回家看看

可否不再叫“保姆”?

51岁的刘焕娣是一家服务中心的资深“月嫂”,专为产妇和婴儿提供24小时护理服务。由于工作出色,她每月工资2 600元,比有些刚毕业的大学生挣得还多。她说:“我很喜欢这份工作,不过,有时报纸上称我们为‘保姆’,看了不舒服。”

确实,媒体上时常可见关于“保姆”的新闻:《春节出现“保姆荒”》、《大学生保姆遇尴尬》,等等。

“保姆”,专指在别人家做洗衣烧饭、打扫卫生等家务活以及照顾老人、孩子的女性。长期以来,这个称呼含有“下人”、“简单劳动”、“低人一等”的意思,有些不尊重。

其实,传统意义上的“保姆”工作如今已有了新的内涵。十年前,长宁区劳动局率先开设培训班,为这一行当起了个响亮的名字——家政服务员。称谓的改变,自有用意。之后,成千上万个下岗女工摈弃了陈旧的观念,转行做了家政服务员、母婴服务员、保育员,她们中还涌现出了市劳动模范。几年前,家政服务员被列入《中华人民共和国职业分类大典》,也有高、中、低技术等级。为维护从业人员的权益,上海还推出了“家政服务综合保险”。

在我们的社会里,人与人之间的关系是相互服务的关系。在今天,家政服务员已成为社会上吃香的第三百六十一行。由于社会需求量大,一些大学还开出了家政专业,今后,将有更多高学历的人加入到这个队伍中来。再沿用“保姆”一词,对这一行业的发展似乎不利。正如北京市家政服务协会会长李大经所说:“称呼问题涉及家政服务员的地位高低,请称呼我们的大名‘家政服务员’,不要叫我们‘保姆’。”

载于2006年3月12日新民晚报

呼吁恢复暑托班

奉贤区周女士9岁的儿子因放暑假无人照看，成了“铁门里的孩子”。谁知家中突发大火，反锁在房内的男孩无法逃生而死亡。这一惨剧向全社会敲响了警钟：关心暑假里孩子的安全，实是当务之急。

长达两个月的暑假，对中小学生来说是件开心的事，却成为很多家长的烦心事。很多父母都是“朝九晚五”的上班族，照看孩子成了一大难题。许多小家伙不得不成天被关在家里，除了做作业，就是看电视、上网，连见个小伙伴也难，更别说参加什么活动了。家长们为了安排孩子也动足了脑筋：有的把孩子交给祖辈，有的拜托邻里关照，还有的花钱将孩子送进社会上的补习班，甚至还有几个家长“合租”一个老师照管孩子……现在出了这样的惨剧，许多年轻父母的心更悬起了。

于是我想到了暑托班。20多年前，上海的许多单位和街道都有暑托班，我弟弟幼时，暑期大多是在暑托班里度过的，其乐无穷。后来，由于种种原因，暑托班渐渐消失了。

最近，听说长宁区华阳街道又重开了暑托班。街道干部想方设法，配备了专门的师资、场地和设备，请来志愿者，收了一大群小朋友。孩子们在这里学英语、学绘画，参加手工制作、棋牌游戏、图书阅览以及网上冲浪、FLASH制作等文化娱乐活动，不仅家长放心了，孩子的暑假生活也变得丰富多彩。

诚然，办一个小小暑托班并不容易，没有经济效益，责任却很重。但是，妥善安置一个孩子，就稳定了一个家庭，也为构建和谐社会作出了贡献。为了让更多的年轻父母解除后顾之忧，为了不再让类似周女士儿子那样的悲剧重演，希望更多有条件的单位和街道，都能像华阳街道一样，办起暑托班或少年之家。

载于2006年7月23日新民晚报

麦当劳的高明之处

当你走进麦当劳餐厅，大概想不到，你嘴里香喷喷的汉堡和松脆的薯条，很可能出自智障员工之手。在不久前的一次采访中，我听说了这样一个数字：麦当劳公司在上海地区总共聘用了 1 000 多名正式员工，其中有 52 名智障人士，他们和健全员工同工同酬。最近，麦当劳又招收了几十名智障见习生。

这么多残疾人，而且是智障人在一家知名外资企业工作，恐怕令上海许多用人单位大跌眼镜。他们能干好吗？会闯祸吗？不会影响企业形象吗？在麦当劳一家门店，已经转为正式员工的小潘说，他在麦当劳见习学会做的第一款食物是麦香鱼汉堡。餐厅经理告诉记者，小潘如今已经熟练地掌握了每种食物的制作工序，是店里的“主力”员工了。事实证明，麦当劳从 2000 年起招收智障员工，其中工作时间最长的已有六年多。公司负责人表示：“只要能胜任，为什么不可以把机会交给他们呢？”

上海市政府规定，每招收 100 名员工，必须吸收 1.6 名(1.6%)残疾人，麦当劳远远超出了这个比例。无怪乎市残联有关人士感慨地说，吸收残疾人就业，做得最好的是外资企业，目前上海仅有的两家残疾人见习基地都是外资企业(麦当劳和海神诺富特大酒店)，台港澳投资企业也不错。相比之下，上海许多国企、民企不愿意招收残疾人，达不到规定比例，企业宁愿缴纳残疾人保障金。而把就业大门对残疾人关得最紧的，则是政府机关！

归根结底在于观念的差异。在欧美国家，残疾人不被看作特殊群体。在国外，如果一名健全人和一名残疾人同时应聘一个岗位，两人都适合，企业多半把机会给残疾人；而国内企业的态度则正好相反：现在健全人来求职的多得不得了，干嘛要招残疾人？

目前上海有52万残疾人，约占全市总人口的4%，单是智障残疾就有7万人。其中相当一部分人是有劳动能力的，而且残疾人受教育程度在不断提高。让他们自食其力，为社会作出贡献，是所有用人单位不能推卸的责任。

在麦当劳，每位智障员工如今在餐厅里都有了自己的好朋友、好同事，能够再次踏上社会，对于他们来说具有非凡的意义。适逢第十六次“全国助残日”和第七次“上海助残周”，麦当劳给人的启示，是意味深长的。

载于2006年5月16日新民晚报

关爱月嫂

昨天本报焦点版刊发了《三名月嫂为啥会"过劳死"》的报道，使得这一特殊群体的生存状况进入了人们的视线。

月嫂是一个全新的职业。1998 年，本报在上海媒体中率先报道了市总工会和劳动部门为了推动下岗女工再就业而开展母婴护理培训的新闻。十年间，这一行业从无到有、从小到大，发展迅猛。现在，生孩子请月嫂已是寻常事。据统计，上海每年出生婴儿约 15 万，其中约三分之一的家庭聘请月嫂。也就是说，2 万多名月嫂每年要为五六万家庭提供月子照料服务，对社会的贡献不能算小。

月嫂是又一个特殊的劳动者群体。她们以个体为单位，分散在各个家庭中就业，因此受到的关注很少。目前，上海的家政服务行业协会还未成立，不同的家政公司、月嫂公司的管理各不相同，月嫂流动性也很大。但这不应成为月嫂游离于法律保护之外的理由。

目前，有很多实际问题亟待解决。比如，月嫂的劳动强度究竟该多大？工资究竟多少才合理？再比如技能培训，要获得劳动部门颁发的上岗证必须经过有资质机构的培训，140 多课时外加实训。但是，也有一些家政公司自己搞"培训"，时间只有两三天，让新手看看录像，然后在买来的证书上盖上公司的章就结束了。这岂不是对用户不负责任？

又如，怎样才能保证月嫂的休息权，避免"过劳死"悲剧再度发生？将"做六休一"写到合同中，是一个好办法。不过，月嫂中有大量的外来女性，家不在上海，如果"做六休一"，休息天能到哪里去呢？

我忽然想起了香港的菲佣。她们也都是背井离乡到香港从事家政服务的女性。听说每到周六、周日，香港的公园、绿地都可以看到一群群的菲佣，她们操着家乡话在一起大声聊天，尽情欢笑，分享自己带来的食物……这也成为香港的一道风景线。

那么，各级妇联、工会组织以及社区，能否给这一女性群体多一些关爱，关心一下她们的健康状况和精神状态？在居委会、公园开设“月嫂之家”之类的活动点，让月嫂来休息一下，放松心情？

载于2008年12月17日新民晚报

大学生当保安

日前，我从媒体上看到一则消息，上海世博园区近万名保安的招聘培训工作开始了。由于薪资从优，报名者很多，其中不乏具有硕士学历的人员。

这引起了我的思考。今年就业形势格外严峻，去年全国有100万大学生未就业，今年大学毕业生数量又多达600万人。政府和媒体都在鼓励大学毕业生到基层就业，比如到社区当居委干部、到农村的村委会当“村官”。基层就业的方向是对的，只是人们对基层岗位的理解还太局限。

事实上，一产、二产、三产都有大量基层岗位可供大学生选择。就拿占上海GDP比重最大的服务业来说，岗位多得是，就看你愿不愿意放下身价去做，比如保安、环卫工人、营业员、宾馆服务员，甚至的哥……

二三十年前，大学录取比例只有百分之几、十几，大学生是“天之骄子”，毕业后也是“皇帝的女儿不愁嫁”。而今，高校不断扩招，上海高中生考大学的录取率超过了80%。高等教育已从“精英教育”变成了“大众教育”，大学毕业生的身份已不像以前那么“尊贵”。普通老百姓干得了的工作，大学生为何不可以干？

有人说，大学毕业去当保安、环卫工人，几年大学不是白读了？不是人才浪费吗？其实不然，基层岗位也需要高学历的人才。世博园区的保安招聘要求高，要懂外语，懂礼仪，沟通能力要强，很多具有本科、硕士学历的人前去报名就是很好的证明。

出租车司机也是如此。随着世博会的临近，一个懂外语、高素质的司机，肯定更受客人的欢迎。这几年，大众、强生等公司都已有了少量大学生的哥。当然，收入也是一个重要因素。如果出租车企业能适当提高待遇，减轻工作强度，定会吸引更多大学生加盟。

还有人担忧，80后的大学生不能吃苦。卢湾区环卫部门在两年前就招聘了一批大学生，至今有一半以上仍坚守在清扫工的岗位。普陀区长寿街道推出了“爱心早餐车”，多名大学生每天5点起床卖早餐。

三百六十行，行行出状元。只要肯干，高素质的大学生在基层岗位定能脱颖而出。卖早餐的大学生几年后自己可以开一家快餐店；当了几年营业员的大学生，可能不久就会升到领班、主管等管理岗位。

与其找不到工作待在家里“啃老”，何不通过自己的劳动和汗水自食其力？

载于2009年1月26日新民晚报

晾衣绳与碳排放

晾衣绳，不起眼；碳排放，很时髦。一则新闻，将两者联系在了一起。美国的科罗拉多、夏威夷、缅因和佛蒙特四个州出于环保考虑，废除了“晾衣绳禁令”，保护居民摒弃烘干机、在户外晾衣服的权利。烘干机是“用电大户”。据美国官方数据，家电用电量中，衣物烘干机至少占去6%。它的碳排量惊人，平均每个家庭每年因使用烘干机排放的二氧化碳总量达1吨！

曾几何时，烘干机替代晾衣绳，成为发达国家家居生活的必备物品之一。一位美国老太说，过去用晾衣绳是被人看不起的，因为这意味着家里太穷而买不起烘干机。而今，碳排放为零的晾衣绳，却再次取代烘干机，回到部分美国人的家庭。

这样一种“否定之否定”，是值得深思的。

在上海，室外晾衣架、弄堂里的“万国旗”也是备受诟病的。每逢大型活动，老房子的晾衣绳就成了整治对象。还有很多新建小区，为了视觉上美观，严禁住户在阳台外安装晾衣竿，逼得不少上海人也用起了烘干机。

世界上的事物因时间、地点、条件的变化而变化。应当辩证地看待这些问题。在当时当地，否定晾衣绳也许是必要的，但在现时现地，重新肯定它也是必要的。

再比如自行车。在曾有“自行车王国”之称的中国，近年来大力发展汽车工业，很多城市大量兴建高架道路、高速环城路，挤走了自行车道。而欧美许多国家却辟出了大量自行车道，美国各地举办了“骑自行车上班周”活动，巴黎要在现有430公里自行车道的基础上再修建200公里的自行车道。

看来,“老土”的不一定是不文明的,“洋的”东西也未必都是符合环保要求的,“过去”的一切也不等于必须淘汰的。发达国家在走过一段弯路后开始了新的选择,正在发展中的我们,是否应当吸取教训,不要碰了鼻子再转弯?

是时候换一种思路来考虑我们的城市建设和管理了。比如,在不面对马路的住房阳台、窗口,可否允许安装伸缩式晾衣竿?又如,城市能否多建一些自行车专用道,鼓励人们短途多骑自行车,当然,最好是真正的自行车,而不是耗能的助动车。

对我们来说,减少碳排放,可以从一根晾衣绳开始。

载于2009年12月4日新民晚报

女性退休损失 36 万？

前天是三八妇女节，女性话题自然也成为全国“两会”代表委员关注的议题。推迟女性的退休年龄是一个老话题了。然而，三八妇女节当天我听到一个数字后颇感疑惑：有媒体报道，在讨论时有人提出：“女性‘被退休’，相当于损失 36 万！”她算了一笔账，在北京、上海等一线大城市，若按照普通白领平均月收入 3 000 元计算，女性退休的话，相比同等条件的男性要少工作十年。也就意味着，在经济上至少要损失 36 万。这对普通家庭来说，是一笔不小的经济来源。

女性退休损失 36 万？乍一听惊人，但仔细一想，这一说法有很大的漏洞，首先，把退休后的养老金完全给忽略了。在上海，目前企业退休人员的养老金一般在 2 000 元以上，十年的养老金至少在 24 万元。这样看来，按先前算法，女性退休的“损失”最多不过 12 万元。

其次，这 12 万元是不是“损失”也很难说。许多女白领或技术人员办了退休手续后，因为有一技之长，往往会在原岗位上继续留用或被其他单位返聘，这样，加上养老金，她们的收入不会低于退休前。而对女性蓝领来说，她们辛辛苦苦从早干到晚，一个月不过两千来元，而退休了也能拿这么多，身心舒坦了，她们是心甘情愿“被退休”，一点也不觉得损失了什么。

说了这么多，并不是反对推迟女性退休年龄。我很赞同在更多岗位实现“男女同龄退休”以及弹性退休制度。因为对于专业技术人员来说，退休早绝对是一种人才浪费，许多高学历的女性，20 多岁才开始走上工作岗位，50 多岁正当盛年。那些 50 多岁的女性专业人员被返聘，恰恰说明了社会对人才的需求，企业也乐于聘用，因为她们经验丰富，还可以省下一笔社会保险费。女性退休，个人倒未必有那么大的经济损失，“损失”的其实是政府的社保基金。

提出上述观点的人士也希望“小步渐进适度提高女性工人的退休年龄，并让男女工人根据自身实际弹性选择退休时间”，这一点没错，只是以“巨额经济损失”来论证女性必须延迟退休，未免失之偏颇。

载于2012年3月10日新民晚报

“放心油条”该卖多少钱？

“四大金刚”重出江湖，干净、美味又便宜，三角地水电菜场的清美面点店天天早上排长队。然而，本报记者前天追踪发现，这家店开张近一月，竟亏损近万元。

为什么亏损？且听清美公司负责人算的账：一个月原材料生产及配送要 11 万余元、人工 3 万余元，加上房屋、水电、管理费等，共支出 16 万元，而每月的销售额 15 万余元，算下来每月亏损 1 万元左右。“放心油条”的原料讲究，油是海狮牌，不重复使用；油条不加明矾用蛋清。在价格上，大饼、油条和粢饭糕单价全是 1.2 元。

为此，有媒体呼吁，政府应该对早餐店给予“长期性帮扶”，让受市民欢迎的放心早餐能够一直存在下去。

对此，我却有不同看法。大饼油条既然亏损这么多，说明价格定得不合理，卖得太便宜了。

或许有人会反驳：一根油条卖 1.2 元还便宜？以前只有 4 分钱呐！我们不妨来对比一下：在油条卖 4 分钱一根的时代，物价水平普遍低，当时人们的工资也很低，“36 元万岁”；而现在，上海的社会平均工资已超过了 4 300 元（根据 2012 年市统计局公布的数据），最低工资为 1 450 元。既然现在的工资已达到过去的 50 至 100 倍，油条的价格应该在 2 元左右一根才是合理的。还可以参照的是公交车车资，过去最低 4 分钱，而现在已是 2 元了。

“放心油条”只能卖 1.2 元，这违背了价值规律，而价值规律是商品生产和商品交换的基本经济规律。如果价格不能涨，全靠政府贴，不是又回到计划经济时代了吗？现在，许多市民都希望同样的店能够开到自己家门口。千做万做，亏本生意不做，如果企业没有盈利，无法积累资本，怎会有积极性再开连锁店？

最近，各地政府都在推进“早餐工程”。但民生工程并不等同于政府补贴工程，政府扶持也不等于每根油条都给补贴。很多时候还是要遵循市场经济的规律。

其实，市民并不是不能接受贵一点的早餐，在一些洋快餐店，三四元一根的油条吃的人也不少。那么，清美面点店的“放心油条”为什么不可以标上合理的价格？

载于 2012 年 6 月 13 日新民晚报

谁该陪王阿婆洗澡?

炎炎夏日,说的却是冬天老人洗澡的问题,似有些不合时令,这不过是我最近在社区采访所闻有感而发。

近年来,每到冬天,为方便住在老房子里的老人洗澡,市有关部门会向他们发放沐浴票,全市共有几万名老人受益。有一年冬天,某中心城区发生了一起持票去洗澡的八旬老人猝死的事件。为了防止这样的事再次发生,该区便推出了"助浴服务",即每个持票洗澡的老人,都有一名志愿者陪同前去沐浴。

有位 80 多岁的王阿婆,独自一人住在老式石库门房子里,平时享有"居家养老"服务,冬天也享受免费沐浴,每次去洗澡,居委会都要安排一名热心的邻居陪她去,一个冬天五次。我问:这个老人有子女吗?答曰:有四个,一个儿子、三个女儿,都不住在一起。我惊愕:"她的三个女儿中,为什么没有一个来陪她洗澡呢?"答曰:"她们都很忙,要照顾第三代……"

在享受助浴服务的老人中,像王阿婆这样有子女的,占大多数。一人一次费用不多,但几千个老人一个冬天的助浴费用,也达几十万元。

谁来陪王阿婆洗澡?这件小得不能再小的事,却折射出不少值得思考的问题。其一,照料老人的"第一责任人"是谁?当然是子女。政府和社会已在养老方面做了许多事,有时候好事做过了头,有些子女索性撒手不管,反正社区会管的。甚至有人跑到居委会,理直气壮地说:"我妈一个人住在这里,你们平时多关心点!"

其二,政府的财政也是纳税人的钱,如果政府乱花钱建"形象工程”，会受到舆论的指责，但花在民生事业上，恰当不恰当，却不大会有人说什么。现在有个时髦的说法是“政府购买服务，社会组织承办”，但社会组织绝不是雷锋，归根结底还得政府出钱。为规避风险而大量投入的例子有很多，如为避免独居老人在家里发生意外，许多地区都投入大量资金，或派人上门，或打电话，为老人送上关爱。事实上，每天给父母打个电话，不也是子女、孙辈应该做的吗？

因此，今后政府部门在民生方面的投入上，是否也应通过听证会等方式听取各方意见，把好事做得更完善呢？

载于 2012 年 7 月 11 日新民晚报

养老院的“有限责任”

随着社会老龄化程度的加快，越来越多的老人进入养老院安度晚年。然而，办好养老院却不易，除了中心城区地方难找之外，还有一个问题是风险高。

不久前，我在采访一家养老院的时候，听说了这样一个故事：一位老伯被几个子女送进了养老院，但老人不愿意住养老院，想回家，情绪非常低落。入住一个星期后，他竟然从楼上一跃而下。事发后，子女找到养老院，要求赔偿数十万元，并且称拿不到赔偿就不将遗体火化。尽管老人的死主要责任不在养老院，但此时已接近春节，为了能让大家都安心过个年，也让老人尽早入土为安，养老院院长同意赔偿家属 18 万余元。

现在人们的法律意识和维权意识都很强，老人一出事，家属就会向养老院索要赔偿，而且数额都很高，往往一次骨折，就要几万、十几万。这样的赔偿案，每家法院的受理量都不少。而老人本是一个易发生伤害事故的群体，在家里也会跌跤或吃东西噎着，在家里受伤，只能自己“吃进”，而送进养老院，某些家属就可以索要一笔赔偿。

事实上，养老机构是一个微利行业。房租、护理员的工资年年在涨，收费又不能太高，因此一家中型的养老院，每年盈利不过数十万元。如果一年出两三起意外事故，就等于一年白做；两三年白做，这家养老院也要关门了。如果养老院都无法承受而关门了，那最终苦的还是老人。

我听好几个养老院的院长都说，许多子女认为，老人进了养老院就等于进了保险箱，其实并非如此。养老院的责任是有限的。老人本身、家属也应当考虑到可能发生的风险。

今天本报法治新闻版报道了一则类似的案件，值得一读。一位80多岁的老太想从养老院回家，但子女不让，并将她的房子出租了，老太便从二楼窗户爬出，不幸摔下身亡。事发后，五名子女将养老院告上法庭，要求赔偿20万元。但宝山区法院认定，老太本身有重大过错，应承担相应民事责任，酌情确定养老院赔偿6 000元。从20万元到6 000元，落差巨大，发人深思。这起民事赔偿案的判决，对其他法院今后审理类似的案件，或具有参考价值。

载于2012年8月8日新民晚报

最后一道防线

最近在采访中遇到交通银行某支行的行长，一位精明能干的女性。聊着聊着，这位女行长摇头叹息："现在电信诈骗太多，以致我们银行网点的工作人员多了一项工作：阻拦诈骗钱款！"

怎么拦呢？她给我细细道来。遇到有市民来办理转账业务，柜员要多个心眼，做到"四问一告知"。但问的时候不能太直露："你转出去这么多钱，是不是碰到骗子啦？"客户会不高兴："你当我是戆大啊？"柜员都经过培训，在询问时"城头出棺材——远兜远转"："阿姨，转账的对方你认识吗？""老伯伯，划出去的钱数目蛮大的，有急用吗？""是划款到安全账户吗？""警方防范诈骗的提示您知道吗？"在询问的时候，还要察言观色，看客户是不是神情紧张、焦急，有没有用手机通话……特别是对一些"疑似"遭遇电信诈骗的客户，柜员尽量拖延时间，希望能够让其清醒过来。这样一来，难免延长了办理业务的时间，有时客户嫌柜员啰唆，有时后面等候的客户不耐烦，甚至还引来投诉。

这位行长说："怎么办呢？这不是我们的本职工作，但银行是针对电信诈骗的最后一道防线了。尽管这样做麻烦一点，但也一定要做。这样做的结果是，一年里我们支行的八个网点共拦住了 18 起电信诈骗，为市民挽回损失 50 多万元。所以，我们也希望市民理解。"

的确，一些银行网点的保安为了劝阻被骗市民转账，甚至挨打挨骂。最近还有媒体报道，有位保安看到一个老人把自己关在自助柜员机的小室里，一边慌慌张张地接电话，一边在机器上按键，显然是上了当，可怎么敲门也不肯开。眼看老人就要把钱转出去了，这位保安急中生智，把 ATM 机的电源拔了，才阻止了老人把钱转给骗子。

近年来，电信诈骗花样不断翻新，公安机关花了很大力气破案，媒体也不断宣传，但仍有许多市民在骗子的“心理战术”下中招。正如这位行长所说，银行是防骗的最后一道防线。市民应多一些理解。而那些拦截电信诈骗成功的银行柜员、保安、网点负责人，为市民挽回了巨额损失，理应得到尊敬。有关部门是不是也应当表彰一下这些“平民英雄”？

载于 2012 年 12 月 26 日新民晚报

业委会主任也要培训

“业委会成员不拿任何报酬，连通讯费、车马费都自掏腰包；物业管理实行酬金制；业委会成员不经手钱款，全部委托物业公司操作；业委会权力分散，主任不持有公章，所有事项都由全体委员讨论或无记名投票决定……”本报岁末“民生十访”专版报道了杨浦区阳明新城在业主自治方面进行的探索，这些规章制度，使得业委会的工作变得公开透明，受到业主的交口称赞。

平时在采访中，我也接触过许多业主，反映业委会的种种问题：业委会主任、委员拿津贴，还有通讯费、误餐费补贴，每月1 000多元；业委会及业主大会的公章都由业委会主任掌管，使用公章一个人说了算；小区最近修理了一些设施，动用了维修基金，数目还不小，来的维修公司没有经过招投标……

业委会完全是近十年来出现的一个新生事物，事关千家万户。然而，业委会主任作为一个领导岗位，是代表数百户乃至数千户业主利益的业委会的负责人，也是一个不大不小的“官”，所以应当是德才兼备的。这一点，原先可能被忽视了。很多业委会主任原来都是普通业主，他们有的热心小区事务，但却从未从事过管理工作；有的在业主中有威信，可对法律、财务知识一窍不通；也有的文化程度高，看得懂账本，但道德品质却不咋的，想通过业委会这个平台给自己捞点好处。

业委会的机构不大、权力不小。业委会主任是否有私心，作风是否民主，管理方法是否科学，都很重要，仅凭一腔热情很难当好。阳明新城业委会之所以多年来得到业主认可，与一位称职的业委会主任是分不开的。主任黄海是位从事审计工作的公务员，精通财务、懂得管理，而且热心公益，有公德心。

谁都不是生下来就会做管理工作的。为了提高业委会主任的能力和素质，房管部门和社区能否办一些业委会主任培训班呢？培训内容应当包括法律知识（尤其是《物权法》、《上海市住宅物业管理规定》等）、财务知识、管理知识、领导的艺术，以及与人沟通的艺术，因为业主都是群众，业委会主任这个“领导”也要善于和群众打交道。当然，还可以请一些像黄海这样的业委会主任来上课，分享成功的经验。

载于 2013 年 1 月 9 日新民晚报

谁是“模范生”？

中资银行和外资银行的服务相比较，哪个更好？对于这个问题，大多数人的第一反应肯定是外资银行，因为国外金融业历史悠久、管理严格、服务优质，“模范生”的名声很响亮。

其实未必。

最近我购买了一台电脑，需要将款项支付到汇丰银行厦门分行的账户。那天中午，我来到上海商城里的汇丰银行网点办理。推门进去，只有保安，让我去柜台排队。柜台有四个窗口，只有一个窗口开着，排队顾客有四人，没有座位，都站着。等了约半小时，终于轮到我了。没想到柜员竟说：“异地存款不能办。”我觉得太奇怪了，便问：“如果我在汇丰银行开一个户头，能不能转账呢？”这名柜员表示：“可以，但开户很慢的，还要存入一定量资金。”总之，他不希望我开户，而是建议我到其他银行去转账。由于时间来不及，我只好离去。

昨天上午，我来到工商银行南京西路支行。一进门，就有工作人员询问我办什么业务，并为我取号，另一位大堂经理还主动指点我如何填写跨行异地转账的单子。五分钟后，叫号系统就轮到我了，又花了五分钟，业务办完。

同一家银行，不能异地汇款。汇丰的这项规定实在让人无法理解。对汇丰服务感到失望的，不止我一人。就在我办理之前，一个外国人和柜员争执起来，他说：“这样的业务，任何一家中国本地银行都可以办，为何汇丰不能办？”他是汇丰银行 20 年的老客户，感到非常失望。外国人怒气冲冲地说，如果还是不能办，他就要销户！

这是一次有意思的体验和比较。无论是大堂接待、等候环境，还是办理业务的范围、效率，工商银行完胜老牌的汇丰银行。前些年，中资银行曾因排队时间长、服务冷漠而遭诟病。几年来，中资银行的服务有了很大进步，现在媒体已经很少接到排队时间长的投诉了。在一片“狼来了”的舆论声中，我们不必妄自菲薄。

相反，外资银行或许在争取高端客户方面有独到之处，但是在某些方面却不尽如人意。不知是不是和某些国际品牌一样，在国外一流的服务到了中国却降低了标准？

如果的确是双重标准，问题就大了，后果也很严重。如果并非如此，就证明在服务上有差距，那又何妨放下身段，向本地银行学习取经？

载于 2013 年 4 月 24 日新民晚报

“奇葩的哥”的启示

这几天在微信上看到一则趣闻:“奇葩啊,这是上海一个出租车里的装置,四个移动终端,一个联想 3G pad,两个酷派手机,最左边还有一个是出租公司的,前三个里面装有十五六个叫车应用,车内无线 wifi 环境,还有一个扩音器,装了这些设备后日增收入 150 元,节约油费 50 元,获各种应用终端奖励月均 2 000 元!”

昨天新民网设法找到了这位“奇葩的哥”。原来,他是位有十多年经验的四星级驾驶员,姓陈。尽管最新报道称,为了安全行驶要求,他已拆除部分装置,但这位司机的举动,却给人不少“正能量”的启示。

启示之一:高科技就是生产力!我帮陈师傅算了笔账:日增收入和节约油费,一增一减 200 元,以每月工作 15 天计算,一个月就是 3 000 元,加上应用终端奖励费 2 000 元,每月增收 5 000 元!他还是四星级的老驾驶员,原本开车收入就不低,总收入肯定远超万元!

启示之二:再平凡的岗位也需要激情。原以为,“奇葩的哥”是位年轻的哥,说不定还是 80 后,没想到陈师傅已经 48 岁了。但是,他并不拒绝新事物,还敢于尝试。他在接受采访时说:“我相信,我们驾驶员虽然文化层次不高,但也有必要与时俱进。”这一切,源自对岗位的热爱,对工作的激情,这种职业精神让人敬佩。

启示之三:大学生就业不妨学学“奇葩的哥”。大学生就业难,难就难在“白领情结”和家长的过度呵护。为何不能换一种思路,将普通蓝领岗位作为人生的“第一份职业”,先干起来再说,比如出租车司机?干得好,生命同样出彩;干得一般,再找别的不迟,至少比在家

“啃老”强。我和不少的哥交谈过，只要认真开车，每月四五千元是有保证的。如果进入小企业，起薪也不过3 000元。至于工作辛苦，哪一行都一样，要想轻松挣钱，大概只有睡梦中。

现在出租司机行业“青黄不接”，而大学生综合素质高，懂外语，会动脑，如果加入这一行列，定会赢得乘客青睐。如果有了一批“知识型的哥”，陈师傅便不会成为一枝独秀的“奇葩”。

当年，以MBA思路开出租车的臧勤曾被微软等知名企业请去上课。我认为，现在的上海高校，也不妨请陈师傅给毕业生上一堂就业指导课。

载于2013年5月22日新民晚报

解读“洛阳大叔”

最近，一位在美国纽约街头卖肉夹馍的“洛阳大叔”在网上受到热捧。这位名叫谢云峰的河南人不懂英文，却在哥伦比亚大学门口摆摊卖中国西北小吃，生意好时，每天有七八百美元收入。有人佩服他“有魄力有眼光”，有人羡慕他“美国发财好容易”，更有人感慨“美国没有城管真幸福”！

“洛阳大叔”的新闻传递出的信息非常丰富，值得解读一番，尤其是在小贩和城管矛盾日益突出的今天。

首先，国际大都市果真需要对小摊贩说“不”？在许多人的印象里，发达国家的城市似乎都是环境整洁美观，市容一尘不染，小摊小贩不见踪影。事实上，在美国的许多城市，“洛阳大叔”随处可见，只不过，谢云峰们有一个正规名称——“餐车厨师”。在英国伦敦，著名的富人区诺丁山周末也辟出马路集市，人们在这里可以淘到各种小商品、二手物品、古董，集市也有卖食品的小摊，出售德国香肠、印度咖喱饭、意大利热红酒……我国台湾地区的夜市也很普遍，琳琅满目的小食摊，已成一景。不能否认，小摊贩让城市变得更有生气、更富情趣。

其次，美国摆摊果真没有门槛吗？人们在羡慕谢云峰摆摊致富的时候，大多忽视了一点，谢云峰是持证上岗的，他考出了美国的“餐车厨师执照”。可见，在美国，摆摊也有法可依，绝不是随意推个小摊就能上街卖小吃的，必须提出申请，得到许可后才能开业，而且必须严格遵守摆摊的区域、卫生要求。这给我们上了一课。中国的小摊贩之所以遍地开花，乌烟瘴气，影响市容，就在于没有门槛。我们不妨借鉴美国做法，设定“餐车厨师”这一职业，规定必须考出执照才能上岗，并统一“餐车”样式，划定设摊区域。

第三，美国果真没有城管吗？答案也是否定的。纽约市政当局对小摊贩的卫生管理非常严格，如果被发现不符合卫生要求，就要遭遇高昂的罚款。“洛阳大叔”因无意中违反了几项管理规定，曾被当地卫生局罚款超过1 000美元……也就是说，“美国城管”其实是地方卫生管理官员。因为有了完善的法规，无证摆摊就是违法，警察就可以执法，所以不需要城管整天巡逻。这也提醒我们，关于乱设摊的立法，刻不容缓。

载于2013年7月3日新民晚报

常回家看看

刚刚过去的重阳节，是我国第一个法定的老年节。现在的老人，大多不愁吃，不愁穿，但就是比较寂寞，就盼着儿女能常回家看看。“常回家看看”写入法律，受到欢迎，但落实起来有点难。

时下，八十来岁的老人，大多有好几个子女。但不少子女不仅不大去探望，还把照顾老人的担子全部推给居委会：“阿拉姆妈一个人住在这里，侬多关心关心哦！”有个居委会今年给 80 岁以上老人发重阳糕就发掉 284 块，七个居委干部变成孙悟空，也照顾不了 284 个高龄老人。

如何让子女真正承担起孝敬老人的责任，常回家看看？基层社区也想了很多办法。我最近听普陀区真如镇杨家桥居民区党总支书记陶美珍讲了一个故事。杨家桥小区早在 2005 年就组织了一批志愿者与独居老人结对，约定服务内容。同时，居委会让老人的子女也来签一份“尽孝”责任书。

有位 86 岁的老太跟居委干部抱怨说，她有三个子女，其中一个儿子是名公务员，还是处级干部，大概半年才来一次，送点东西就走了。老太不缺钱花，就想这个最有出息的儿子能常来看看她。于是，陶美珍把这个儿子请来，跟他约法三章：“你很忙，能不能让妻子、儿子每天打个电话问候一下老人？双休日自己打一个电话总可以吧？住得远，每个月来看一次总可以吧？”结果，这个儿子深受触动，有空就给老母亲打电话，每个月都来看望她一两次。疏远的亲情又变得浓厚了。后来他在单位也现身说法，让员工们常回家看看。而老太呢，高兴得不得了，连声感谢居委干部：“你们把我儿子的心牵回来了!”老太直到90多岁高龄离世,心情一直很舒畅。

杨家桥小区的做法,体现了一种民间智慧。其实,有些子女并非不孝,或许确实是忙,或许住得远,慢慢和老人越来越疏远。如果有人提醒一下,有人督促一下,他们也会醒悟过来。毕竟,大多数人心底都埋藏着一份对父母的感恩之情。

重阳节那天,微信上许多人在转一个“愿父母一生平安健康”的帖子。其实,动动拇指,不如拿起电话。你知道谁是世上唯一在等你的人吗?是父母。

载于2013年10月16日新民晚报

夜市的命运

如烈火烹油般热闹的彭浦夜市被取缔了。拍手称快的人有之，依依不舍的人也有之。不少人呼吁：大城市应当给夜市一席之地。

上海夜市的命运究竟如何？对于无证摊贩、马路夜排档，社会上向来有两种截然不同的态度。支持的理由大致有三：群众有需求，小贩要吃饭，城市要风情。但是，这三大理由是不是都站得住脚呢？

仍以彭浦地区为例，有位支持夜市的大学教授说，因为彭浦地区的国营饭店关门早，市民晚上没什么吃饭的地方，所以夜市有需求。这个说法实在有些可笑，现在上海大小饭店、快餐、外卖遍地开花，彭浦地区绝不缺少饭店，而且只要有顾客，饭店一般都会营业到很晚。那么，群众的需求是什么呢？廉价餐饮、小吃摆在面前，群众当然不会拒绝。而“黑暗料理”的价格优势，源于不缴纳房租、水电费和税收。

再看小贩的吃饭问题。如果说来摆摊的都是活不下去的，肯定没人相信。我曾采访过摆小吃摊、盒饭摊的，他们的收入要比一般工薪阶层高。很多人原本也是干其他营生的，看到夜市摆摊利润丰厚，便加入其中，如此一来，如滚雪球一般，摊贩队伍越来越庞大。由于没有准入门槛，谁都能来摆，最终导致混乱无序。

事实上，做生意本来就该守法、守规矩。茂名路上有一间两三平方米的小铺子，每天早上，一对小夫妻在里面挥汗如雨地做饼、卖饼，生意好得排长队。同样是外来人员，同样是卖小吃，但他们遵法守法的行为却让人肃然起敬。

第三条，是“城市风情”。的确，夜市能够给大都市增加一些情趣。人们常以台北夜市来作比较，那里已成为游客必到的“景点”。但是，台北夜市在选址、秩序、卫生以及准入门槛、食品安全等方面，都做得很好。而上海的一些夜市，摊位摆到了马路上，逼得公交车改道；将环境弄得肮脏不堪，环卫工人来不及打扫；油烟噪声让周边居民苦不堪言……

对上海来说，如果没有严格的法规，不能解决合适的场地、合理的准入制度、安全的食品、良好的环境等问题，那么，夜市的命运不容乐观。

载于 2013 年 12 月 11 日新民晚报

“打车神器”与“公正问题”

昨日中午打的，看到车上放了一个智能手机，不断地传出“某地某人要车”的语音信息，便随口问的哥：“这个打车软件你用得多吗？”不料，引出了他的一大段话。

“多的，最近特别多。这家公司现在推出了活动，鼓励用支付宝付车钱，每次奖励乘客10元，也就是说，你用‘某某打车’叫到车后，14元车费，自己只要付4元。同时，一差业务奖励驾驶员15元，每天最多奖励五次，75元。我今天已经做了六七差了，奖励封顶了。另外每天还有5元流量费补贴。用支付宝也很方便的，钱到我的支付宝账户后，马上就转到银行卡上。乘客有没有加价？最近比较少，因为正月十五还没到，很多人还没回来。对了，你装了没有？我推荐你装，可以拿10元奖励。”

动动拇指，的哥得益，乘客开心，打车软件真可谓是“两面讨好”的神器。然而，就在“打车神器”所向披靡之际，有些人却笑不出来，就是那些不用智能手机或没有下载打车软件的乘客。他们眼睁睁地看着一辆辆亮着“空车”小灯的出租车从面前驶过。他们中，有很多是最需要乘车的老年人，他们可能永远学不会使用“某某打车”。今年的“春节前打车难”因此加剧，也成为媒体争相报道的焦点。为此，政府部门和出租车公司也在绞尽脑汁想对策。孰料，对策还未想好，打车软件又得到了支付宝这一网上支付利器的助力，正在抢占更大的市场。

打车软件的出现，对于所有的乘客究竟是否公平？加价叫车到底是一种合理的奖励行为，还是一种扰乱市场的行为？如果一种新技术，在使一部分人得到便利和实惠的同时，损害了另一部分人的利益，这种技术是否应该推广？

公平正义，永远是人类社会追求的目标。哈佛教授迈克尔·桑德尔在《公正，该如何做是好》一书中，对诸多涉及经济、社会、法律、道德、伦理的“公正问题”，进行了质问、思考和辩论。打车软件带来的疑问，也是一个类似的案例，值得进行深入的思考、探讨。

高科技是一柄双刃剑，如何将其正面优势最大化，而将不利因素降到最低，是摆在我们面前的一个永恒的课题。

载于 2014 年 2 月 12 日新民晚报

从“居民食堂”说到“老年食堂”

昨日新民晚报评论版刊登了谢京辉的文章《“居民食堂”的感悟》。在这篇文章中谢先生吐露了对50年前里弄食堂的怀念。在“居民食堂”里，青菜大排1毛5分，干煎带鱼1毛，青菜5分，价廉物美，回味无穷。文中说到，现在已步入老龄化社会，许多老人为“一日三餐”犯愁，呼吁再度开办“居民食堂”，以造福广大老人。

生于20世纪70年代的我，对“居民食堂”也有印象。在20世纪80年代初，外婆也曾从虹口区的里弄食堂打来饭菜给我吃，红烧肉味道确实不错。然而，那个时代的“居民食堂”能否再度回来，却难有肯定的答案。

首先，要从“居民食堂”产生的时代谈起。谢文也说到，“居民食堂”产生于计划经济时代。当时，上海可以吃饭的地方很少，除了数得出的几家饭店外，就是小饮食店。那时，外面供应再紧张，“居民食堂”也能获得政府调拨的副食品，再请一些家庭妇女出来帮忙，只需支付她们很少的补贴即可。由于成本很低，或者说不计成本，因此早、中、晚都能供应。

如今，我国早已进入市场经济时代，政府大包大揽已成过去式，要开办一家食堂，不得不考虑人力成本、房租、水电煤等问题。现在，聘请一名厨师工资至少四五千元，服务人员至少2 000元，还不算“四金”，如果加上房租，还要早、中、晚都供应，菜肴的价格就不可能太便宜。而以同样的价格在遍布大街小巷的点心店、拉面馆、茶餐厅，也可以吃到各种口味的饭菜。所以，希望那种全天候、价格极低的“居民食堂”再回到身边，是不现实的，也是不必要的。

第二，来看看老人的吃饭问题。今天尽管没有了“居民食堂”，但“老年食堂”出现了。谢先生在文中写道：“虽然有关部门在积极解决老人的困难，办起了托老所、老龄送餐服务，但有严格的年龄限制，菜的质量还有待提高。”我在社区采访多年，知道各区县、街道、镇近年来都非常重视老人助餐点的建设，想方设法腾出场地，开办老人助餐点，还给予人员工资、水电煤补贴，确保老人支付的七八元餐费，全部吃到肚子里。

我实地走访过许多托老所、助餐点，似乎并没有年龄限制。60 岁以上老人都可前去就餐，一月一订，如果 60 岁以下的居民有需求，也可以吃。而且只要老人提出，助餐点都可以送餐上门，有的社区还免费送。困难老人还能享受到餐费减免，这也是合理的。不可能每个居委会都开一个助餐点，因为成本太高，但有的社区会将饭菜送到居委会，让老人就近用餐。当然，老人助餐服务还未做到尽善尽美，饭菜也是众口难调，但毕竟在很大程度上缓解了老人的吃饭难问题。

最后，还想说说老人们对于“居民食堂”菜肴滋味的幸福回忆。其实，这种味道，是数十年过后，沉淀在记忆中的、经过美化了的味道，甚至夹杂着对逝去的青春岁月的怀念。另外，50 年前的中国，物资紧缺，食物匮乏，人们吃什么都香，相比之下，现在大鱼大肉、龙虾海参摆在面前，也觉得没啥好吃的。

许多美好的东西确实让人怀念，但逝去了，就不妨让它们留在记忆中吧。

载于 2014 年 2 月 13 日新民晚报

从医新纪录

102！这是我身边一位医生周六一天的门诊病人数！这位医生是本市一家三甲医院的眼科主任医师。这个数字虽然没法载入吉尼斯纪录，但也创下了他自己从医20多年来的纪录！

这个数字有很多让人感叹之处。第一，医生好辛苦。早上8点到下午5点，以九小时计，每小时诊治11.3个病人，这是中间不吃饭、不上厕所的平均数，当然看门诊时原本就不能接电话，不能看手机，不能刷微信……事实上，最后一个病人看完，已近6点了。平均每个病人就诊时间只有五分钟！这位医生依靠多年锤炼的医术、态度、经验，其间没有发生一起病人不满、抱怨和纠纷，也成功地防范了102次可能发生的风险。

第二，医生劳动的廉价。因为是双休日门诊，所以即便是主任医师也不挂专家号，一个病人挂号费仅14元，医生的诊费仅三四元，与快递员差不多。

第三，双休日门诊爆棚，说明病人有需求。许多人平时要上班，不那么急的病就等到双休日来看。当天另一位门诊医生是年轻医生，也看了60多个。即便如此，该科还是提前停止了挂号。

那么，是不是双休日该多配几个医生？但配多了医生，是不是会引来更多的病人？而且医生平时已经够辛苦，双休日再要增加上班频率，不太人性化。那么，是不是医院应该增加医生？在2 000多万人口的上海，许多医院已成“航母”，再无扩容余地。归根结底，看病何时能不难？医生何时有尊严？如果能解决好这两个问题，医改才能算成功。

无论如何，102 个病人都是个不正常的数字。试想，如果你从早到晚要面对 100 个愁眉苦脸的陌生人，要回答他们的各种问题，要为他们找到解决方案，还能不能保持十小时的笑脸？请那些向医生和护士动武的人，了解一下这个数字，或许可以放下拳头。

翻开上周六的报纸，在同一个版面上，上面是第五人民医院医生、护士被砍的消息，紧挨着，下面是第八人民医院的招聘广告。心里顿时如同打翻了五味瓶！

载于 2014 年 3 月 26 日新民晚报

物业费问题

2014年的上海最低工资又调整了，从1 620元增加到1 820元，涨幅为12.3%，为全国最高。广大领取最低工资的劳动者自是一片欢欣。不过，几家欢乐几家愁，最低工资调整后最烦恼的莫过于物业公司了。物业公司聘用的保安、保洁工，大多是领最低工资的，除了工资，养老、医疗、失业、生育等保险，一样也不能少，一样同比例上涨，人力成本的支出一下子上升了12.3%。

物业管理是微利行业。近年来，企业的各种成本都在涨，特别是人员工资，每年以10%以上的幅度增长，但物业费却十多年不涨。许多管理普通小区的物业公司生存都十分艰难。昨天，本报就报道了闸北区小区被“抛盘”数量增多的情况。

样样都在涨价，为什么物业费不能涨？就是因为物业费不是由市场、物价部门、行业协会决定，而是由全体业主决定的。而对于许多老百姓来说，要涨价，肯定不乐意。如果自己有权决定一项商品或服务是否涨价，那是肯定要行使否决权的。

但是，最终发挥作用的还是“市场之手”。物业公司在减少保安、减少保洁、减少维修工之后，还是经营不下去了，就只有退出。一旦退出，小区一片混乱，吃苦的还是业主。也有业委会进行物业“自治”，但成功的只是少数。一位物业公司老总告诉记者，几年前，他就颇有远见地把手里的商品房小区大部分“抛掉”了，他宁愿管理老公房。老公房的住户要求不高，没有那么多矛盾。

“你们谁家的子女有在物业公司当木匠、水电工的吗？”不久前，本市一家物业公司董事长在与业主们交流时，面对业主不断抛出的一个个质问，忍不住反问道。所有的业主都不说话了。这也是我听到的一个真实的故事。

物业工作者也需要理解。谁都希望住在一个安全、整洁、绿树成荫的小区。物业对于我们生活的重要性，不亚于“开门七件事”。一位社区工作者预言，再过几年，上海基层社区最大的问题就是小区里的矛盾，包括业主与业委会的矛盾、业委会与物业的矛盾、业主与物业的矛盾……

因此，建立一个物业管理费合理增长机制，迫在眉睫。

载于2014年4月9日新民晚报

养老院与幼儿园

最近，本市杨浦区平凉街道18街坊地块完成了土地出让。这一地块在内环里面，紧邻东外滩。这里原本是棚户区，现在破旧的老房全部拆平，原地即将矗立起崭新的楼盘。根据规划，这一地块为纯住宅用地，里面要建一座面积不小的幼儿园。

住宅用地配备幼儿园，不错，房地产开发必须考虑公建配套。然而，在公建配套用地中，有一项配套设施也应当提到议事日程上来，这就是养老院。如今，上海市区养老床位的紧缺已经非常严重。在市区某家能容纳六七百名老人的公办养老院，外面排队等候入院的老人就达600人！上月末，杨雄市长做客"市长热线"时指出，市政府对各个区下了"硬指标"，一定要按照区里的人口配比来增加养老床位，完不成要挨罚。

在这种情况下，市区住宅用地里究竟是建幼儿园还是建养老院便值得探讨了。对于今天的上海来说，出生的婴儿数每年基本稳定，幼儿园能够满足适龄儿童的入园需求。然而养老院就不同了。现在60岁以上老人每年以20多万人的速度增加，而且高龄老人越来越多，独生子女的父母渐渐老去，养老床位的矛盾更为凸显。养老床位的增速远远跟不上老人数量的增加。

有人说，郊区建了不少养老院，那里空气好，收费还低；虽然路远，但现在私家车普及了，开车去也很方便啊！的确，为了鼓励市民去郊区养老，市政府还出台了补贴措施，但响应者不多。那么，老人为何不愿入住郊区养老院，仅仅是因为就医不便吗？

人们可能忽视了一点：现在八九十岁高龄老人的照顾者，多为他们的子女，而这些子女往往也都有六七十岁了。如果老父老母住在市区养老院，家里烧了好吃的送点过去，很方便，而要他们开着车去郊区探望，不太可能。这就是市区、郊区养老床位冷热不均的一大原因。

能不能把养老院也作为和幼儿园、学校、医院一样重要的公建配套设施，在新建住宅地块中予以硬性规定？如果再不重视这个问题，将来不少老人就可能面临“无处养老”的困境。

载于2014年5月21日新民晚报

老年学校与假发票

老年学校和假发票怎么扯上了关系?

最近,我随杨浦区政协到社区调研养老问题,参观了一个综合性老年活动场所,里面的老年学校让人大开眼界。除了书画、合唱等传统课程外,还有许多时尚有趣的新科目,如摄影、Photoshop 制作、瑜伽、拉丁舞、茶艺,学费低得惊人,每学期 60 至 90 元,16 次课。学费最高的钢琴,也只要 200 元一学期!

这样一所老年学校,开办至今超过十年,每学期学员在 1 700 至 2 000 人次!校长说,学费低廉,是因为完全公益性,老师劳务费很低,甚至是志愿者,而房租、水电费用都由街道补贴。现在不少企事业单位对退休职工都有福利,参加老年学校可以报销部分学费,所以老人们学习的积极性更高了。不过这位校长也叹起苦经:学员要开发票,由于老年学校没有资质,没有发票,只能开街道老年协会的发票,再盖一个老年学校的章,"这不是成了假发票了吗?"

那么,老年学校为什么没有资质呢?据了解,各类以"学校"冠名的机构都是教育部门管的,老年学校在开办时因场地、师资等无法达标,一直无法登记注册。现在,全市的老年教育机构,除了上海市老年大学有资质外,区级老年大学、街道老年学校都没有资质。近年来,教育部门开始推广社区学校,有些街道就将老年学校放在社区学校中。然而,从市到区,到街道,老年教育和社区教育都是两条线在负责,民政(老龄)部门和教育部门,甚至出现了资源浪费情况。

上海已进入深度老龄化社会,老年学校已成为老人提升自我、充实自我以及圆梦的精神家园。每年,老年大学报名时都会排起长龙。

一方面，老年教育供不应求，另一方面，公益性的老年教育机构没有资质。同时，一个社区既有老年学校，又有社区学校，也造成资源浪费。有关部门为何不能从实际出发，为老年学校开一扇方便之门，或者让二者合二为一？

时下，动辄收费几千几万的中小学生培训机构、早教中心都能获得资质，而纯属公益性的老年学校却没有资质，实在说不过去。

载于2014年6月18日新民晚报

回家的“最后20米”

回家的“最后 20 米”在哪里？在电梯里。“最后 20 米”的安全、顺畅，必须保障。昨天我在参加杨浦区政协的“居民区电梯运行安全”调研时，听到这样一个提法，颇为新鲜。

对于这一点，我深有体会。父母家在延安西路一栋老高层住宅里，两栋并排“联体”的 22 层住宅，每栋每层共有十户。400 多户人家上上下下，总共只有两台电梯（另有一台备用）。最让人烦恼的是，两台紧挨着的电梯信号不联通，一台电梯停过某层以后，另一台还要再停一次。每逢上班高峰，等个电梯就得五六分钟。渐渐地，电梯毛病也多了，停运是常事。几年前，在居委会关心下，业委会动用了维修基金，两台电梯终于得到了彻底大修，信号联通了，速度也快了很多。居民们都很开心。

然而，上海还有很多老电梯，其安全问题的解决并不那么顺利。就拿杨浦区来说，前年，区质量技术监督局对 277 台 15 年以上的住宅电梯进行“体检”，涉及 76 个居民小区，发现老电梯或多或少都有问题。随后，区质监局发出整改通知书，整改率为 75%，还有 25%未整改。未整改的原因，三分之一是因为业委会不同意维修，三分之二是因为维修基金不足或业委会改选等其他原因。

25%的比例并不低，也有近 70 台。商品房小区的维修基金还充足，最麻烦的是 20 年左右的老高层，原来是老公房，现在是售后房，物业费极低，维修基金也不足。有的电梯还能勉强支撑，有的却拖不起。有这样一台老公房的电梯，在检查中发现坏得实在太厉害，必须大修，然而该小区的维修基金一分没有，居民也拒绝筹集维修费。最后，为了保障居民安全，区里有关部门垫资10万元维修了电梯。电梯正常运行了，但10万元维修费至今还欠着。

这10万元究竟该由谁承担？有的居民认为，反正政府总会托底的，就让政府出吧。

然而，电梯的责任主体究竟是谁？并不是政府。如果什么都要由政府全包，纳税人的钱用于某几个小区的电梯，对全体市民公平吗？电梯使用人，即广大业主应该承担起自己的责任。毕竟，走这"最后20米"的，是自己。

载于2014年8月27日新民晚报

在俄罗斯，可以体面地老去

最近，我利用休假和家人一起去了趟俄罗斯，顺便看望一下老朋友。

我的俄罗斯朋友、女作家伊琳娜·拉克莎已经75岁了。她的丈夫30多年前就去世了，唯一的女儿也不住在一起。当年，我在俄罗斯留学的时候，恰逢苏联解体、俄罗斯最困难的时候，她一直照顾我，请我到家里做客、吃饭，为我改论文，带我去她的郊外别墅度假，甚至开着车到我宿舍给我送来一桶自家地里收获的土豆。

近年来，伊琳娜渐渐老去，我很担心，她的生活谁来照料？2007年，我到俄罗斯参加莫斯科大学新闻系举办的国际论坛，去看望了她两次，临走时，给她留下了一点钱。我说，我不能照顾你，你也得请人做家务，这钱，就算中国女儿的一点孝心吧。去年，我又请在俄罗斯的老同学王利民给她带一点钱去，热心的王利民自己又拿出了几千卢布，共送去1万卢布。这次见到伊琳娜，她虽然患有好几种病，髋关节换过了，一只眼睛因青光眼而失明，心脏也装了支架，已不大能出门，但她的精神状态很好，依然每天写作。我看到，她家里整洁如故，她还端出了不少东西来招待我们，有烟熏三文鱼、香肠、肉冻等冷菜，还有亲手做的薄饼、茄子等热菜，以及蛋糕、水果。

"这些，都是一位女士帮我买来的。"伊琳娜告诉我，这位女士每周两次给她代购食品、日用品，只要提前电话告诉她，比如两盒牛奶、半公斤小泥肠、1公斤蔬菜、一个面包，等等，到时她就会送上门。让人惊讶的是，她的服务是免费的！原来，俄罗斯有一套专门的"助老计划"，所有有需求的老人，都可以得到这样的帮助，不过，代购每次不能超过4公斤，这是“法律”规定的，太重了提不动。“不过，这位女士有汽车，所以她每次可以帮我多买一点东西。”

另外还有一位女士，专门帮伊琳娜打扫卫生，每周一次，吸尘擦灰。此外，她还陪同伊琳娜去医院看病，给丈夫扫墓(每月一次)。“这也免费吗?”“是的。”“所有的老人都可以享受吗?”“是的，这也是‘助老计划’的一部分。总的来说，普京给我们老人很大的帮助！到了80岁，养老金还有提高！”伊琳娜说。

听下来，这个“助老计划”，跟上海的居家养老有点相似。只不过，俄罗斯的“助老计划”是政府全买单的。看来，近年来俄罗斯国力增强，老人的福利也不断提高，真是一大幸事。对于伊琳娜的晚年生活，我大可放心了。我还听一对俄罗斯夫妇说，生活无法自理的老人住养老院也是免费的。看来，在俄罗斯，真正做到了老有所养。

事实上，第一位为伊琳娜代购食品的女士，家庭条件并不差，出于热心，为邻居做些事，类似于我们的志愿者，当然，政府也向她支付补贴。第二位女士，与上海的“居家养老服务员”很相似，通过服务领取工资，而她所提供的，都是老人最需要服务。

俄罗斯的做法能否让我们借鉴呢?我由此联想到，上海的市、区政府用于养老的财政支出也很大，但这些经费是否都用在了刀口上，值得斟酌。比如为了解独居老人的健康情况，一些区、街道专门成立了一支队伍，上门问候，或政府购买服务，由一些企业每天给老人打一个电话，而老人对这样的“问候”并不欢迎。又如，现在有许多社会组织，每年从政府那里获得大量的为老服务经费，但他们组织的活动、提供的服务，是不是老人所急需的呢?还有，我们也有居家养老服务，但能够免费享受的老人很少。如果将这些财政经费好好筹划一下，伊琳娜能够享受到的免费服务，上海老人说不定也可以获得呢。

我又想起，20世纪90年代留学的时候，在莫斯科地铁里经常可以看到这样的镜头：一位身材有我两个那么厚实的老奶奶，手提一个装满东西的小拖车，一摇一摆地挪进地铁车厢，嘴里一边嚷着“年轻人，让个座”，一边吃力地坐下。而她那个沉甸甸的拖车里，装的只是一大袋土豆！在那个国家经济动荡、百姓生活艰难的岁月里，老人们为了填饱自己和家人的肚子，不得不四处奔波，排队采购食品。而这次在俄十多天，我没有见到一个拖着沉重购物袋的老人！现在，超市、便利店到处都有，商品应有尽有，价格也不高，在小区附近，还有花 100 卢布(合 20 元人民币)就可饱餐一顿的“自助食堂”，加上伊琳娜说的那种“助老计划”，俄罗斯老人再也不用为开门七件事而发愁。

俄罗斯目前还是实行公立医院全民免费医疗，当然，高收费的私营医疗机构也不少。无论免费医疗模式受到怎样的诟病，但至少不会有人因为穷困而看不起病。俄罗斯的公共交通，只要是退休人员，无论年龄，均可免费乘坐。这一传统，从苏联时期一直延续至今。各景点、博物馆，参观门票对老人都有优待。

在俄罗斯，人们可以体面地老去，这是多么让人庆幸的事。

载于 2014 年 10 月《上海观察》

否定之否定

“30多年前生活困难的吃野菜和玉米面；如今是有钱的人吃野菜、吃玉米面。30多年前没钱的人上下班走路；如今是有钱人在跑步机上走路锻炼。30多年前有钱人穿涤纶，生活困难的穿棉布衣；现在是有钱人穿纯棉衣，困难的人穿化纤。30多年前国家号召‘垦荒种田’；如今必须‘退耕还林’。30多年前很多人家把儿子叫‘狗子’、‘狗剩’、‘狗蛋’；现在很多人家把狗叫‘儿子’、‘宝贝’……”

这是近来在网上被频频转发的一个帖子，共有40多条，这里只摘录了几条。这样的对比，让人莞尔一笑，也发人深思。是的，过去不一定是落后的代名词，现代化的、高科技的，也不一定都是有益的。比如，没有手机、没有微信的时候，家人倒是经常在一起聊天，而现在，恋人见面时也是一人一部手机，人在一起，心却远离。还有呢，以前大部分废品都送去回收，而后来所有不要的东西都往垃圾筒里扔，这几年为了环保又提倡起了垃圾分类。以上种种，都是“否定之否定”。

昨天东方早报刊登了一篇文章《荷兰：可持续的自行车》，说自行车已成为荷兰人生活中不可或缺的一部分，许多人每天骑车去上班。荷兰首相吕特去非洲某国出访，早上骑着自行车就出门了，连保镖都没带。在自行车道路系统、停放场所的规划设计上，荷兰做得好过了被誉为“自行车之城”的丹麦哥本哈根。

想当年，中国才是世界著名的“自行车王国”。而当时在发达国家，马路上跑的都是汽车，老外也有自行车，但是用来锻炼身体的，不算日常交通工具。能够开上汽车，是当年很多中国人的一个梦想，也是现代化的一个标志。今天，许多中国人实现了梦想，四个轮子取代了两个轮子，即便有人骑车，也大多换成了电动车。城市里马路越建越宽，却没了自行车的一席之地。

孰料，今天在欧洲不少国家，自行车居然成为人们出行的首选，既零排放、有利于环保，又能锻炼身体。在丹麦、荷兰、法国等国以及亚洲的日本，政府在许多城市辟出了专门的自行车道。

落后与先进，老土与时尚，就在“否定与否定”中转换。要实现这种“否定之否定”，有时需要创新的胆识。

载于 2014 年 11 月 19 日新民晚报

物业经理的烦恼

上月末，上海第三次对售后公房的物业费进行调整。从现在起，售后公房管理费、保洁费和保安费不再像以前那样按套计算，而是按建筑面积计费，以一套 54 平方米住房为例，新的收费标准为每月 43.2 元，比原来增加 10 元左右。

得到这个消息，我打电话给一位相熟的物业公司总经理，他的物业公司就是原来的房管所转制而来，管着大量老公房。原以为物业费上调他会很高兴，不料他却道出了不少烦恼。首先，此次物业费调整是政府出台文件的，可是落实到每一个小区，还需要业委会盖章才能生效，他们公司管辖的 40 多个老公房小区中，竟然还有两家业委会不同意！

另外一个比较大的麻烦是，根据即将从今年 9 月起实施的新规定，物业不能动用街坊基金（相当于维修基金）了，老公房必须重新筹集维修基金。而维修基金的筹集方式，则是先行测算好，分摊到物业费里面，按月一同收取。维修基金不是一笔小数目，分摊到物业费里，也要经过业委会批准，而业委会要召开业主大会，新物业费标准需经三分之二业主同意后才能通过。这位老总根据自己管理老公房几十年的经验，断定大部分业主是不会同意多缴钱的。所以，他担心到时候连物业费也收不到了。

老公房虽然是老房子，但清洗水箱、通下水道、绿化养护、公共部位维修，一样也不能少，样样都要花钱。如果街坊基金不能动用，维修基金又无法再次筹集，物业公司就真的是“难为无米之炊”了。据统计，上海售后公房小区有 11 000 多个，涉及 180 多万户居民，建筑面积约占全市住宅面积的六分之一。

这位物业经理的烦恼，其实也反映出一个“两难”的问题：在现有条件下，管理老公房的物业公司今后如何运转？住在老公房里的居民，大多是工薪阶层，有许多并不富裕，怎样才能让他们住得安心、放心？新年伊始，上海刚刚发布了“一号课题”1＋6 文件。创新社会治理、加强基层建设成为市委市政府工作的“重中之重”，对许多难点问题开出了“药方”。下一步，老公房物业管理问题与数百万市民切身利益有关，也应当由街道、居委会摆到议事日程上来了。

载于 2015 年 1 月 17 日新民晚报

今天，为什么创业？

最近我在创智天地采访时，看到一辆智能自行车。这辆外观有点酷的自行车不是纯粹的交通工具，而是给那些热爱骑行的人使用的，它能够记录骑行数据和心律、踏频等生理数据，还有社交和互动功能；它还能在骑行中发电，但发电不是用于动力，而是用于照明。这辆自行车的研发团队的领头人是一名海归小伙子。他说，在国外留学时看到有很多骑行爱好者，骑自行车成为一种生活方式，所以他回国后就和朋友一起创业，想给这个传统的产业注入全新的理念。

创业论坛、创业大赛、创业基金、扶持政策……如今，创业再度如火如荼，这场景，与多年前的景象有点相似，却又不同。

我刚当记者那会儿，也有一股创业的热潮。那时候还有一个名词，叫“4050”工程。那时正值经济转型、产业结构调整，大批四五十岁的中年人从国有企业下岗。由于社会上没有那么多岗位可以吸纳他们，所以政府出台了许多政策鼓励他们自主创业。于是，从电视机厂下岗的，就开个家电维修店；从饭店下岗的，就卖盒饭；实在没有任何技能、只会买菜做饭的下岗女工，还能开个净菜社……

这些创业，无疑都是生存型创业。与被动地投入商海的父辈创业者相比，现在的创业者普遍年轻化，高学历，高技能，基本上都是大学毕业，还有很多毕业于国内、海外名校的硕士、博士，甚至不少人拥有自己的创新成果……他们的创业，堪称机遇型创业。

要说生存型创业一定比机遇型创业低级，那倒未必，香港首富李嘉诚、松下电器的创始人松下幸之助，都是生存型创业的典型。但今天值得欣喜的是，这些机遇型创业者，不是找不到工作才选择创业，他们中有的已是外企高管，却毅然放弃高薪，加盟创业团队。他们的创业，是主动选择的结果。他们不想过朝九晚五的生活，而希望过更有挑战性的生活，像比尔·盖茨、乔布斯、马云那样实现自己的价值。尽管这种挑战可能会面临失败，但创业者依然赢得了另一种人生。

刚刚结束的上海市公务员考试传出信息，报考人数已经连续几年下降。两相对比，意味无穷。

载于2014年12月24日新民晚报

养老院院长的苦恼

上个月，本报刊登了一篇报道《三家养老院一个人来管》，讲到养老机构管理人员严重缺乏的问题。无独有偶，这几天我在参加杨浦区政协会议时，见到了担任区政协委员的养老院院长马明素。40 岁出头的马院长很厉害，管理了四家养老院！

马明素告诉我，一个人管四家养老院还能承受，因为每家养老院都有一支管理团队，只要把团队打造好了，就能正常运转。她最大的苦恼是护理员难寻。

马院长说，区总工会新开的民星第二敬老院要招 19 名护理员，半年中，跑掉了八个！她只能不停地招，不停地培训。事实上，全市的养老机构最紧缺的都是护理员，特别是好的护理员，难招难留。

护理员，俗称阿姨。她们是直接为老人服务的，老人在养老院过得好不好，主要就看阿姨怎么样。上海已进入深度老龄化社会，市民对入住养老院的需求越来越大，市政府连续几年都确定了新增 1 万张床位的硬指标。然而，建床位容易，招阿姨难。护理员的主力军是四五十岁的外来女性，由于观念问题，不少人觉得这是跟屎尿打交道的活儿，低人一等，收入也没有钟点工高，年轻人不愿意干。另外，护理老人也是一项有技术含量的工作，并非人人都行。

让人担忧的是，再过一些年，现在这批四五十岁的外来女性干不动了，谁来当护理员？

相比之下，国外许多养老机构的护理员，年轻人不少。他们也不觉得照顾老人低人一等。对他们来说，这是一份和教师、护士、公司白领一样的寻常工作。

社会观念的改变，还要有一个过程。不过，现在可以做的，首先是提高收入，让阿姨的工资达到上海市平均工资水平，另外，还要让她们感受到这份工作的体面。马明素说，她给阿姨的工资平均每月4 000左右，去年曾组织阿姨去外地二日游，尽管她们进了酒店不知道房门怎么开，不知道淋浴龙头怎么开，还是非常开心。还有，本市一些职校、高职是否也应该未雨绸缪，开设养老护理专业，培养一批有专业技能的护理员？

载于2015年1月21日新民晚报

一块钱的民生

一块钱，你在乎吗？

春节过后好几天，报社对面的“弄堂小馄饨”又开始营业了。原先开在静安别墅老弄堂里的这家小店，一年多前搬到了威海路上，还租下了原来一家日本料理店的两层门面，经营场地可谓“鸟枪换炮”了。

这家店的小馄饨只有早上供应，每到早餐时间，门口总是排着长队，既有附近居民，也有上班族，有些老人甚至拿着锅来买上两碗带回去。中午全部是面条，光面4元一碗，拌面5元，吸引了附近写字楼众多白领。

起初小馄饨是5元一碗，搬到“高大上”的门面后，涨到6元。由于分量十足，给人感觉还是物有所值。今年春节过后，小馄饨又涨价了，7元一碗。光面和拌面也分别涨了1元钱，浇头没涨价。每天经过店门口，发现7点多排队的人少了。有一天，老板娘专门为我一个人下了一碗。

这应该是涨价一块钱的结果。

现在的食客，看上去都是上班族，还有的是在送孩子上学路上来吃早餐的。少掉的是那些老年顾客。

看来，一块钱，老人们还是在乎的。他们大概是这么算账的：今天多一块钱，十天就是十块钱。一个月十几块，一年就是一两百块呢。而且，从两年前的5元涨到现在的7元，涨幅达40%，乖乖！

所以，一块钱也是民生。那么，店家涨价是不是太任性？并非如此。尽管去年CPI（居民消费价格指数）增长不多，肉类、面、油等食材没怎么涨价，但人工工资近年来涨得厉害。“弄堂小馄饨”也雇了好几个小工。君不见，每年春节过后，不少餐饮企业门口都贴出了招聘告示，还以加工资来吸引服务员。成本增加的另一大原因是房租。搬到新址后，原本只做早市和午市的这家店，还开出了晚市，做小龙虾。在没有小龙虾的季节，馄饨面条的薄利可能难以支撑。第三，去年以来，水费和燃气费纷纷涨价，对成本也有影响。

事实上，小馄饨涨价对老年顾客的影响可能也只是心理上的。因为现在每年享受“涨工资”待遇的只有老人，养老金每年以10%左右的幅度增长，今年上海大多数老人每月都加了三百来元。与这个涨幅相比，小馄饨涨一块钱，又似乎可以承受。

估计再过个把月，“弄堂馄饨”又会回复往日的热闹了。

载于2015年3月11日新民晚报

居委干部几岁退休?

随着去年上海市委“一号课题”成果及相关配套文件的发布，以前人们眼中的“婆婆妈妈”，受到了前所未有的重视。各区正在制订方案，大幅提高居委干部的待遇，使他们的工资要达到社会平均工资水平；有的区还表示，要让居民区书记级别上升到“副处”。

日前，我在某区采访时听到这样一个数字，目前就业年龄段以外的居委干部占总数的50%！这个数字让人惊讶。区里有关领导解释说，按照现行退休制度，如果是工人编制，女性的退休年龄是50岁，而居委干部显然不属于“干部编制”。在上海的居委干部中，50多岁的女性最多了，她们大部分都是退休返聘的，当然，收入也很低，只有1 000多元的补贴。

按照新的方案，今后在居委干部岗位的，应该是就业年龄段的人员，还要吸收大量高学历的年轻人，包括社工加入。那么，这些50岁以上的居委会阿姨，该何去何从?

我采访社区20年，接触的居委干部大概有几百个，说实话，大部分都是“就业年龄段”以外的“阿姨妈妈”。她们中有很多是20世纪90年代从国企转岗来的，有许多是党员、中层干部。处理棘手问题，她们雷厉风行；关心困难群众，她们春风化雨；调解邻里矛盾，她们更是一把好手。

居民区不同于写字楼，居委干部也不同于机关干部，一定要年轻化、高学历。相反，50多岁正是居委干部的黄金年龄。你看，年龄已经“奔七”的柏阿姨，依然活跃在电视上、社区里，那么多剑拔弩张的家庭矛盾当事人，看到她就是“一帖药”。如果居委干部都换成二三十岁的姑娘小伙，学历是高了，电脑是溜了，可是，那些七八十岁的阿婆，会跟他们讲儿子女儿不孝的事情吗？那些遭遇不幸的失独父母，会向他们倒出心里的苦水吗？那些“山上下来的”刺儿头，会听他们的话，安安分分去工作吗？尽管媒体也报道过80后居委干部，但做得好的毕竟是凤毛麟角。因为有些时候，一定的人生经历和阅历，是与居民打交道的法宝。

这就引出了另一个问题：居委干部应该几岁退休？

希望市有关部门根据实际情况，出台一个关于居委干部退休或二次退休的规定，让称职的女性居委干部在社区舞台上充分施展她们的才能，也获得应有的待遇。

载于2015年4月8日新民晚报

的哥几岁退休？

上一次新民随笔，写的是《居委干部几岁退休？》，希望不要以“女性 50 岁退休”这条线一刀切，使得一些处于“黄金年龄”的优秀“小巷总理”离开这个岗位。今天，谈的也是退休年龄问题，不过，对象是的哥。

昨天，看到媒体上有一个“上海的哥或将退休返聘”的新闻。调查显示，近年来新进员工逐渐减少，出租行业人员平均年龄普遍偏大，再这样下去，未来 20 年，上海将难觅的哥。为缓解“用工荒”，上海将返聘那些身体健康并有意愿继续从业的退休出租车驾驶员。市交通委即将开展试点。且不说 60 岁后继续从事客运与现行法规有冲突，就是在实际操作中，这种做法可行吗？

出租行业的“用工荒”已有好些年了，原本只面向上海户籍人员的出租企业，这几年也从来沪人员中招聘了一些的哥。说心里话，我也很希望上海的哥能够多干几年，他们道路熟悉，态度亲切，素质较高。不过，他们是否愿意呢？

不久前我有次乘出租车回家，一路上，头发花白的上海的哥一直在跟我吐槽：开了近 20 年出租车，现在 56 岁了，体力不行了，每天还要这么连续十多小时开车真有点吃不消，而收入不过 5 000 多元。想当初转岗时，他在公交公司和出租公司中，选择了出租公司。当年当出租司机收入要翻公交驾驶员几倍。谁知道，现在公交司机的待遇上去了，每月也可以拿到四五千元。最让他羡慕的是，公交司机还可以根据情况享受 55 岁提前退休的优惠政策。他现在对当初的选择，真是后悔得要命！

这位司机的话，是大多数的哥的心声。如今，一名的哥的收入和他们所付出的劳动时间实在不成正比，而且，“一天机器人、一天植物人”的工作特点，使他们的身体往往比其他行业的同龄人要差。事实上，上了年纪的的哥大多盼着提前退休，而不是延迟退休。

一个行业长时间遭遇“用工荒”，说明这个行业的根本出了问题，如薪酬和劳动不匹配、风险加大、职业尊严度降低……这一切，不是通过退休返聘可以来解决的。

希望有关部门和企业能够切切实实拿出办法来，从根本上对出租车行业“动大手术”，让出租司机像20年前一样，成为一个收入体面、富有尊严的职业，吸引更多的年轻人加入。

载于2015年4月22日新民晚报

“啃老族”，何时能“断奶”？

在上周闭幕的市委全会上，市委书记韩正在讲到就业问题时，特别提到了青年人。他说，现在上海就业形势总体稳定，但存在结构性矛盾，特别是青年就业问题更加凸显。“不少‘2030’的年轻人宁愿在家‘啃老’，也不愿出去工作。这不只是家庭问题，也是社会问题，不未雨绸缪，会有大麻烦。”

在人们的印象中，“啃老族”是为数不多的一个年轻人群体。事实上，其数量并不少。据统计，在2011年上海城镇登记失业人员中，35岁以下青年人约8万人，约占登记失业总数的30%。之后两年，人数有所下降，为6.2万人。不过，到2014年，上海35岁以下青年人占登记失业总数的比例仍高达29%。这意味着，上海每三个失业人员中，差不多就有一个是年轻人。所以，“啃老”这个词儿出现在市委书记的讲话中，也不奇怪了。

“啃老族”大约出现在21世纪初。在20世纪90年代，社会上需要解决就业问题的主要是“4050”人员，这批人大多经历过上山下乡，吃苦耐劳，由于产业结构调整失去了工作岗位，他们就业愿望迫切，营业员、快递员、保安、保洁、交通协管员，什么都肯干。进入21世纪后，失业人员逐步以年轻人为主，如果说“4050”人员是被动失业，那么，“2030”人员是主动失业。更让人心里不是滋味的是，现在的“2030”人员，恰恰是那批“4050”人员的子女。

十多年前，我在采访中就听到过这样的故事。有这么一户人家，父母都50多岁了，父亲在厂里上班，母亲已经退休，中专毕业的儿子23岁，却不出去工作。母亲怕儿子的养老账户中断，以后领不到养老金，就每个月跑到社保中心，帮儿子按照“自由职业者”缴社保金，为了负担儿子的生活和缴金，这位母亲还去找了份钟点工的活儿。后来，我写了一篇报道《怕儿将来饿肚子，老娘替儿挣银子》，在本报头版发表后，一石激起千层浪，许多读者给报社来电或写信，或讲述相似的遭遇，或激励年轻人去工作，靠自己的双手保障自己的将来。

有人称“啃老族”是“断不了奶的成年人”。他们的存在，其实是有两方面的条件，一方面是自己不愿意去工作，另一方面，要有人给他们“啃”。

年轻人不工作，是因为没有文凭吗？并非如此。当年的“2030”失业人员以中专职校学历为主，现在，不少大学毕业生也加入了这个行列。是因为没有就业岗位吗？也不是这个原因。报纸上、网站上，招聘信息铺天盖地，政府的就业服务也深入了社区、家庭。事实上，年轻人有自己的想法：薪水少的不去，路远的不去，工作条件差的不去，人际关系复杂的不去。甚至有的大学毕业生很任性，进公司只干了一个月，为了一件小事不开心，连工资都不要，说走就走了。他们又被称作“草莓族”。

另外，和我十多年前的报道相比，现在“啃老族”的条件要好得多。在本次全会上，有位列席人员指出，现在有的家庭通过炒股积累了财富，有些郊区家庭，通过动迁拿到几套房，租金就足够生活了，所以子女不去工作家长根本不着急。此外，还有些年轻人不仅有父母可“啃”，还有祖辈“撑腰”：“上班只有这么一点钱啊？太辛苦，阿拉囡囡不去，爷爷奶奶（外公外婆）养！”

一点不错，这些不工作的“囡囡”就是给父母、祖辈这么宠坏的！如果闪回到20年前，可以看到这样的镜头：上学路上，已经“长一码大一码”的孩子在前面走着，后面跟着步履蹒跚的奶奶或外婆，还背着一个大书包；肯德基、麦当劳快餐店里，妈妈买了一份快餐，让儿子独个儿吃；大学新生报到日，爸妈忙着在宿舍打扫房间、整理床铺，女儿在旁边当监工……他们都是第一代独生子女，父辈和祖辈过分溺爱、过多包办，使他们从小养尊处优，四体不勤，缺乏独立生活的能力，也不愿面对竞争的社会。

尽管暂时衣食无忧，但年纪轻轻的不工作，绝不是长久之计，父母离去了怎么办，积蓄用光了怎么办？而对一座城市、一个国家、一个社会来说，许多年轻人不工作，将导致劳动力资源缺失，未来更将失去活力和动力。

怎样才能让“啃老族”断奶呢？其实，办法很简单，就是不再给他们供“奶”。家长狠狠心，不再供给他们生活费，逼他们自食其力，这么大的城市，找份养得活自己的工作总是可以的。同时，我们的政府就业部门、社会组织、青年社团，也可以再想一些办法，帮助这些“宅男宅女”走出家门，感受到工作的快乐。

国外也有“啃老族”，英语为 NEET，即既不升学也不就业，又不参加培训的一族。据报道，日本最资深的“啃老族”，已经 50 岁了，“啃龄”达到 30 年，他们父母则已是 80 岁高龄的老人。希望我们上海的年轻人，不要步日本“啃老族”的后尘。

载于 2015 年 7 月 22 日新民晚报

养老院之争

最近我做了一系列养老问题的调查,发现市区养老机构的紧缺问题,依然十分突出。不过,要增加养老床位,并不容易,这不仅仅是因为市中心寸土寸金,还有其他各种因素。我在采访中就听说,一家企业准备将位于中心城区的两栋宿舍楼改建成养老院,却遭到附近小区居民阻挠。

这两栋楼位于杨浦区,产权属于本市一家大型国企,几年前租给一所专科学校做宿舍,前年宿舍搬迁后就一直空置着。去年,这家企业决定将这两栋楼改建为养老院,床位数可达 290 个。这对于老年人口众多的杨浦区来说,是一件大好事。区政府给予支持,确定了这家养老机构的性质为公办民营。可是,改建工程开工不久就遭到附近居民的阻挠,被迫停工。反对的居民主要来自旁边的商品房小区,他们甚至拉出了横幅,所在街道和有关部门一次次做工作都无果。

反对的理由有这样几条:"养老院不能建在居民区";"养老院周围会变成殡葬一条街";"救护车天天开进开出,对我们心理有影响";"养老院影响阿拉房价"。还有,"老人都是有病的,他们的肺不好,肺炎病菌会传染给我们,特别是小孩子,这是没法治的"!

这些理由让人哭笑不得。上海数百家养老院,大多数都建在居民区附近,甚至有在居民区里面的,如虹口区有家高档老年公寓,就建在一个商品房小区里,与小区和谐相处,并且一床难求。另外,如果说养老院会"飘出肺炎病菌",那大大小小的医院岂不是成了各种病菌的集中地,更不应当在居民区附近存在了？照这些居民的意思,养老院只能建在远离人群的荒岛上？

沪上养老院之争，这并非第一个。这让我联想起几年前的垃圾房之争、变电站之争。垃圾房、变电站等公用设施是家家户户一天都离不开的，可是，谁也不愿意它建在自己的家门口。事实上，养老院对居民生活的影响，甚至还不如一间垃圾房。反对建养老院的居民，难道你们就不会老去吗？

时下，老百姓的维权意识越来越强，也习惯了多方反映自己的诉求。可是，仅从自身无知和一己私利出发，反对与绝大多数人有关的公共利益，这样的“维权”不会成功。

载于 2015 年 7 月 29 日新民晚报

老房有喜

老公房装电梯,有人称之为“天下第一难”。

最近,我从静安区获悉,继去年 4 月美丽园居民区华怡园小区 1 号楼安装电梯成功后,同一小区的 3 号楼也行动起来,意向征询和费用分摊方案已经得到业主的同意,政府部门的章也一个一个盖下来了,再有几步程序走完,就可望开工安装了。

老房有喜,值得庆贺!

我采访上海“两会”十多年,听到人大代表为市民呼吁给老公房装电梯也近十年了。我曾听一位代表在小组讨论时讲过这样一个故事。那天中午,她作为代表来到居民区听意见。在居委会,一位 80 多岁的阿婆激动地对她说:“我一清早就等在这里了。”代表很奇怪:“为什么不在家等呢?”阿婆说:“我住在六楼,平时不下楼,今天是让儿子把我背下来的。儿子一早要上班,所以我一早就下来了。就是为了跟你代表讲一声。帮我们老公房装个电梯吧! 阿拉实在爬不动,下不了楼啊……”

据市老年基金会统计,上海约有多层住房 20 万幢,以每幢 24 户计算,住户近 500 万户。这些老房子里老年人的比例大大超过新建商品房小区。而市老年学会的一项调查结果显示,愿意安装电梯的老年人比例达到 89.3%。我的一位亲戚住在徐汇区一栋老公房的六楼,患了癌症后实在爬不动楼梯,而自家这栋楼安装电梯又遥遥无期,只好卖了房子,家人凑钱重新买了套电梯房。

的确,住了几十年的老房子要装一部电梯,谈何容易。这么多年,尽管呼声那么强烈,政府部门也先后出台多个指导意见,成功的却屈指可数。市老年基金会 2012 年曾在六个区选了七栋楼作为试点，补贴部分安装费用，但只有华怡园 1 号楼成功了。主要原因是“百姓百姓百家心”，家家户户都有自己的小算盘。首先，底楼居民大多反对装电梯，因为他们根本用不上。华怡园 1 号楼之所以成功，也因为底楼四户不是居民，而是单位用房，这家单位对加装电梯十分支持。去年初，宝山密山二村也有一栋多层楼房成功安装电梯，那里的一楼和二楼都是商铺。其次，居民安装电梯的意愿一致了，但安装费用如何筹集，后续使用、维护保养、年检的费用怎样分摊，要达成一致，也很难。好几栋试点楼就是因为费用谈不拢而搁浅。还有，安装电梯审批手续繁复，先后要敲 46 个章，周期至少一年多，有哪个既热心又懂行的人愿意一趟趟跑政府部门，不计报酬地为大家操办呢？

如今，华怡园 3 号楼电梯工程的启动，又给了大家信心。有了第一幢楼的样板，上述几大难题如何解决就有了方向。而且第二幢楼依然是由静安区人大代表、美丽园社区共建联合会会长陆纯牵头，联合会副秘书长李永廉操办。他们有丰富的经验，不过，3 号楼和 1 号楼情况不同，他们还是一趟一趟征求居民意见，做业主工作，付出了很多心血。据了解，已经装好电梯的 1 号楼，每平方米房价比小区其他房子高出 5 000 元。这可是看得见摸得着的好处啊！另外，据陆纯介绍，楼房外侧加装电梯后，整幢楼将多出 30 多平方米，也就是说，平均每户家庭的套内面积可以增加 1 平方米以上。“房产证都要重新做过。”所以，连一楼住户也是得益的。对于不愿意出资的几户居民，他们还想出了“代缴”的办法，充满智慧。

上海市政府也关注到了这个老龄化社会的突出问题，给予大力支持。上海市房管局、规土局等部门先后制定了《本市既有多层住宅增设电梯的指导意见》(2011 年)、《关于明确本市既有多层住宅增设电梯的指导意见》(2012 年)、《本市既有多层住宅加装电梯工作规划管理意见》(2014 年)。针对申请、审批加装电梯到工程竣工验收的操作步骤，市财政局则推出了多层住宅加装电梯政府财政补贴政策：

政府按照施工金额的40%予以补贴，最高不超过24万元/台。

今年3月，普陀区也有一个好消息传来：位于梅川路255弄怒江苑一栋老公房开工安装电梯，这是普陀区首个多层住宅加装电梯工程。这个项目和华怡园3号楼项目，都享受到了政府40%安装金额的补贴。另外，本市还有几处老公房装电梯项目也已启动。

有一幢、两幢，就有三幢、四幢。老房装电梯，既有含金量高的政策，又有房价上涨的预期，何乐而不为？我了解到，现在许多有此愿望的居民，最希望的是能有人给他们以指导，甚至协调具体问题。那么，有关方面能否成立几家专业组织，专门代办“老房装电梯”事宜？当然，操办此事的，应当多一些像陆纯这样既懂行又热心且无私的人。

几年前，旧改征收（动迁）也被称为“天下第一难”。如今，阳光征收使这个难题迎刃而解。在政府和社会各界以及业主本身的共同努力下，相信会有越来越多的老房迎来装上电梯的“喜事”，更多的银发一族不用“望楼兴叹”。

载于2015年8月25日新民晚报

今天，你分享了吗？

昨天，一位同事带来了自己在家刚刚烤制成功的鲜肉月饼，给办公室 30 多位同事分享。大家品尝后纷纷点赞：皮酥肉鲜，而且不添加防腐剂和各种色素香精，放心食品！还有人打趣道："再多做点，放到网上去卖，这种'私房鲜肉月饼'，肯定大卖。"

从分享到分享经济，只有一步之遥。

这年头，什么都可以分享，当然，大部分是有偿的。Uber（私家车搭乘）、滴滴快的，是分享汽车；Airbnb、小猪短租，是分享房屋；Wifi 万能钥匙，是分享网络资源。连厨艺也可以分享。现在有好几个家庭厨房 App 都很红火，有的是在网上招募一两桌食客来家里吃饭，有的是做好饭菜给客人送上门。退休大妈原本整天在厨房忙活，也听不到一句好的，现在不仅能赚钱，还天天被一帮 90 后夸"阿姨做饭特别香"、"味道超赞"，一下子感觉上了天，于是她们不再跳广场舞，专心在家买汏烧。这真是搭上了分享经济的快车！

在移动互联网时代，个人的生活方式、消费行为和商业行为之间的界限，变得模糊了。

然而，分享经济的快速发展，也给法律监管带来了新课题。正如汽车分享遭到了传统出租车行业的抵制，厨艺分享或饮食分享，也成为我们餐饮业监管的盲区。那些招募客人到家里来付钱吃饭的，是不是无证经营？尽管主人声称食材都是最新鲜的，但食品安全能不能真有保障？同样，弄堂口的盒饭摊不能摆，但是通过网络预约，在家里做好饭菜后打包送到写字楼就可以？

其实"饮食分享"很多年前就有。几十年前，一户人家包了馄饨，不是给弄堂里许多邻居每家送一碗去吗？不是还有的双职工小孩到邻居家搭伙午饭，每月付给邻居一点餐费吗？然而，这是分享，是互助，不是分享经济。

在这个“大众创业、万众创新”的时代，分享经济风头正健。但是，这并不意味着可以任其野蛮发展。如何对“互联网＋”时代这些全新的商业行为进行研究，既要打破过去的条条框框，又要制定新的规矩、新的监管模式，是值得立法和政府部门考虑的问题，而且迫在眉睫。

载于 2015 年 9 月 23 日新民晚报

来自银行的短信

时下，你的手机收到最多的短信是什么？除了骗子的，大概就是银行的了吧。

不过，最近我听到有人抱怨，银行不肯发短信。原来，朋友的工资一直是招商银行发的。最近，招行来他们单位大堂设了个服务点，业务员向他热情推荐更换芯片卡，说比磁条卡更安全，并且说，这张卡有免费账户变动短信提醒。于是，朋友将原来的卡换成了一张新的芯片卡。不过，他原来的银行卡还有证券第三方存管等功能，业务员表示，这些功能都可由新卡承接，只要去柜面开通一下就可以了。

之后，朋友这张银行卡每月都有工资进账，却从来没有收到过账户变动的短信提醒。他向招行客服热线询问，却被告知他的这张卡是不提供免费短信提醒的，如果要办理，每月收费 3 元。朋友又询问新卡如何承接第三方存管功能，客服说，必须去证券公司重新申请，再到银行柜面办理。

3 元虽然不是一个大数目，不过像朋友这样不经常刷工资卡消费的，有时一个月账户只变动一次，那么，3 元一条简直抵得上国际漫游短信费了。另外，让他郁闷的是，换了新卡后，他每天几乎都要收到招行的推销短信，什么理财产品，什么基金，还有金银币等等，有时一天好几条。这些短信的发送，从未征得过他的同意，银行发起来倒是很慷慨！看来，偌大的银行是不差这点短信费的。

如果说这些推销短信等同于垃圾短信的话，与之相反，账户变动提醒短信在防范金融风险方面则有很大作用。对客户来说，如果银行卡被盗刷，客户可以第一时间获悉并采取措施。

那么,银行的短信为何不根据客户的需求发送呢？从银行的角度来说,理财产品利润丰厚,群发广告发出去,定有回报;而账户变动提醒,却无利可图。算盘打来打去,都是为自己。然而,时下金融行业竞争激烈,互联网金融发展迅猛,如果一家银行在服务和营销方面缺乏善意和温暖,是难以留住客户的。

尽管工资发到哪张卡里,朋友无法做主,不过,在重新申请第三方存管业务时,他“用脚投票”,去了另一家服务令他更满意的银行。

载于2015年11月25日新民晚报

当幼儿园遭遇“二孩热”

上周我在参加杨浦区政协十三届八次会议时，听一位来自基层的政协委员说到了“二孩”问题，很有代表性。这位委员是杨浦区一所市级示范幼儿园的园长，她说，这几年又逢生育高峰，她们幼儿园为应对入园高峰，不得不挖掘潜力，把原来的卧室、多功能厅也改为幼儿教室和活动室。除此之外，幼儿园都是女教师，这几年，生二孩的多起来了，人手变得紧张了。今年全面二孩又开始实施，生育的女教师会更多！

“现在的年轻女老师，都挺娇气的，原来一个个都生龙活虎的，可是一旦怀孕，好像路都不会走了，家里的老人也鼓动她们请假，回家保胎。”这位园长计算了一下，一个女教师从怀孕到生产、哺乳，直到再回来上班，平均要停止工作一年半！“幼儿园是一个萝卜一个坑，每个班级必须有两个老师带。现在这种情况很普遍，我们园长微信群里经常有人在找代课老师。实在找不到，连园长也下去带班。”

生一个停一年半，生两个就是三年。二孩全面放开后，孩子增多，幼儿园急需增加、扩容；可与此同时，幼儿园的老师因生育而出现缺口。一多一少“双碰头”，大概是有关部门还未预料到的。出现同样困扰的，不止幼儿园，还有小学。目前，小学里女教师占比已经超过80%，而且一所小学的女老师数量比幼儿园更多，小学遭遇“二孩热”，同样令校长头疼不已。以此类推，全面二孩放开后，一些以育龄女性为主的单位、企业，比如医院、商厦、银行，包括媒体，必定遭遇同样的人手紧缺问题。

全面放开二孩，是国家的大政方针，也是利国利民的好事，将大大造福家庭和社会。不过，实施 30 多年的独生子女政策的终结，给整个社会带来的冲击也是巨大的。当全社会遭遇“二孩热”，我们准备好了吗？

有专家指出，要使这一政策得到响应和落实，必须尽快修改和完善现有的法律法规和相关配套措施。首先，从公共服务方面，托幼服务必须跟上，政府投入公共服务的经费要增加。教育主管部门应当未雨绸缪，对于人手紧缺问题加以重视。除了加大幼师学生的招生和培养外，眼下要解燃眉之急，可以返聘刚刚退休的教师，还可以面向社会招聘各类人才。现在，有些白领甚至海归在企业干了一段时间后，想应聘当幼儿园教师，她们有大学以上学历，也有海外教育理念，但就是没有教师资质，因此被拒之门外。

另外，二孩来了，看病问题怎样妥善解决？时值冬季，“儿科看病难”又成为全国各地的热点。一个宝宝看次病就要大半天，两个怎么吃得消？儿科和儿科医生不足、儿科医生工作量超负荷等问题，已存在多年了，但一直没有得到很好的解决。可以想见，今后儿科看病难将进一步加剧。这需要卫生主管部门尽早谋划，加大儿科医生的培养力度，同时合理分流一些儿科医院的看病人群。

还有，一个家庭在决定是否要二孩的时候，经济问题也是重要的考虑因素。据报道，在此前双独和单独生育二孩政策实施过程中，有大量符合政策条件的家庭选择了不生育二孩，主要原因在于经济压力、照料子女的压力和女性自身事业发展的压力。

这就必须说到税收制度。长期以来，我国的所得税是以个人为单位征收的，全面二孩后，家庭需要抚养的人口增加了，开支明显增加；同时，为了带养二孩，还必须有相应的人力成本：妈妈往往要有一段时间无法工作，或者由老人帮忙照顾，有的还要雇请家政人员。事实上，妈妈和老人的育儿付出，也是劳动，可是，这部分劳动从来没有被计算过。在美国及欧洲许多国家，个人所得税是以家庭为单位征收的，而且有一个税前扣除制度。比如美国税法规定，每个公民在一个纳税年度都享受一个个人的宽免（生计扣除），同时根据家庭负担能力不同，进行被抚养者宽免的扣除，这个被抚养者包括配偶、子女和老人。如果一个家庭有两个孩子需要抚养，妻子为了照顾孩子没有外出工作，被抚养者的扣除额就是三份。

复旦大学人口与发展政策研究中心教授彭希哲认为，从经济角度来看，全面二孩后，有必要对所得税制度进行改革，可以从现在的以个人为单位征收改为以家庭为单位征收，家里要照顾二孩和老人，个人所得税减免应当增加。

本文开头的幼儿园园长的困扰，只是全面二孩实施后可能会遭遇的问题的冰山一角。此外，还有产假、哺乳假的延长、女职工权益的保护、公共场所哺乳室的设置、儿童友好型城市的建设……只有方方面面都充分考虑到，配套法规政策不断完善，才能让育龄人群想生、敢生二孩。

载于 2016 年 1 月 19 日新民晚报

最可恶的"老赖"

欠债不还者，谓之老赖。老赖之可恶，尤以欠薪老板为最。

据上视《案件聚焦》报道，一名18岁的小伙子，从甘肃来上海打工，去年12月上班共366小时，从早上8点干到晚上9点半，却没有拿到一分钱工资，连回家的路费都没有；更多的工人，已经四个月没拿到工资了，连吃饭的钱都没着落……而欠薪的这个木业公司的老板，置劳动仲裁和法院判决不理，还偷偷把机械运往老家，把公司的钱款转到别人的账户。最为恶劣的是，他口口声声称手头没钱，却给自己买了一辆100多万元的宝马轿车！

记得十多年前，我经常采访劳动监察部门，那时候每到年底总会有农民工前来举报老板欠薪。不过，当时欠薪的多半是一些建筑公司，老板也并非故意，往往是因为工程款不到位而未能及时发放工资。没想到过了这么多年，欠薪依然如故，而且性质更为恶劣，有的老板变成了"老赖"，故意扣押工人的血汗钱，遇到工人讨薪能躲则躲，能赖则赖。

无良老板知多少？仅青浦一个区，最近正在处理的欠薪案就有73起，涉及劳动者2 000多人！

这些老板为何敢于挑战底线？看来，对于"老赖老板"的惩处，力度还不够大。其实，2011年5月1日起实施的《中华人民共和国刑法修正案（八）》就增加了有关欠薪入罪的法律规定，2013年最高人民法院还出台了相关司法解释，其中明确规定了欠薪入刑的四种行为，包括隐匿财产、恶意清偿、虚构债务、虚假破产、虚假倒闭或者以其他方法转移、处分财产的；逃跑、藏匿的；隐匿、销毁或者篡改账目、职工名册、工资支付记录，等等。恶意欠薪者最高可判处有期徒刑七年。

去年，本市有一个恶意欠薪200多万元的老板，被公安机关通过网上追逃抓住了。工人们闻讯向公安部门送去了锦旗。这个黑心老板将面临牢狱之灾。这个案例，对那些仍在东躲西藏的欠薪老板应该有震慑作用。

除了依法严惩之外，要治这些故意欠薪的“老赖老板”，还有一个办法：将其列入不诚信经营的黑名单，全国联网，至少十年内不得再开厂办公司、从事企业经营！

载于2016年2月3日新民晚报

俄罗斯人与土豆

最近，一种蔬菜“逆袭”为主食，还有农业部在后面撑腰，引得国民惊讶不已。它就是土豆。

有没有搞错啊，把洋山芋当饭吃？是不是我国粮食不够吃了？一时间，议论、调侃之声不绝。看到这个消息，我不禁想起了在俄罗斯的经历。在那里，土豆就是主食。

我曾在俄罗斯留学五年。且不论在中国知名度最高的土豆烧牛肉，在俄罗斯人的餐桌上，土豆永远是主角，土豆泥、煎土豆、烤土豆、土豆饼……甚至最简单的白煮：削皮切块后在水里煮熟，水里加点盐，煮熟后浇上黄油和茴香末。各种土豆放在荤菜边上配着吃，其地位相当于中国人的米饭或馒头。

俄罗斯人天天吃，顿顿吃，百吃不厌。可我在上海的时候就不太喜欢吃洋山芋，想着土豆含淀粉多，看看周围俄罗斯大妈大爷的身材，想来拜土豆所赐，便对它敬而远之。但是，在食堂、餐厅吃饭，到俄罗斯人家做客，怎么也避不开土豆。因此我每年暑假回国，掌勺的爸爸从来不买土豆。

还有，中国人买土豆，都是买上几个放在菜篮子里，而买起米来是10斤20斤地买。俄罗斯人恰恰相反，他们的大米是装在小纸袋里，1公斤包装的，而买起土豆来用的是小推车。在俄罗斯经济动荡的时期，经常可以看到年迈的俄罗斯大婶，拉着一个沉重的小推车，吭哧吭哧走进地铁车厢，而小推车里装的全是土豆！

莫斯科人大都有郊外别墅，他们还自己种土豆。有一年秋天，我的好朋友、女作家拉克莎开着车来到我宿舍，给我送来了一桶自家地里收获的土豆。我炒了一盘土豆丝，发现新鲜土豆很爽脆。

所以，土豆作主食，国外早已有之。更何况，农业部回应说，让大家多吃土豆不是缺粮而是为了营养更均衡。吃土豆容易发胖的说法也被辟谣了。营养学家说，土豆脂肪含量低、蛋白质品质高，还有维生素和矿物质，利于抑制体重。而且，近年来我又去过几次俄罗斯，发现一大变化：街头胖子大大减少，甚至有很多中老年人都很瘦，主要是生活方式有了改变。

看来，土豆真的可以当饭吃！

载于2016年3月9日新民晚报

的姐的罚单

前几天，听一位出租车司机说了这样一件事：一位的姐因为内急，在东体育会路上看到一个公厕，就靠边停车，入内方便。不过两分钟出来，正好遇到交警执法，说她违法停车，还拍照取证，的姐向他求情，但警察依然开出了罚单，罚款200元。拿着这张罚单，的姐很郁闷，她一天营收去掉份子钱、油费，所得也不过三四百元，这下大半天白干了！

这位出租车司机说，其实这不是个别现象。出租司机如厕难，一直没有很好地解决，的哥憋急了还可以在绿化丛中方便（当然不提倡），而的姐怎么办？马路边的公厕本来就不多，即便有的话，也大都是不能停车的。

很显然，这位的姐肯定是违法停车了。交警严格执法没错，当时车内如果有人，他一定是劝离，车内无人，他就拍照、贴单。不过，好像还缺了点什么？缺的是一分同理心。俗话说，人有三急，大小便是很难忍的。作为一名女性，原本开出租车就不容易，还要整天为上厕所提心吊胆，一不留神，小便一次就要花掉200元，这不是让人欲哭无泪吗？

事实上，严格执法和人性化处理并不矛盾。我们报社所在的威海路上有一家公厕，经常有出租车司机停车进去方便，几乎没有交警贴单子。那么，交警部门能否人性化操作：对于公厕门前停靠的出租车，可以给几分钟的"方便时间"。看到车内无人，不妨等两三分钟，如果两三分钟后有人出来，便可以不予处罚；如果长时间停车，就依法处罚。

当然，还希望各方能够重视解决出租车司机的如厕难。现在许多商务楼，车位紧张，出租车不能随便驶入，更不要说上厕所了。宾馆酒店呢，接送客可以，停车上厕所就不大受待见了。司机们只有在机场高铁排队时才能安心上厕所。此外，他们还面临就餐停车难、回家交班停车难两大难题。工作时间长、收入低、风险高，如今的出租车行业吸引力越来越弱，很多公司招不到合格的驾驶员，甚至有不少车辆停在那里无人开。如果再不改善的哥的姐的工作条件，最终苦的还是广大乘客，"打的难"将会加剧。

载于 2016 年 3 月 23 日新民晚报

废品的“短板”

上海开展环境综合整治“补短板”行动，已经大半年了，成效非常明显。城中村里，违法建筑被以摧枯拉朽之势拆得干干净净；城郊接合部，无证小作坊、污染大户关你没商量；中心城区，“三合一”市场被清理、关闭，群租户被清退，安全隐患消除了……上海无论从“面子”到“里子”，环境面貌都得到了大大改善。

我也随有关部门察看了不少重点薄弱地区的整治。我发现，有一种业态是被坚决取缔的，那就是废品回收站。取缔后，环境干净多了。

不过，我一直在想一个问题，废品回收站都没了，市民家中可回收的物资怎么办？当然，只要叫一声，小区收废品的就上门了。但你有没有想过，这些人收了废品送到哪里去呢？原先，他们是骑着黄鱼车把居民家中的报纸杂志、纸板箱运到附近的废品回收站，现在，连城郊接合部的废品回收站都被一个个取缔了，他们就不得不运到更远的郊区的废品回收站去。路途长了，付出的各种成本也高了，导致废品的价格越来越低，回收人员的积极性也不太高了。

诚然，某些废品回收站的确是环境顽症，废金属、纸板箱、旧塑料、玻璃瓶以及其他各种废品堆积成山，业主甚至现场对废品进行切割、加工，气味难闻，噪声扰民。然而，从另一个角度来说，一座城市绝不能缺少废品回收站。

废品，是放错了地方的资源，对于提倡循环经济、建设生态城市的上海来说，尤其不应该轻视。如果没有人来收废品，所有的报纸杂志、玻璃瓶、塑料桶都作为普通垃圾扔掉，不仅将增加垃圾的数量，而且加大了后续处理的负担。

记得我小的时候，家附近都有国营的废品回收站，地方不大，干干净净，居民卖废品十分方便。十多年前，我也采访过一家开在居民区的国有废品回收站，是“金牌回收站”，但现在估计已经不存在了。

对于废品回收站，不能仅仅是取缔，一关了之，更应该加以规范。如果是有证的，应该让其合法经营，并且制定安全、环境等规范，让其遵守。此外，政府部门能不能有所作为，在社区开办一些干净、卫生的废品回收点，补上这块短板呢？

载于2016年6月15日新民晚报

当老房装电梯不再是新闻

最近，上海多层住房加装电梯新闻不断。

长宁区五洲大厦3号楼新装电梯上月顺利竣工，杨浦区周家嘴路一小区一栋七层住宅日前也装上了“观光电梯”，一个多星期前，位于普陀区杨柳青路的爱建新村5号楼又举行了加装电梯的开工仪式；还有一些小区多幢楼一起开工或办手续，如长宁区紫云西路小区的四栋楼、普陀区怒二居委会的四栋楼。

此外，更重要的一个新闻是，针对多层住宅加装电梯申请手续繁琐、审批部门多、流程长的问题，上海市住建委与市规土局等部门简化审批流程，将46个审批章减少为15个，业主感慨：申请加装电梯终于不再像“造金茂大厦”那么复杂了！

记得去年10月，本报焦点版刊登整版报道——《老房欲圆电梯梦，究竟难在哪儿》，报道了童双春、李青两位八旬高龄的滑稽老艺术家，分别住在多层住宅的六楼、五楼，“难兄难弟”下楼难，他们迫切希望装一部电梯，但力不从心。在进入深度老龄化社会的上海，两位老艺术家的处境具有很大的代表性，因此迅速引发了全社会对这个问题的关注。之后，本报也相继刊登了十多篇报道，对此进行分析和追踪。在上海“两会”和全国“两会”上，本报也都报道了上海和全国的代表委员对此事的建言献策。

令人欣喜的是，在短短不到一年的时间，老房装电梯的进展可谓迅速。市住房加装电梯协调小组大力推进这项工作，指定市房屋修建行业协会承担起多层住房加装电梯咨询、指导任务，并开设咨询热线。协会的负责人和专家还到一些正在筹备加装电梯的住宅小区实地查看，如紫云西路小区，帮他们解决一些实际困难。一些区也积极行动起来，“民有所呼，我有所应”，普陀区把老房加装电梯作为“同心家园”建设的一项内容，区领导要求把怒江苑7号楼的经验在全区推广。长宁区房管局在政策宣传、实地查勘加梯条件、指导业委会制订方案、完成居民征询、受理立项等方面做了许多工作。因此，这两个区的加装电梯工作在全市进展最快，分别都有十来栋楼正在前期筹备、办理手续之中。

从一栋、两栋，到五栋、十栋……老房装上电梯，给楼内居民带来的幸福感不是一点点。而这种幸福指数的提升，也是通过业主自治获得的，业委会发挥了巨大的作用，当然，也离不开最基层的居委会的支持。原先老房装电梯在很多人心中，是一桩“不可能完成的任务”。我也是如此。因为这项工程需要居民自己协商，既要意愿一致，又要协商资金分配方案。有人认为，有的上海人爱斤斤计较，谁都不愿意吃亏，所以不可能协商一致。然而，在采访加装电梯成功的一个个案例中，出现了不少底楼的“上海好邻居”，他们十分体谅楼上居民的难处，全力支持，并且不要补贴，甚至有一户底楼居民还愿意掏钱资助；还有一些“大气的上海人”，楼内有一两户不愿意出资的住户，他们就爽快地把份额承担下来。

当然，在全市范围内，老房装电梯依然是件困难的工程。现在，我仍接到不少读者来电、来信，反映加装电梯根本办不了。家住闵行区中春路8888弄的曹菊妹老人来信，她看到新民晚报上关于加装电梯的很多新闻和信息，很高兴，她住的小区都是六层或七层的多层商品房，也很想加装电梯，可是拿着报纸多次去找过居委会，但得到的回答是不可能。她也打电话给区房管部门，回答竟是“不知道有这事”……

看来，有的区县房管、规土、建设部门对此项业务也不熟悉，甚至觉得这是“分外事”，对于居民的咨询都无法回答，更不要说给予帮助了。那么，对于这些基层公务员的培训是不是要提上议事日程？还有，尽管减少了审批章，但加装电梯还是要跑很多部门，流程还是很复杂。许多成功装上电梯的业主，都提出了一个共同建议："希望多层住宅加装电梯能列入市政府实事工程，由一个部门受理，一站式服务！"

我还记得采访童双春时他的一句话，他说，装电梯这件事很重要，要多呼吁，"哪怕我这辈子乘不上，后面的人也是得益的"。在政府、业主、社区以及社会各方的共同努力下，童双春老先生的愿望正在一点一点实现。我相信，再过几年，老房装电梯就不再成为新闻了。

当老房装电梯不再是新闻，就意味着这项工程和房子修缮、楼内设备更新、小区物业选聘一样，成为一项常态化的事务，由小区、楼内业主自己决定，业委会牵头来办理。

当老房装电梯不再是新闻，意味着政府部门也将这项"分外事"纳入常态化工作之中，不再推诿、扯皮，街道、居委会也不再"一问三不知"。

当老房装电梯不再成为新闻，也是住在多层住宅的老人不再"望楼兴叹"之时。我们期待这一天尽快到来。

载于2016年7月18日新民晚报

爱恨“老字号”

在这个“吃货”遍地的时代，美食类微信的点击量总是最高的。上周本报微信公众号的《百年老店上海老半斋尴尬成“网红”，被日媒评为“零分餐厅”究竟冤不冤》，阅读量就是其他文章的好几倍，留言更是多达数百条。

这数百条留言中，“不冤”是出现频率最高的一个词。网友们纷纷吐槽自己在沪上多家“老字号”饭店的遭遇：服务冷漠，仿佛“时光倒转 30 年”；菜肴点心质量下降，甚至难以入口；桌子油腻、餐具不洁……不少人慕名而去扫兴而归，“发誓不会再去”。

如果“老字号”的经营者读到这些评论，相信会如坐针毡。

假如仅这一家饭店有这么多毛病，那还只是个别情况，但实际上这些问题却是一些“老字号”的通病，恐怕不是简单的整改或几条服务承诺就能够彻底解决的。

很多读者把“老字号”的种种问题归结于“国营饭店”，这话既对又不对。这些“老字号”以前确实都是国营名店大店，然而，进入新世纪以来，随着国企改革步伐的加快，上海的绝大多数国营饭店已经转制，有的转为股份制企业，国资占其中的一部分；有的转为民营企业，或由经营者所有，或由经营者和员工共同持股。应该说，转为民营的饭店、点心店，情况要好一些，机制活了，员工积极性都比较高，但一些国资依然占大头的“老字号”，“国营”色彩依然抹不去。

这一系列报道戳中了“老字号”的痛点。“老字号”该怎么改？值得有关部门考虑。比如，除了经营者持股，能否让员工也持股？让饭店上上下下成为利益共同体。再比如，怎样引入现代企业制度，规范经营管理？还有，“老字号”的特点是价格低廉，老半斋的咸肉菜饭竟然只要3元一两，比路边摊还便宜，那么，能否根据市场规律调整价格，同时改善就餐环境，提高客人满意度？

“喜欢你才会骂你”，这个道理同样可用在市民与“老字号”饭店的关系上。最近“老字号”之所以成为热点，是因为还有很多上海人对它们怀有深厚的感情，不希望那些辛辛苦苦铸成的金字招牌就这么消失了。

载于2016年9月14日新民晚报

为什么又是宜家?

昨天,由新民网记者采访拍摄的一则新闻和视频爆红网上。从今年 10 月起,宜家家居徐汇店实行“先购餐再进入”的规定,针对的是长期占用就餐位的群体。这些老年相亲一族,数量很大,不仅影响了其他顾客就餐,甚至还发生打架斗殴的事。然而“上有政策、下有对策”,昨天许多老人花几元买个面包当“摆设”,依然能坐上半天。

记得“宜家咖啡”现象五年前就出现了,引发社会热议。五年过去了,来此相亲交友的中老年人不仅没有减少,而且愈演愈烈。事实上,很多老年人来这里是为了满足自己的社交需求,排遣寂寞孤独。想想也挺奇怪的,上海餐饮、娱乐、休闲场所那么多,为什么他们偏偏选宜家?

一位六七十岁的爷叔说出了理由:“我来了五年了,这里已经形成一个固定的场所,我们都是单身的,没事来谈谈坐坐。老年人没有地方去,其他地方都要消费。麦当劳?麦当劳老人不多!”

看来,在上海这座精致的城市生活了一辈子的上海老人,也养成了对社交环境品质的高要求:第一,空间要足够大,而且最好时尚一点,有情调一点;第二,最好是不需要什么消费的,有免费咖啡喝就更好了;第三,要有“人气”。

公园地方倒是足够大,但下雨天、酷暑天、暴冷天就不行了;餐厅饭店呢,都需要花钱消费,麦当劳、肯德基,坐坐是可以,但地方不够大,人气也不足;社区文化中心、老年活动室呢,虽然是免费的,但开放有时间限制,而且也没有一个可以让单身老年男女畅谈的空间。

而宜家餐厅离徐家汇不远,场地足够大,北欧风情浓郁,凭会员卡还有免费咖啡喝。另外,由于时间长,培育出了“人气”,容易找到志同道合的交流对象。然而,有些看似对环境十分讲究的老人,其实个人素质却不高,他们不消费却长时间占座,大声喧闹、随地吐痰,不尊重工作人员,甚至还上演“全武行”,难怪商家不堪重负。

在我们这个深度老龄化社会,老人吃穿不愁,但精神需求,特别是社交需求值得关注。这个责任不能完全让商家承担。如何开辟一些老年人交友的场所,而且符合上述三点要求,迫在眉睫。事实上,政府已经为老服务投入了那么多,能否在这方面再下点功夫?

载于2016年10月12日新民晚报

童双春家的电梯

去年10月，滑稽戏老艺术家童双春和李青因为所住老公房没有电梯而遭遇“下楼难”的报道，引起了全社会对多层住房加装电梯这个问题的关注。之后，在有关部门的大力推进下，这项老龄化社会新的民生工程进展大大加快了。上周二，我正好到田林新村采访，顺便去看望了童双春老先生。

童双春家的电梯还没装上，我一口气跑上六楼也有点喘。老先生今年83岁了，气色很好，精神也不错，他家中养了三条小狗，女儿经常来陪伴他。家中的保姆很尽心，家里收拾得一尘不染。尽管帕金森综合征影响行动，他每天还是坚持下楼锻炼半小时，他除了看报、看电视外，有空就把以前的独角戏脚本一个个回忆、整理出来，偶尔还观摩一些戏剧演出。

“哎哟，很多人看到我就问：童老师，你们家电梯装好啦？”童双春笑着说，“有老同事、朋友、戏剧界同行，还有观众……”我知道，童双春和李青所住的这幢六层住宅楼装电梯的事一直没有进展，原因有很多，最主要的就是两位老人都已经80多岁，无力牵头开展“二次征询”等复杂的事。

不过，童双春的呼吁还是有作用的。我告诉他，这一年来，全市多层住房加装电梯的进展加快了，目前已完工的有六栋楼，开工建设的有十来处，在筹备、办理手续之中的有20多处。而去年这时候，上海装上电梯的多层楼房总共只有两栋！“要谢谢您。没有您的明星效应，不会有这么多人关心这件事。”我说，“而且随着成功案例的增加，以后装上电梯的老房会越来越多，你们这栋楼也会有希望的哦。”

回到家，我翻出一本普陀区住宅建设发展中心编印的《既有多层住宅增设电梯文件汇编》，翻到最后一页，意外地发现黏了一小片放大镜。哦，这是为了方便老人阅读而放置的。真是细心啊！难怪普陀区是全市成功案例最多的区之一，这和政府部门的主动作为是分不开的。而怒江苑所在的居委会、业委会的全力合作，也是这个小区成为全市样板小区的关键。

民有所呼，我有所应。如果每个区、每个街道都有这样的工作劲头，童双春、李青的电梯梦还会远吗？

载于 2016 年 11 月 23 日新民晚报

快递小哥，请慢一点

前天，马路上发生了一起悲剧。在祁连山南路同普路路口，一名骑电动车的"饿了么"送餐员被一辆轿车撞飞十多米远，送医后不治死亡。据微信公众号"宣克炅"发布的视频，送餐员闯红灯，而轿车也有超速之嫌。

或许，那位送餐员希望早一点给客户送上午餐，以免差评；或许，他想多做几单，多挣点钱回家过年……但是，在那风驰电掣的一刹那，致命的撞击发生了，送餐箱远远飞出，蓝色的工作服血迹斑斑。一条年轻的鲜活的生命就这样逝去，让人唏嘘不已。

如此飞一般的电动车，我们并不陌生。马路上随时可以看到快递员、送餐员，电动车后座上堆满了高高的货物或者送餐工作箱，不少人不看红绿灯，转弯速度快，边骑车边打手机，甚至在机动车道上、在人行道上飞快地行驶。前天的这个偶然事故，某种程度上也是必然。

有人说，快递行业应对快递员加强交通安全教育，但只说交通安全还远远不够。

随着电商的发展，快递员的队伍迅速扩大。我曾与一位网络订餐平台的高管交流，他们做过一个调查，快递员、送餐员的年龄在20至35岁，籍贯以河南、安徽、河北、四川四省居多，平均收入在七八千元，忙的时候过万也是常见的，如果遇到"双11"这样的旺季，加上没日没夜拼命干，也有可能达到2万元。借用一句网络语言来说："他们在用绳命(生命)送快递!"

一个快递员一天究竟可以干多少小时？送多少单货(餐)？这一

切，都是模糊的。快递公司、订餐平台追求的只是快速、准确，而所有的“剁手族”、订餐者，也希望“快快快”。那么，对快递员的劳动保护到哪里去了？

国际航班托运行李规定，每件不得超过23公斤。这是劳动保护的要求，因为超过23公斤，搬运工人就有可能扭伤腰。常听人抱怨，美国没有快递，网购一样商品要两三个星期才能送到，还是中国好。事实上，美国送货之慢，不仅仅因为人工贵，还因为严格的劳动保护。

欲速则不达。简单粗放的管理，会导致越来越多的悲剧。让快递小哥慢下来，不仅是安全的要求，也是一家企业、一个行业规范发展的要求。现在，已有快递企业上市，但劳动保护的短板，也应尽快补上。

载于2017年1月4日新民晚报

多数与少数

一个多月前，上海有 100 多个地铁站取消了人工充值，都改为自助充值机，理由是“提高效率”。但这给许多老年乘客带来了不便。春节后，电视新闻报道，一位老伯拿着现金去地铁站给交通卡充值，接连跑了两座地铁站，都碰了壁。老人说，平时身边不带银行卡，支付宝更是没有，而且自助充值机不会操作。公交卡公司说许多便利店都可以现金充值，但是老伯跑了两家便利店，不是暂停服务就是“网络不好，连不上”。

据说，交通卡和地铁分别是两家公司，地铁提供充值服务是受交通卡公司的委托。现在，两家公司在继续提供服务方面似乎未能达成一致，为了降低人力成本，交通卡公司就推出了自助充值机，突然取消 100 多个站点的人工充值服务，且没有任何过渡期。今年的人代会上，有代表也就此提出了书面意见：“很多耄耋之年的老人都反映，取消人工充值后，交通卡充值成了他们的老大难问题。虽是细小改变，牵动的却是大量老年市民出行这一民生问题。”

不知道两家企业有什么利益纠葛，但作为提供公共服务的企业，首先应该考虑的应当是乘客的利益。而乘客的利益中，方便是重要的一点。而现在，企业只考虑了自己的方便，却让乘客大大地不方便了。

这里还有一个多数和少数的问题。企业认为，不带银行卡、不会充值的市民只是少数。可是，在上海，持有公共交通卡的市民有 1 000 多万，在这 1 000 多万人里，如果有 10％不会自助充值，就有一两百万。一两百万市民因此感到麻烦，这问题小吗？如果一个外国人想在上海买一张交通卡，而他没有中国的银联卡，是不是也“没门”？连地铁都没法乘了！

再退一万步，即使若干年后，绝大多数人都会用银行卡、支付宝或者什么更先进的方式充值了，但只要还有几个人不会，地铁站还是应当保留现金充值的窗口。这就是为什么轮椅出行的残疾人并不多，可能只占人群百分之一，但我们的公共设施仍要为他们建无障碍通道和电梯；同样，马路上很少能见到盲人，但每一条人行道都必须设置盲道。

一座现代化文明城市的标志，并不是只是外表的光鲜亮丽、运行的高效快速，而是能够兼顾各类人群的需求，特别是对弱势群体给予足够关注，让他们感受到便利，这样才是一座充满人文关怀的城市。

载于2017年1月《现代工商》

的哥的睡觉问题

最近，本报推出“找回失落的出租车名片”系列报道，的哥如厕难、吃饭难等现实问题得到关注。不过，很多人不知道，的哥还面临着“睡觉问题”。

今年1月，“新民法谭”微信公众号开设了“的哥信箱”，不少的哥向我们反映睡觉难。50岁的锦江的哥杨师傅说，隔天的晚上，他都把车停在自己家所在的宝山区淞南十村的外面，人就睡在车里直到天亮，然后开出去交班。说是睡，其实是坐着打盹。他这样“睡”在车里，已经一年了。

的哥之所以要睡在车里，是因为现在对违法停车严格查处，无论有无黄线，夜间停在路边的车辆都会被贴单处罚。有位的哥说，他们还不能躺在后座睡觉，如果被发现驾驶室没人，就算“停放”，也要处罚。所以他们都是坐在驾驶座位上睡觉的。夏天还好过，冬天天气寒冷，又不能开暖气，那样要发动汽车，太耗油，而且废气排放有危险。他们只能身上盖条毯子，坐在驾驶座上，苦苦熬过寒夜。

那么，为什么不能把车停在车位里呢？时下，停车难是一个普遍问题，而的哥结束营运都要到深夜一两点，小区里早就停满了，运气好的话转半个多小时能找到一个车位，但找不到车位就只能停在小区边的马路上。宝山区的共康、共富、泗塘、淞南等地是出租车司机居住的集中点，这种现象比较多。虽说的哥是做一天休息一天，在车上睡觉并不直接影响后一天的营运，但长此以往，健康肯定受损。

一位资深的哥说，过去，考虑到出租车的特殊情况，交警部门有个不成文的规定，22点至次日5点间对停放的出租车不贴单，让司机交班。所以他们夜间可以放心回家睡觉。但是，现在有的民警不了解出租车司机停车的特殊情况，导致有的司机罚单激增，因此在车上睡觉也是无奈之举。

道路交通大整治是件大好事。一年来，上海通过完善法规、严格执法、加大宣传教育力度，使得马路上的秩序有了很大好转，不少顽症都迎刃而解。然而，出租车行业是一个特殊行业，夜间无处停车也是一个存在多年的现实问题。要擦亮出租车这张“城市名片”，需要给予出租车司机更多的关心、关爱。有关部门在执法过程中，能否考虑到这一特殊情况，区别对待，或者出台专门的办法，让广大的哥的姐不再坐在车中过夜呢？

载于 2017 年 4 月 19 日新民晚报

的姐党代表

不久前闭幕的上海市第十一次党代会上，有一位的姐代表。她叫陈清。

党代表中有出租车司机，并不是新闻。五年前的市十次党代会上，就有一位代表是强生出租的劳模的姐。这也说明党代表的覆盖面很广，基层代表占相当比例，只要有中共党员的领域、行业、群体，就有党代表。他们中有技术工人、警察、营业员、轨交车站站长，在建设交通系统的代表中，还有一位来自上海动物园的饲养员。

陈清代表同样来自强生出租汽车公司。今年 45 岁的她，开出租车 26 年，是真正的“老司机”，党龄也有十年了，前年被评为市劳模。第一次走进世博中心，第一次参加这样的重要会议，陈清并不怯场。在第一天的分组审议中，她就抢过话筒侃侃而谈，谈了对市委报告的体会，更多的是出租车行业面临的问题和出租车司机的“三难”。

陈清自己每天奔波在大街小巷，对的哥的姐的生存状况、收入情况、驾驶员流失情况了如指掌。就拿吃饭难来说，她自己也常常因为没有地方停车吃饭，只能以饼干充饥。来开会前，她特地听取了许多出租车司机的意见，大家都拜托她这位代表把他们的心声传达到党代会上去。“每月收入四五千元，太低了！”“上个厕所，200 块没了！”“医院门口划了黄线没法停车，经常挨乘客的骂。”

在会上，陈清提出了三方面的建议：在出租车保险费率方面给予相应的配套；出租车的运价应当根据物价变化相应调整，使驾驶员收入有所保障；在交通大整治中，要从城市规划方面多考虑驾驶员的现实困难和需求，形成科学合理的长效机制。

她的发言引起了其他代表的共鸣，大家都说“很接地气”，一座有温度的城市，出租车的优质服务也是不可或缺的。同在一个小组的国资委领导认真听了她的意见，并作出了回应。另一位曾在公安部门任职的代表，立即与交警总队领导联系，让他们听听陈清代表的意见。很快，交警部门来了电话，陈清表示，希望和更多的司机代表与交警部门进一步面对面沟通。

陈清是光荣的，她是上海近10万出租车司机的优秀代表。陈清是值得尊敬的，她忠实履行了党代表的职责。

载于2017年5月17日新民晚报

美新小馄饨

昨天下午到报社旁边的美新点心店，发现店堂里贴了张告示：本店新品虾肉小馄饨，10 元一碗，下午 2:00—5:00 供应。买一碗尝尝，收银台前 50 多岁的上海爷叔，拿出移动 POS 机扫了下我的手机，完成了微信支付。咬一口，每个小馄饨里面都有虾肉。低下头，座位上还有醒目的“某某外卖”的二维码。

美新是一家老字号，鲜肉汤圆、芝麻汤圆最出名，各类汤面和夏天的冷面也很受欢迎，还有大馄饨，不过从来没有小馄饨。在人们的印象中，美新就是一家传统的国营点心店。店堂面积只有几十平方米，装潢不讲究，位子挤挤挨挨，顾客买了小票后交给服务员，服务员再把点心端来。做点心的和卖点心的以上海阿姨为主，态度不怎么好，但也不冷淡，每天中午因为员工吃饭，还要停止营业半小时。

但就是这样一家国营点心店，这几年来在不断地悄悄改变，先是增加了二楼店堂，面积比楼下还大，然后又推出了“白领午餐”，新增了各种浇头面和组合套餐，吸引了许多年轻的上班族，每天中午就餐队伍要排到店门外。今年以来，美新更是不断有新品推出，清明节卖青团、粢饭团，不久前的端午节还卖起了粽子，实实在在，个大肉多，糯米有嚼劲。店里各种点心的价格随行就市，吃一份冷面加一碗牛肉汤，20 多元；粽子也不便宜，9 元一个。

多年来，美新的生意一直不差，春节期间外卖汤圆的队伍要排上四五个小时。不过，这家小小的点心店显然没有满足于小富即安，而是懂得市场无情、不进则退的道理。哪里有需求，哪里就有商机。不断推出新品种，移动支付，加入送餐平台……这些新举措，使得几十年的老店在移动互联网时代毫不落伍。

一家小店的变化值得人深思。我想,其根本原因一定是体制机制发生了变化,企业效益好,职工收入同步增加,积极性也提高了,形成了良性循环。餐饮是一个大浪淘沙的行业,不断有新店开出,不断有老店关门。老字号要能够生存下去,靠的不仅仅是老祖宗传下的金字招牌和几个拿手菜,更需要不断创新,跟上时代的步伐。

载于 2017 年 6 月 14 日新民晚报

“坏人变老了”吗？

迟还不如早还

今年高校开学前，杨浦区法院在一周内收到了中国农业银行上海市五角场支行起诉的96件借款合同纠纷，诉请解除与大学生所签订的助学贷款合同，并要求学生立即支付本息。这96起案件涉及本市九所高校的68名大学生，均已毕业。其中欠款最多的1.5万元，最少的3 000元，总额76万余元。

摆在我们面前的这96份民事诉状，是大学毕业生另一场诚信考试的不合格答卷。其人数之多，欠款数量之大，令人吃惊。在这里，我想对这些大学毕业生说几句话。

借了钱要还，是做人起码的准则。想当年，你们刚进大学时，因为家庭经济有困难，学费交不出，国家向你们伸出了援手，帮助你们解除了燃眉之急。现在，你们走上了工作岗位，有了经济收入，怎么好意思拍拍屁股一走了之？这样做，于情于理，说得过去吗？

做人，诚信最要紧。诚，是为人之本。“人而无信，不知其可也。”据悉，离校的毕业生中有助学贷款的不良记录者，绝不止于68人。仅农行上海五角场支行一家，不能按时归还助学贷款者，就达三四千件。因此，要求这些毕业生还清助学贷款，它的意义更不止于几千元钱。

这里还要提醒一点：不归还助学贷款，已不仅是一个道德问题。借款不还违反了民法和合同法。违法必究，法律无情。现在，该支行已向杨浦区人民法院提出民事诉讼。我们支持银行的起诉。

错了就是错了，错了赶快改正。借款迟早是要还的，赖是赖不掉的，赖账并非上策。早还比迟还和赖账要好。与其当了被告，被法院判决后还款，不如趁开庭前把欠款还掉，无债一身轻。这样做比较主动，个人的损失也比较小。因为诚信是个保鲜度很高的东西，是拖不起的。弄到被法院追究后还款，并记录在案，将来你们在办理房贷、信用卡等事项时，会带来一些不必要的麻烦。即使你刚参加工作，还贷有困难，也最好先向银行打一个招呼。银行也是通情达理的。不知欠款者们意下如何？

载于 2006 年 9 月 10 日新民晚报

“金猪宝宝”，别挤着！

不少人说，2007 年是 60 年一遇的“金猪年”，这年降生的宝宝会很有福气。因为猪被赋予了财富象征的特殊意义，未婚的男女青年争相结婚，结了婚的，便扎堆孕育“金猪宝宝”。

其实，十二生肖只是一种符号，与孩子命运没有什么关系。所谓“金猪”，是民间讨口彩的说法。“金猪宝宝”命好，毫无科学根据。青年男女们大可不必以此作为自己的生育时间指南，不要人为地再制造一个“生育高峰”。

扎堆生育反映了一种趋吉避凶的社会心理，是可以理解的。但这种从众心理存在着很大的盲目性，是不可取的。每个人似乎都该作一点换位思考。如果人们在结婚生育上只考虑自己，不考虑整个社会，是不是也会影响社会的和谐发展？

扎堆孕育“金猪宝宝”，会带来一系列社会问题。

急着今年完婚的新人赶早出手预订酒店，导致婚宴的预订供不应求。据一家大酒店公关部的一位负责人介绍，目前他们的婚宴已经预订到明年 2 月，“只要是农历的好日子都排满了”。各妇产科医院，前去做产前检查的孕妇已人满为患，到明年床位都十分紧张。月嫂也是空前紧缺。某家政公司的负责人称：“明年生产的孕妇较多，月嫂的需求量因此大增，公司里专业月嫂的工作档期都排得满满的。”

“金猪宝宝”的集中大批出生，对孩子的未来发展来说，也是弊大于利。从宏观上看，它将影响人口均衡增长规律。这些还没出生的“金猪宝宝”，将面临入学、就业、结婚的一系列的“拥挤”问题。就像当年的“千禧宝宝”们，如今已扎堆上学了。因此，别让这一幕重演。

当然，何时结婚，何时生育，都是个人的自由，他人不便干预。这里所说的“‘金猪宝宝’，别挤着”，只是本人的观点，供青年朋友们参考。

载于2006年11月1日新民晚报

爆竹高消费可以休矣

正在人们感叹“年味”越来越淡的时候，有种习俗却一年比一年浓厚起来。这就是大年初五“迎财神”。自改革开放之后，财富不再是罪恶的代名词，人们对钱财的渴望便不再欲说还休。除 20 世纪 80 年代有几年在上海中心城区不能燃放烟花爆竹之外，每逢农历正月初五前夜，“迎财神”的爆竹声此起彼伏，愈演愈烈，大有不把财神迎到自家不罢休的态势。

昨天又是年初五，震耳欲聋的爆竹声再次响起。迎财神的队伍十分庞大：大小老板希望生意兴隆财源广进，上班族希望薪水再丰厚些，股民、基民希望股市继续飘红，手中的股票、基金 K 线天天向上……于是，初四晚上 8 时 18 分至初五零点，爆竹声炸雷般地一次次在上海各个角落响起，如果没有把夜空照得五光十色的烟花，上海绝对成了一个硝烟弥漫的战场。“战果”更是显赫：大街小巷的“红地毯”铺了一层又一层；火警一次次响起；各大医院的眼科急诊爆满，五官科医院接诊的眼睛被炸伤的病人，年纪最大的是 93 岁；受到惊吓的婴幼儿整夜无法入睡，有的被送往医院，还有年轻父母亲被迫抱着孩子转移住处。

全国各地，大体都是如此。

爆竹的主要成分是火药，其生产、运输、储藏过程也充满了危险。而当成千上万的人同时点燃它时，威力更不可小视。为什么到了 21 世纪的今天，一座现代化大都市的人们还要用几百吨炸药来迎接节庆和期待财富？

爆竹的高消费绝不等同于吉祥如意，满城的乌烟瘴气没有给很多人带来好运，有时甚至是适得其反。过度燃放烟花爆竹已成为与城市文明格格不入的陋习。昨天本报社会新闻就有报道，一位在上海工作的美国人说，年三十深夜，鞭炮声震天响，吵得他一夜没有睡好。年初四深夜临近 12 时，他从市中心开车回家，一路上到处有人在燃放鞭炮。他又怕开车轧着人，又怕鞭炮炸到车上，最后不得不将车停在路边半小时。

爆竹和财富更是没有直接的因果关系。十多年前，乍浦路美食街的一位小老板就领悟了这个道理，并向整条街的饭店老板发出倡议：过年不放烟花爆竹，把买烟花爆竹的钱用来资助周围的困难人群。这个倡议立即得到了美食街所有饭店老板的响应。日前，我偶遇这位老板，他现已走出乍浦路，成了一位亿万富翁。但是，他对放鞭炮的看法依旧。那么，今人对于燃放爆竹的观念，似不应落在这位老板的后头。

初五这一天，真正迎到“财神”的，只有烟花爆竹的生产厂家和销售商，而带给更多人的则是满城的火药味以及达到轻度污染等级的空气质量。爆竹高消费，在上海这座国际大都市里，可以休矣！

载于 2008 年 2 月 12 日新民晚报

“全职爸爸”

“全职爸爸”是近些年欧美等发达国家出现的一个新现象，指的是为了照顾年幼的孩子，在一段时期里放弃工作、回到家庭的男士。这类家庭中，往往妻子工作更优越、收入更丰厚，所以当夫妻俩必须有一人放弃工作时，丈夫就被选中了。这样的家庭比较特别，在美国数量也很少。

昨天本市一家报纸登了一条颇为吸引眼球的报道——《全职父母中超四成是爸爸》。这一新闻是根据上海社科院的一份调查报告而采写的。这份《社会变迁中的全职父母家庭研究》调查了724户拥有0—18岁子女的家庭，公布了这样一组数据：沪上“全职父母”家庭分布率达16%；而在这些“全职父母”家庭中，“全职爸爸”占42.5%。这个数据让人吃惊：难道上海突然已有了那么多全职妈妈和全职爸爸了？

仔细看完全文，才发现上海的全职爸爸们“并非30岁就退休的富翁，他们大多备受经济压力之苦。”爸爸们还表示，无合适工作和下岗失业是导致他们全职最重要的影响因素。

上述调查，与其说是“全职父母家庭研究”，不如说是“失业人员家庭研究”更为确切。事实上，这只是一个范围很狭小的上海家庭的就业状况的调查，这些家庭都拥有0—18岁的子女，其中一部分父母失业在家，而在失业的父母中，父亲占四成。

社会调查应当怎么做？进行学术研究需要有科学、严谨的态度。先“拍脑袋”设定一个时髦的主题，然后根据主题在一个较小的范围内采集一些数据，再得出一个似是而非的结论，是不可取的。

而记者在将调查结果公之于众的时候，也应有自己的理性思考和判断。16％的“全职父母”家庭，上海真有这么多吗？一位就业欲望强烈但求职不顺、而不得不暂时待在家里的男士，心中本已郁闷，如果再被贴上“全职爸爸”这一时髦标签，大概会哭笑不得吧！

载于2008年8月29日新民晚报

欢迎黄鼠狼

前几天朋友聚会，说起鼠患猖獗。一位家住闸北公园附近的张先生讲了这样一桩新鲜事：他们小区原来老鼠也很多，他住在二楼，家里的纱窗都被老鼠咬出大洞。不过，最近三四年来，老鼠几乎消失了。你们知道为什么吗？因为有了黄鼠狼！

张先生说，他晚上开车回家，有时能看到一只身材细长的动物飞快地从车前窜过。黄鼠狼个子比老鼠大，比猫瘦，尾巴蓬松，有点像松鼠。小区里的黄鼠狼好像还不止一只。张先生家的小区是十多年前建的，绿化并不是特别好，不过灌木多，草也比较茂密，适于黄鼠狼生活。黄鼠狼是老鼠的天敌，自从它们"定居"小区后，老鼠不再猖獗。

一物降一物。没想到狡猾多疑、气焰嚣张的老鼠败在了行动迅猛、牙尖齿利的黄鼠狼手下。黄鼠狼学名黄鼬。它们的出现，说明上海的绿化覆盖率提高，野生动物增多，也从一个侧面反映出上海的生态环境正在逐步改善。

无独有偶。据媒体报道，已有成千上万只黄鼠狼在武汉城区承担灭鼠重任，颇受民众欢迎。

我又进而想到，黄鼠狼在人们的心目中形象一直较差，贼眉鼠眼，偷鸡摸狗，爱放臭屁。常言道，黄鼠狼给鸡拜年——不安好心。可是，生活在城市绿地里的黄鼠狼，无鸡可偷，却转型为"灭鼠能手"，人们无疑应该改变对它们的态度。

资料显示，一只黄鼠狼一年能消灭三四百只鼠类。一旦老鼠被它咬住，几口就可下肚。如果找到鼠窝，它可以掘开鼠洞，整窝消灭。

在农村，以每年每只鼠吃掉 1 公斤粮食计算，一只黄鼠狼可以从鼠口里夺回三四百公斤粮食。而城里的老鼠，咬断电线、传播病毒，破坏性和危害性更大，黄鼠狼的功劳就更大了。

所以，对于黄鼠狼，我们应当化敌为友，再也不能像 20 世纪 50 年代对付麻雀那样，将它们赶尽杀绝，造成生态环境的不平衡。当然，黄鼠狼的到来也给城市管理部门提出了新课题，即能否开展调查，掌握实际情况，让黄鼠狼在小区、绿地适度繁殖、合理分布。

载于 2008 年 10 月 31 日新民晚报

女厕能否也设“一米线”？

这是城市生活中的一个很小的细节。

如果您是一位女性，那么在商厦、旅游景点、机场、车站等公共场所如厕，都有这样的感受：卫生间如果有多个小隔间，上厕所的人又较多，那么，一定在每个小门边都站着等候的人。上厕所也要碰运气，如果您因为站的位置不巧，等上五六分钟还轮不上。

然而，在欧美及亚洲不少国家，公共场所卫生间的排队方式却不是这样：大家一律在所有的小间外排成一行，无论哪个小间先空出来，都是排在第一个的人先进去。哪怕只有两个人，也依次排队。这是一种非常合理、文明的使用公厕的方式。

相对而言，中国人在公共场所的秩序意识是比较缺乏的。有些人在公共场所是“抢”字当头，乘公共汽车、地铁，要抢着上；十字路口，自行车、助动车遇红灯也要抢着过，实在来不及了，也要冲出停车线几米；坐飞机一人一个座位，可在检票口还是争先恐后，原来是要抢行李架……所以，使用公共厕所也不例外。只要看到有空的小隔间，就要站过去，一片混乱。即便有人提议依次排队，也只会招来白眼。

还有 300 多天，上海世博会就要开幕了。届时各国来宾免不了要进公厕。上述中国特色的排队方式，外国来宾很难接受。在有些人的眼里，这实在是小得不能再小的细节。然而，细节不可小视，细节决定成败。能否排队、有序上厕所，也反映出国民素质的差距。

秩序意识不可能一蹴而就，却可以逐步培养。不久前，我到北京采访，北京机场的公厕让我眼睛一亮。在所有小间外的地上，有一条闪亮的“一米线”，下面写着“请在此排队”。所有如厕的旅客，都有序地排队，随意争抢的现象顿时消失。

这样的“一米线”，花费并不多，但对于营造文明如厕的氛围，却可以起到示范作用。上海能不能借鉴一下北京的做法？文明如厕，绝不仅仅是为了举办世博会。因为一个和谐的社会，一定是一个文明有序的社会。

载于2009年4月20日新民晚报

尊重与尊严

最近，媒体连续报道了两起保安被打致死、被撞事件。一起发生在闸北区歌林春天小区，一名52岁的保安因劝阻业主不要将车停在绿化带上，遭到了殴打和推搡，最终因头部砸到绿化带台阶，致脑部重创而身亡。21日晚，松江知雅汇小区的保安在阻止车辆进入小区时，竟被司机撞倒在地，一度昏迷，身上多处骨折。

开车人为何那么横？殴打保安致死的业主28岁，驾驶的是一辆奥迪A6，坐在他车里的年轻女性对保安破口大骂："你是什么东西？你又不是人咯！"受伤的保安小罗说，有的业主稍有不满就指着他鼻子说他"多管闲事"，甚至还有骂他"看门狗"。

这两起事件，反映出业主以及开车人对保安极大的不尊重，缺乏现代人应有的平等意识和相互尊重。他们忘记了一个起码的道理：人和人都是平等的。

不可否认，随着当今社会发展的多元化，人们的收入差距在增大，工作岗位也有了所谓的"高低贵贱"之分。在某些人的眼里，小区保安、保洁、家政服务、餐厅服务员、快递员、送水工等，都属于"低档"工作，做这些工作的人，"层次"也就不高了，可以随意羞辱。

但是，每一种岗位，都是社会生活所不可或缺的。而从事这些工作的人，以他们辛勤的劳动获得一定的报酬，换来了我们生活的安全和方便，无疑是值得尊重的。更何况，人之高尚与否不在于拥有金钱的多少，而在于品德的高低。那位被打致死的歌林春天的保安老丁，勤恳敬业，事发前不久还收到过一面锦旗，从道德层面上来说，他比打人者要高出很多。

马斯洛理论把人需求由较低层次到较高层次，分成生理需求、安全需求、社交需求、尊重需求和自我实现需求五类。保安也有尊重需求。如果我们能尊重他们的人格，服从他们的管理，多一点平等的交流，社会就将多一分和谐。

尊严，是人最宝贵的东西。随意践踏别人尊严的人，最终也将失去自己的尊严。

载于2009年6月28日新民晚报

信用卡的“黑洞”

8 月 7 日本报“读者之声”版报道了一件可叹又可气的事：一个 30 多岁的青年，月收入只有 1 000 多元，还要养 6 岁的女儿，却办了 17 张信用卡，两年不到透支了十几万元，年迈的父母只好卖房替他还债。

无独有偶，上月本报报道，一名 80 后的女营业员，因爱慕虚荣，喜欢购买时装，自己办了七张信用卡，又从同事朋友手中圈来大量信用卡循环套现，“以卡养卡”，在 3 年中竟欠下 100 万元的巨额债务！父母拿出全部积蓄并向亲戚朋友举债仍无力偿还，一家人最终不得不卖掉市中心的房产，搬迁到市郊，用房价差额偿还贷款。

潇洒一刷的信用卡，对这些年轻人来说，竟成了一个可怕的“黑洞”！

然而，上述不幸的发生，不能只归罪于年轻人错位的消费观念。到处疯狂发卡的银行，难道不应该承担自己的责任吗？

信用卡，顾名思义，以信用为基础的金融工具。对于拥有一定资产且有良好信用的人士，可以先用银行的钱消费，然后再归还。然而，对于月收入仅一两千元，没有什么积蓄，生活过得紧巴巴的人来说，信用卡是意义不大的，他们不该是各银行发卡的争夺客户。

可是，第一个故事中的青年，总共办了 17 张信用卡，甚至在同一银行就办了三至五张，即使其父向银行发函说明儿子的经济状况及欠款情况，也只有一家银行表示记录在案，其他银行都继续发卡。信用记录如此之差，信用卡却照领不误，岂不是对信用卡本身的莫大讽刺？

时下，各大银行对信用卡客户的竞争已如火如荼，在地铁里、商厦中、小区门口，到处都可以看到发信用卡的摊头，业务员还用一些廉价的小礼物来招徕客户。银行的用意是：我争夺了一个客户，其他银行就会少一个，所以不管他有没有还款能力，“拉进篮里就是菜”。然而，只追求客户的数量，而不严格审核其经济状况和消费能力，这何尝不是一种自找的金融风险呢？

这里，我对工作不久、收入不高的年轻人也有一个忠告：不妨树立“挣多少花多少”的消费观念，量入而出。一定要抵制住“超前消费”、“先透支再还款”的诱惑，警惕信用卡的“黑洞”！

载于2009年8月11日新民晚报

值得关注的生存状况

最近，沪上大型车屡屡肇事触目惊心，一个个鲜活的生命倒在车轮下，令人痛惜，土方车、搅拌车司机一时间成为“草菅人命”的众矢之的。但连续不断的事故背后，一定不只是个人的原因，隐藏着的一些深层次问题应引起各方关注。连日来，本报报道了多起事故和原因追踪，以及驾驶员自揭“行业黑幕”。今天，本报再次刊发记者采写的通讯，听听两名土方车司机讲述自己生存状况，读来另有一番滋味。

来自外地农村，住的是简陋的集体宿舍或每月租金300元的农家小屋，吃的是最普通的盒饭，过的是最节俭的生活；没合同，没保险，每天多达14小时的高强度劳动，连吃饭都在车上；每月3 000元的收入，携妻带子，四五年前还算可以，但至今没有涨过。多拉一车就多一车的钱，为了一家老小的生计，就想超载快跑。

土方车司机坦言：运输渣土的大部分利润，都被老板以及层层转包的人获取了。

企业高层与一线员工收入悬殊、普通劳动者工资过低，已成为许多地方的一个突出问题。驾驶员，本身就是有一定危险性的职业，而渣土车、水泥搅拌车、集卡等大型车运输业，更是属于高危行业。高危而低薪，为赚超指标的钱，事故频发就难免了，光靠治表，无法从根本上解决问题。

党的十七届四中全会提出，要缩小收入分配差距。首先就应当提高一线劳动者的收入，完善他们的社会保障。最近本市有关部门作出规定，土方车企业向司机支付报酬不再采用“计件制”，即工资不再与跑的车次挂钩。希望这一规定能尽快落到实处。此外,企业还应严格执行大型车运输的劳动时间,保证驾驶员的休息。归根结底还需要监管部门下决心、想办法破除层层转包的“行规”。

值得关注的不仅仅是土方车司机,还有其他众多行业的普通劳动者。劳动收入与资本收入的悬殊差距应引起全社会的关注。只有分配合理了,普通劳动者得到应有的回报,我们的社会才能真正和谐。

载于2009年12月26日新民晚报

仅招聘心理医生是不够的

据报道,“十连跳”不幸事件后,富士康在22日的一次人才招聘会上开出了20万元到60万元的平均年薪,招聘一批心理医生、心理咨询师。不幸,今晨竟又发生了“十一连跳”。

多数轻生者显然都是心理出现了偏差,以高薪招聘持证心理医师、心理咨询师,希望能避免悲剧的再度发生,其出发点无疑是好的。但是,要解开这家超大型企业40多万员工的群体“心结”,却不是招几个心理医生就行的。

富士康的问题究竟出在哪里?公司承认,在管理上存在漏洞。有人指责他们严苛的加班制度。在富士康工作就意味着加班,不加班只能拿相当于最低工资的底薪,八九百元。虽然很多员工为了多挣钱不反对加班,但长年累月的超负荷劳动,必定摧残人的身心。

而这种劳动,又是极其单调枯燥。据电视新闻现场采访,工人每天7时30分进厂,晚上8时下班,去除中间两小时的吃饭、休息时间,实际工作时间是十小时。他们在流水线上重复着同样的劳动,几个小时无法喘口气,连句话都不能说。机器24小时运转,员工分两班工作。人成了机器的一部分,这是非常可怕的。

如果说,这样的生活,上一辈农民工尚能忍耐,那么,80后、90后新生代农民工则难以坚持下去。曾在富士康“卧底”采访28天的南方周末实习记者刘志毅说,他感觉最大的问题,是员工心中的梦想与严酷的现实产生了巨大的落差。

二十来岁的新生代农民工与父辈有着本质的区别,他们离开贫穷的家乡不仅是为了生计,更希望过一种新的生活,能够实现自己的价值，找到属于自己的幸福。而在富士康，他们每天坐着穿梭巴士上下班，往来于固定的车间和宿舍，却不清楚未来的方向。平日里，没有人倾听他们的烦恼，为他们谋划将来。

马斯洛理论把人的需求分成生理需求、安全需求、社交需求、尊重需求和自我实现需求五类。在富士康，员工的生理需求、安全需求是有保障的，但社交需求、尊重需求，尤其是自我实现需求，却都无法实现。

富士康缺少的是发自内心地对人的关怀、对人的尊重。这一点，仅靠心理医生以及建立名义上的“员工关爱中心”是无法弥补的。

载于2010年5月25日新民晚报

艺术的“酵母”

你见过用旧的蒸锅、扔掉的床头柜、报废的自行车做的椅子吗?在世博会城市最佳实践区的伦敦零碳馆,有这样一个报告厅,里面的89张椅子,全部是中央工艺美术学院的学生用各种废旧材料做成的。

旧报纸紧紧扎成圆柱形,几捆报纸再绑在一起,装上靠背,就是一张结实的座椅;六个北方常见的旧蒸锅叠起来,便是一张“变色笼屉椅”,还可以拿掉一两个蒸锅,调节高度;蜂窝纸板用玉米胶粘上,就成了“蜂窝沙发”;直径60厘米的大炒锅竖起来,里面放一个软布垫,就成了一张别致的单人沙发。此外,拆下的卫生洁具、旧牛奶桶、汽油桶、手推车、易拉罐,甚至绳子、麻布,也都可以做成座椅。大学生的想象力之丰富,令人叹为观止。

这89张椅子全是可以用的。馆内工作人员告诉我,报告厅内开过很多次报告会,来宾都坐在这些椅子上。

伦敦零碳馆内充满想象力的东西还不止这些。餐厅里有一种“可食用餐盘”、“可食用筷子”,买来一看,原来都是用面粉做的,盘子薄薄的,筷子粗粗的,像饼干一样可以吃下去,很香。

废品加入了艺术的“酵母”,化腐朽为神奇。而科技创新同样欢迎艺术的加盟。

19世纪法国文学家福楼拜曾说过:“艺术越来越科学化,科学越来越艺术化,两者在山麓分手,有朝一日,将在山顶重逢。”科技往往侧重于理性,而艺术更侧重于感性。然而,科技需要创新,艺术需要创意,两者其实有着共通之处——都需要想象力、创造力。

如今，对于高新技术产业，尤其是数码产品、网络企业等而言，充满艺术感的外在表现形式已是成功的必要条件之一了。外观设计时尚、标榜独特个性的 iPhone 之所以风靡全球，原因也在于此。国内外许多 LED 产品、太阳能产品、新能源轿车，也都十分注重艺术设计。

对低碳生活、低碳产业来说，不妨多多引入艺术的“酵母”，给科技插上艺术想象力的翅膀，一定会产生倍增效应。

载于 2010 年 7 月 7 日新民晚报

有意思的数字

上周日上午 10 时多，上海世博会的参观者达到 7 000 万人，创造了世博会累计参观者的新纪录。在这一盛会即将落下帷幕的时候，世博园区的众多国家馆也有许多纪录被刷新。

而 27 日上午，芬兰馆迎来了第 530 万名参观者，馆方向来自乌鲁木齐的幸运游客颁发了大奖。为什么不像之前那样选择百万整数颁奖？原来，530 万是个对芬兰有特殊意义的数字，因为芬兰全国总人口是 530 万。馆方代表幽默地说："就参观人数而言，似乎所有的芬兰人都已参观过了芬兰馆。这是一个了不起的纪录——该数字是芬兰参与历届世博会参观者人数的 2 倍！"

也是昨天，波兰馆迎来了第 800 万名游客。世博会波兰政府总代表斯拉沃米尔·麦曼高兴地检讨自己的错误："原来我们在华沙时预测的参观者数量是 100 万。看来，我们计算大大有误！"麦曼说，这数字背后的意义是：要让这么多中国人增进对波兰的了解，如果不是世博会怎么可能实现呢？

这几天，几乎每个展馆的馆长都会像麦曼先生一样告诉记者：我们接待的游客数大大超过了预期，达到本国参加历届世博会之最。

除了这些大数字，还有一些较小的数字，也很有趣。

有的国家面积不大，人口密度更低。在采访爱沙尼亚馆项目总监安兰时，我告诉她，新民晚报的发行量超过 100 万份。她的眼睛一下子瞪得很大，随后笑着说："我们全国人口 130 万，差不多每人一份！"而今，爱沙尼亚馆接待的游客数也达到了全国人口的好几倍。

立陶宛总代表扬考斯卡斯说，立陶宛全国人口 350 万，首都维尔纽斯的人口 50 万,"这差不多就是每天在世博园里的游客数量,当然密度要小多了!"维尔纽斯的公交车总共 400 辆,也与世博园内公交车数量相同。

不久前庆祝了国家馆日的纽埃,是世界上人口最少的国家之一,总人口仅 1 400 人。来上海的工作人员共四人,相当于 1/350 的国民来世博会工作。六个月来,纽埃馆接待了对他们来说是天文数字的游客,把本国最有价值的东西展示了出来,融入了世博大家庭。

载于 2010 年 10 月 28 日新民晚报

嘱托

昨天中午，我值完班离开报社，走到楼下，听到一位年迈的老人与大堂保安在交涉，声音很大。由于保安不能满足他的要求，老人只得不快地离去。走过老人身边，听见他要“找记者”，我便上前询问什么事。

老人说，他今年 85 岁了，几年前通过新民晚报与市慈善基金会开展的结对助学活动，与郊区一名贫困学生结了对，每年两次给孩子送助学金 2 500 元。要过年了，老人想把下学期的助学金给孩子送去。但是今天从宝山跑到市慈善基金会，那里的工作人员都休息，而他今天晚上就要乘飞机到海南去过春节了。所以，他又赶到新民晚报，想找位记者，随便哪位都行，请帮他转交这 2 500 元捐款。

听了老人一席话，我心里一震，忙对他说：“如果您信得过我，我来帮您转交吧。”他的脸上露出了笑容，仿佛心里一块石头落地：“相信，相信。”我拿出记者证，他连连摆手：“不用看。”他从包里拿出一沓钱交给我。我记下了结对学生的名字和老人的姓名、地址。老先生说，他和慈善基金会约定，他和受助学生不见面，孩子至今不知道资助的人是谁。老人感谢我帮他解决了难题，但有一个要求：不要透露他的名字。

我和老人一同离开大楼，凛冽的寒风吹来，但我的心异常温暖。

今天上班，我就完成了老人的嘱托。

写下这个真实的故事，是想告诉大家，尽管“好人做不得”之类的叹息，正日甚一日地侵蚀着许多人的灵魂，但事实上，助人为乐者并不孤独。我们的社会还是好人多。在我们的身边，就有很多这样高尚而无私的人。他们为困难的人雪中送炭，不求回报，不计名利。他们的行为闪耀着一种善的光芒。我了解到，这位老人是部队的离休干部。

而老人的这份嘱托，我觉得分量不轻。老人之所以将2 500元助学金交给素不相识的我，只因为我是一名记者。记者的职业有其特殊性，在传播新闻的同时，也传递党和政府的声音及群众的呼声，弘扬正气，鞭挞丑恶。其实，我们每一次采访、每一篇报道，都有一份嘱托在后面，那是千千万万读者的信任和期待。

载于2011年1月30日新民晚报

车轮上的教养

早上 7 点多经过民立中学门口，正是学生上学时间，马路这头站着一名执勤初中生，在横道线边上挥着小旗子，提醒两边川流不息的汽车让一下同学。可就在几名中学生过马路的时候，一辆白色的私家车的车轮照样滚动，毫不减速，抢在学生面前穿过了横道线。

这上海马路上司空见惯的一幕，让人感慨："这是没有教养的车轮啊！"

交通法规规定，在没有红绿灯的时候，机动车要让横道线上的行人先走。更何况，横道线上的是穿校服的孩子，其实，踩一下刹车，不过耽误几秒钟。

横道线前不让行人、转弯车辆不让行人，是一种驾车陋习。网上曾有这样一个帖子，在上海市中心的一个路口，一个外国人在绿灯时怎么也过不了马路，他愤怒地大声斥责飞驶而过的右转车辆。而去过欧美国家的人都知道，在那里，开车人都是礼让行人的，不要说横道线，就是在任何地点，只要看到有行人，驾车人一定会停下让行人先走。在新加坡、日本等亚洲国家，驾车人的素质也让人钦佩。

如今，汽车正大量进入我国的家庭，但与此不相称的是，中国人的驾车礼仪却极为缺失。中国人为何缺乏车轮上的教养？教养，指的是家庭、社会对下一代长期不断的教育和培养，使其养成的良好品德和习惯。而目前我国绝大多数的有车族，其上一辈并不拥有汽车，或不会开车，因此，从小到大，家里没有人教孩子开车的礼仪；在学校教育中，这方面也是不足的。唯一有所涉及的是驾校，然而驾校注重的是驾车技能及安全行驶的培训，教练本身也不大重视文明行车。

在我们的城市里，乱穿马路、随地吐痰、乱扔垃圾等曾经十分顽固的陋习，近年来在悄悄减少。然而，随着生活水平的提高、生活方式的改变，一些新的不文明行为却产生了，如开车“抢”字当头，宠物随地大小便、剧院音乐厅的手机铃声……

中国也在向“车轮上的国家”迈进，提升“车轮上的教养”，使一代人的整体素质和经济发展水平相适应，刻不容缓。

载于2011年3月8日新民晚报

巴菲特的孙女

"股神"巴菲特的孙女是干什么的？前几天，巴菲特之子、美国音乐人彼得·巴菲特来到中国，在接受媒体采访时说，他自己的双胞胎女儿现在已经30岁，她们在零售店做售货员，自食其力，生活得非常开心。

很多人听了可能会十分吃惊。巴菲特的财富世人皆知，他捐给慈善事业的财产就有370亿美元，这笔捐款也是美国历史上最大的一笔个人慈善捐款，相当于科威特全年的国内生产总值，真可谓"富可敌国"。这些财产中随便拿出一星半点，他的两个孙女便可潇洒度日，完全可像中国的富二代那样穿名牌、开豪车，干嘛还要辛辛苦苦站柜台呢？令人不解的还有：身为"股神"之孙女，当个普普通通的售货员怎么还会开心呢？

彼得·巴菲特的经历传达出的财富观、幸福观和教育理念值得我们思考。

首先，无论父辈或祖辈多么成功、富有，子女、孙辈都要自食其力。彼得自己是名音乐人，父亲没有逼他"子承父业"，也没有给予他额外的金钱，他硬是从零开始，在艺术上打拼出了一番天地。对于自己的孙女的工作，巴菲特也没有帮忙，比如安排在自己的公司里当个高管，而是任由她们凭自己的本事谋生。不像中国的某些"富二代"、"官二代"，读书、工作诸事都早早地由父辈安排妥当了。

其次，工作没有高低贵贱之分，只要是适合自己的，能够通过双手劳动获取报酬的，无论多么平凡，也是有价值的，就可以过得开心。彼得在接受采访时还说道："幸福不在于你做什么，而是在于内心的快乐，很多人富有却并不快乐。实际上，快乐源于自己，源于能否选择自己的生活。”相对于永无止境的物质追求，巴菲特一家更关注心灵的满足，这也是幸福的真谛。

那么，巴菲特对于子女，是不是一分钱也不留呢？并非如此。他给子女各留下了10亿美元，但没有直接打入子女的账户，而是放在基金会中。巴菲特曾说过：“有能力的父母应该给子女留下一笔财产，够做任何事，但不够无所事事。”这，值得每个做父母的深思。

载于2011年4月7日新民晚报

请放一只干垃圾筒

世博会后，上海下决心破解“垃圾围城”的困境。要使垃圾减量，垃圾分类是关键。去年年底以来，本报和利乐中国联合举办了向社区家庭赠送干湿垃圾筒的活动，已有几个小区的近万户家庭获赠干湿两个垃圾筒。

活动赠送的干垃圾筒很特别，是用牛奶包装盒等回收物再生而成的，和“世博长椅”的材质一样，外观也很漂亮，更体现了一种环保理念。但是，社区干部在分发垃圾筒时，却遇到了一点尴尬。有个别居民不想要，他们说：“干垃圾筒太大了，家里没地方放！”还有的居民对干湿垃圾的概念搞不清楚，问：“一只装过豆浆的塑料袋，到底算是干垃圾，还是湿垃圾？”

看来，要实现垃圾分类，还任重道远。

干垃圾筒，是放置可回收物的，如废纸、包装盒、一次性餐具、塑料瓶、旧衣物，也包括“装过豆浆的塑料袋”（清洗一下更好）。简单地说，除了每天要倒掉的厨余垃圾，大部分生活垃圾都是干垃圾。干垃圾不会腐烂，没什么异味，不用每天倒掉，所以需要用一个较大的桶来装。

还有一个概念需要澄清：可回收物不等同于可卖钱的废品。有些市民觉得，报纸杂志、饮料瓶、纸板箱可以卖钱，就会攒起来；而一些不能卖的东西，如废纸、包装盒、塑料纸、泡沫塑料等，就统统混在厨余垃圾里扔掉了。事实上，废纸、包装盒这些东西虽然不能卖钱，也是可以回收利用的。

去欧美和日本等国生活过的人，都知道那里垃圾分类做得非常细。给垃圾分类,也是一种现代都市人应当具备的文明素质。垃圾分类的意识,更需要从小培养。家里放一个干垃圾筒,也是对孩子最生动的环保教育。

今年3月,浦东新区也向101个小区分发了“厨余果皮垃圾筒”。在5月15日“国际家庭日”这天,全市1 009个试点小区将试点垃圾分类,涉及近50万户家庭。如果我们每个家庭都能做到垃圾干湿分离,那么,送去焚烧或填埋的垃圾将越来越少,甚至可以像台北那样,最终达到垃圾“零填埋”。

为了我们城市的明天,请在家中为干垃圾筒找一个地方吧。

载于2011年5月10日新民晚报

“离婚中介”

朋友最近想买套学区房，可是家里两套房子都有他的名字，而根据“限购令”，不能再买第三套房。就在他发愁之际，房产中介给他出了个主意：假离婚。只要办了离婚，所有房产归对方，他“净身出户”，就可以再买房了，买好房，再复婚就是。

这一招令朋友大吃一惊：“真是‘上有政策、下有对策’啊！”中介笑了：“还有更狠的呢。有个女的看中了一套别墅，不过因为房子不满五年，上家要付很高的税。后来中介想了个办法，让她先和老公离婚，然后和上家结婚；这样，作为夫妻，女方到房产交易中心在别墅产证上加个名字，只要付 110 元手续费；加上名字后，再和上家离婚，房产归女方，再到交易中心更名，最后跟自己的老公复婚。房款双方私下交易。这一套让人头晕的程序走下来，竟逃了 50 万元的税！”

这样的房产中介，在“限购令”的寒冬里为了多做生意，竟然摇身一变，成了“离婚中介”，真是可叹。而为了买房、动迁而假离婚的情况并不少见。我从本市某区婚姻登记部门了解到，2011 年的离婚数比 2010 年上升了 6.5％。

现在，办理结婚、离婚手续越来越简便，结婚只要身份证和户口簿，办离婚只要再加一张结婚证，只收工本费 5 元。这些方便当事人、保护个人隐私的举措，不料却被有些人钻了空子，“10 块钱打个来回”！

婚姻本是一件严肃的事，是对一份感情的庄严承诺。而今，有些人为了一己之私利，却将婚姻当儿戏，朝秦暮楚，忽离忽合，这是很可悲的，也是很可怕的。从本质上说，假离婚是违法行为，即便没有被查获，万一弄假成真也得不偿失。法律界人士指出，假离婚可能引发家庭财产分割、债务纠纷等经济问题以及情感问题。如果拥有房产的一方不愿意复婚，那“净身出户”的一方就是人财两空。

假离婚，还有可能聪明反被聪明误。我在采访中也听说过这样一件事，有一对夫妻为了动迁多拿房子，接受“动迁黄牛”出的主意，先假离婚，然后再各找一个外地农民结婚。他们如愿多拿到了一套房，准备和外地农民离婚，两人再复婚。不料这两个外地农民再也找不到了，这两个人离不了婚，也就无法复婚，如意算盘落空了。

载于 2012 年 4 月 18 日新民晚报

车，开还是不开？

每天早晨，不少有车族会小小地纠结一下：车，开还是不开？

在7月18日的人民日报上读到一篇报道，让我眼睛一亮。拥有700多万人口的香港，只有44.34万辆私家车。而香港普通人约一年的收入就能买一辆轿车。不限购、不限行，香港的汽车消费却不瘟不火，这是为什么？记者调查揭开谜底：高昂的购车税、通行费、停车费使得私家车受冷落，而发达、便捷、舒适的公共交通，使得香港市民大多依靠公共交通出行。在公车方面，香港政府有16万公务员，6 265辆政府车辆，其中仅1 336辆轿车，政府车辆占总机动车数量不到1%。

曾几何时，我们衡量一个地区是否发达，就看私家车是否普及；踩着自行车的我们，向“车轮上的国家”投以艳羡的目光。而今，私家车也进入了中国人的生活，许多普通人圆了轿车梦。然而，随着私车的普及，人们也感到，“车轮上的生活”带来的并不全都是快乐：交通拥堵、空气污染、废旧车处理难……在上海，最突出的还是停车难，有车族出门前的纠结大多在于此。无论是办公楼还是住宅小区，缺口巨大，且几乎无良策可解。有人无奈地说：“无法像蜗牛一样把车背在肩上！”

香港人对于私家车的态度，给人一种新的启示：不买车，生活质量也可以很高；不开车，体现了一种环保的生活方式。在其他城市，“无车日”也愈来愈受到有车族的响应。从无车到有车，再到无车，并非从起点又回到起点，而是一种哲学上的螺旋形上升。

在今天的上海，500多公里的地铁网让出行愈来愈便捷，“最后一公里”也在努力解决之中。或许在不久的将来，上海人也会有一种新理念：买得起车不买车，买了车不开车，才是有腔调的。

没有轿车而有腔调，还有一例。最近，我在社区采访，听老百姓说：“公车改革以后，街道主任到阿拉小区来，是骑自行车来的，感觉跟我们的距离近多了。”确实，现在坐地铁和公交车上班、骑车下社区的干部不在少数。这也是公车改革后除“经济账”之外的另一大收获。

对公务员来说，坐不坐车，还不仅仅是一个环保的问题。

载于2012年7月25日新民晚报

驾车礼仪

前几天本报头版头条刊发了一则新闻，上海正开展“行车讲文明”行动，倡导“行车垃圾莫外抛”。

这则新闻实在让都市人汗颜！不乱扔垃圾——无论是在家里，还是在马路上，抑或是开(乘)车时——这是一个人的基本素养，连小孩子都知道。而开车的都是成年人，为何连孩子都不如，还要在报纸上提醒他们，还要奉送清洁袋?

无法理解，却是事实。行车抛物已成为一种新的陋习！据报道，上海的高架上每天清扫出来的垃圾多达 6 至 8 吨。君不见，一些豪华轿车飞驶而过，车窗刷地摇下，飞出一个易拉罐或者一个冒着烟的烟头，甚至一口浓痰。这实在与私家车主的身份太不相称。类似的行为还有很多：开车不让人，右转弯时和行人抢道；在学校门口看到横道线不减速，对背书包的学生视而不见；下雨天看到积水照样疾驶，溅得路人一身泥水；随意变道加塞；前方一时堵车，后面拼命鸣号……

尽管《道路交通安全法》对这些行为都有规定，也有处罚标准，但这些行为取证难、违法程度轻微，其实属于人的道德素养的范畴。归根结底，它折射出部分人群的驾车教养、文明礼仪的缺失。近十多年来，汽车迅速进入我国的家庭，然而，驾车人素质的提升却没有跟上财富的增速。而且，文明驾驶这一课，在大多数驾校也被忽略了。

许多从发达国家回来的人，都感叹那里的开车人素质高，汽车总是让行人。在那些国家，人们从小就从父辈处耳濡目染驾车礼仪，知道谦让，懂得自律，耐心等待。

罗马不是一天建成的，人的文明素养也非一蹴而就。除了对有车一族加强宣传教育外，还应注重对孩子的熏陶。现在买辆轿车，就像30年前买辆自行车。现在的孩童，再过十年可能就是驾车人。只有文明驾车的意识从小植入他们的脑海，将来才会成为他们的下意识行动。建议中小学加强礼仪教育，不妨把驾车礼仪编入思想品德、行为规范之类的教材，多多讲授。不要等他们长大后，考出了驾照，还是在马路上毫无教养地乱抛物、和行人争道，陋习一旦养成，再补课，就难了。

载于2012年9月19日新民晚报

英国人过马路

在人们的印象中，欧美国家的人都很遵守交通规则，行人过马路严守“红灯停、绿灯行”，循规蹈矩的英国人更是如此。不少人还以此教育国人，说我们乱穿马路的行为，体现出和外国人文明素质的差距。但此次在英国学习一个半月，马路上的情景让我大跌眼镜。

英国的路口，红绿灯下大多有行人通过的按钮，按下后，过一会儿绿灯就会亮起。但在大马路或繁忙的路口，往往也要等上两分钟。刚到伦敦过马路，红灯亮起，大家都等在路口，但不一会儿，有几个英国人看看左右无车，大步穿过了马路，这时候，信号灯分明还是红的！后来，我们发现，这种情况并不鲜见，特别是小马路。而且，乱穿马路的男女老少都有。有时候在红灯前老老实实等候着的，只有我们几个中国人。

前几天，我去伦敦的国家剧院看话剧。在距剧院不远的路口，正值晚高峰，交通繁忙，但人们依然抢在机动车之前乱穿马路，以致有辆轿车无法正常通行，司机愤怒地鸣响了喇叭。这也是我在英国40多天听到的唯一一次乱鸣号。

最近，网上调侃中国人过马路：“凑够一撮人就可以走了，和红绿灯无关。”在英国，似乎连一撮人都不用凑够，只要没车，抬脚就过了。

英国人一直都这样过马路？就我自己的经验来看，并非如此。我14年前来过英国，那时秩序比现在好很多，在路口，行人都很有耐心地等候绿灯亮起，几乎没有人乱穿马路。和英国朋友交流起这种情况，他们也面现尴尬。究其原因，有的说是信号灯设置不合理，红灯时间太长，人们不愿意等待。还有，近年来，从世界各地而来的移民大增，如伦敦的人口在几年内就从600多万人增加到了800万人，或许新移民把交通陋习带到了英国，很快“传染”给了一板一眼的英国人。

当然，英国人的许多文明礼仪还是值得我们学习：机动车绝不随意加塞变道，转弯时礼让行人；街上干净，无人乱扔垃圾；公共场所不闻争吵声，拥挤的地方总可听见“sorry（对不起）”……只是，乱穿马路的情况提醒我们：人群的文明素养并非一成不变，可以从差变好，也可以从好变差。上海也应以此为鉴。

载于2012年12月12日新民晚报

微能量传递

本报一位老读者给大众出租公司负责人写了一封信，因地址有误被退了回来，他便寄给了我，希望能够帮他转送。

我打开信，读了一遍，很感动。

去年 12 月 25 日晚，这位老读者和妻子叫了一辆大众出租车去宛平剧场看戏。不料这天是西方的圣诞节，路上很堵。为了及时赶到剧场，司机在徐家汇想办法掉头、绕小路前行。后来，看到堵车时间太长，司机还把计时器按停了。老读者发现后，几次请他打开计时器，但司机还是没开。四五公里的路，车走了 40 分钟，但计时只有七分钟。下车前，老读者问知这位司机姓卢，还抄下了他的服务卡号。回家后，老读者给大众出租公司写了一封信，还附上出租车票，希望公司表扬卢师傅。他在信中写道："这位司机的工作态度，维护了大众公司的品牌，值得大大发扬。"

最近在微博上又看到一个的哥的故事。一名学生网友发微博说，元旦那天坐一辆世博出租车，不慎把钱包忘在车上，下车没拿发票，心想肯定找不到了。没想到，司机写了一封信寄给她。她去拿回钱包时，司机姓名不留、给钱不要、连公司名字也不肯说。她有点感动！好司机值得表扬，希望这样的司机越来越多！网友还将司机来信拍成照片发到了网上。这条微博被迅速转发数百次，网友留言中一片"大拇指"。

在我们身边，出租司机是最辛苦的人群之一。他们工作时间长，承受着高指标、高油价的压力，最近实行的禁止闯黄灯等新交规，也让他们压力倍增。这个职业，因为很少有年轻人愿意加入，所以平均年龄越来越高。但他们中的许多人，依然敬业、诚信、友善、热心。我平时坐出租车，遇到的大多也都是技术好、服务佳的司机。

写信归还钱包，对那位世博车司机来说，或许只是举手之劳；按停计时器，可能更加微不足道。但在寒冷的冬夜，他们的举动却让人感到温暖。在人们期盼正能量的今天，这也是一种微能量。而网友和本报的老读者在感受到这种温暖后，将其弘扬出来，也是一种微能量的传递。我们也要向他们表示感谢。因为，无数微能量的集聚，就会变成强大的道德正能量。

载于2013年1月23日新民晚报

于莺辞职，发人深思

微博上有 215 万粉丝的“急诊科女超人”于莺辞职了。

医生的流动本属正常，但于莺的离去却发人深思，因为折射出了公立医院体制上的弊端。

学历读到博士、工作十多年，为什么还要离开北京知名大医院？于莺说一个原因是“不愿和科研考核大夫的评判体系玩了，我玩不过”。确实，时下各大公立医院片面地以科研成果、论文数量来考评医生，如果只钻研临床医术，哪怕医疗水平再高也评不上职称，没什么前途。可是，病人究竟需要一个医术精湛的好医生还是一个著作等身的“科学家”？

于莺辞职的另一个原因是不想当“炮灰”。因为“超级大医院”病人越来越多，但病房增加有限，就造成住院越来越难，很多病人被“困”在急诊室，容易和医生发生冲突。一旦发生冲突，外界认为是医生太冷血，急诊科医生就成了“炮灰”。

最近，本市一家以儿科出名的三甲医院，招聘儿内科医生，竟然乏人问津。究其原因，不光是因为儿科医生工作辛苦，病人多、要上夜班，更重要的是，由于儿科的特殊性，患儿不会表述病症，给诊断和治疗带来困难，而一旦诊疗欠妥，便会遭致家长的误解，甚至拳脚相向。一些儿科护士经常被家长威胁：“如果一针打不成，我就扇你！”这种情形，导致儿科医生流失严重，而儿科医生的匮乏，最终遭殃的还是患儿和家长。

人民日报不久前刊文指出，考量一个国家的文明程度，只需要看两点：看他们如何对待妇女和儿童，看他们如何对待教师和医生。

教师和医生都是“太阳底下最光辉的职业”，如果教师和医生都没有尊严，这个国家就算不上一个文明国家。事实上，无论在任何国家，医生都是一个神圣的职业。哪怕两国交战，都不会加害医生。因为没有医生，就没有生命的延续，就没有人类的繁衍。

而在当今中国，医生被打被骂是家常便饭，被砍被杀也时有发生，让我们这个“文明古国”汗颜。而求医问药之艰难、昂贵，也让平民百姓苦不堪言；对医生来说，工作强度过高、压力过大，年轻医生要在“科研考评体系”中苦苦挣扎，都使得医患矛盾这个“死结”越打越紧。

要让医生得到应有的尊严、病患得到良好的救治，这条路还很长。

载于2013年6月19日新民晚报

浓缩人生

有一个地方，可以在短短的时间内感受生活中的甜酸苦辣全部滋味。这是什么地方？

答案：婚姻登记处。

不久前我去杨浦区民政局婚姻收养登记中心采访，发现和十多年前相比，有了很多变化。早年是"一三五办结婚，二四六办离婚"，房间都是同一间。现在地方大多了，结婚和离婚分别在不同的区域，而且每天都可以办理。

结婚登记厅宽敞亮堂，布置很温馨、喜庆，等候的沙发是红唇造型的，茶几上摆了雅致的小花，角落里还有自动咖啡机。另有两间颁证厅，一大一小。大的那间垂着白色和紫色的纱幔，地下是一条"玫瑰大道"，铺满了香槟色的玫瑰，有2 999枝，寓意"爱久久久"。

走进结婚登记大厅的，大多是一对对的年轻人，脸上洋溢着幸福、快乐的光彩。还有一对经过预约的新人，身穿礼服，在婚礼进行曲的背景音乐中，手挽手走进大颁证厅，由职业颁证员为他们郑重办证，他们念结婚誓词，亲朋好友见证这神圣的一刻。看来，"轻领证重婚礼"的老观念，悄悄在改变了。

而离婚也有专门的地方，分隔成一间一间的小室，有助于保护隐私。离婚登记室布置朴素简单，那里的人各种年龄的都有，大都十分平静。不过，在门口的长椅上，有一个女子在暗自垂泪。

我很感慨，到这里来的人，也都是先走进那间温馨喜庆的大厅的啊！可是，日复一日，年复一年，当年的爱情褪了颜色，曾经的誓言被抛到了九霄云外，浓浓的感情变得千疮百孔，争吵、恶语、冷战，最后心死了，婚姻也死了。从那扇门到这扇门，只有几步之遥，却浓缩了若干年的人生之路。

当然，也有人走出离婚登记室，一脸轻松。现在，结婚、离婚方便了，不需要到单位或社区开证明了。有些年轻人闪婚、闪离，听说最短的“婚龄”只有三四天！还有为了动迁多分房子或对抗限购令而办理假离婚、假结婚的。听工作人员介绍，最多的一个女人在几年里结婚、离婚五六次。当然，还有来复婚的，据说现在数量也不少，这滋味就更耐人咀嚼了。

我坐了一会儿，默默观察进进出出的人脸上的各种表情，心中五味杂陈。无论如何，婚姻毕竟是人生大事，薄薄一张结婚证，具有法律效力，也是一份庄重的承诺，任何轻率决定、利益交易，都是对它的亵渎。

载于2013年7月31日新民晚报

印象·照相

正在上海博物馆举行的《从巴比松到印象派》展览，堪称一场色彩的盛筵。

所有的73幅油画均来自美国的克拉克艺术馆。米勒的法兰西乡村的牧羊女、“印象派之父”毕沙罗的或晴或雨的小镇、莫奈的光影交错的象鼻山峭壁、杰罗姆的充满异域风情的弄蛇人、德加的芭蕾舞女、雷诺阿的肌肤透明而又形态柔美的众多女性，依次扑面而来。随着历史的步伐，展厅里越来越明亮，色彩越来越轻柔，让人们感受到印象派绘画“在阳光和空气中跃动的色彩”。

这些世界级大师的名作，以前只能在国外的博物馆里看到，现在不出国门就能让人大饱眼福，真是一大乐事。馆方为这次展览做了精心准备，参观者可以租借导览机，里面有其中30幅名画的介绍，从画家生平、作品特点、创作过程，到作品评价，都十分详细。

然而，流连在这个艺术殿堂里，每隔几分钟就会听到一声“不和谐音”：“不要照相！”原来，展厅里有不少观众拿出相机，对着名画使劲“咔嚓”。他们中男女老少都有，有的拿着卡片机、手机，有的拿着专业相机。还有的在被劝告时收起了相机，但保安眼光一离开，又拿出相机偷偷按下一张。

在国外的博物馆，关于能否照相，分为几种情况。比较普遍的是可以拍照但不能用闪光灯，如大英博物馆、美国大都会博物馆、俄罗斯艾尔米塔什博物馆等。有一种明确规定一律不可以照相，如英国国家美术馆，以及意大利的许多美术馆等，这是出于对艺术品的保护或知识产权的保护。还有些博物馆，大部分展品可以拍照，但某些展品不可以，边上会有一个禁止拍照的标志。一般在参观的时候，应当先向工作人员询问，然后再使用你的相机。

上博此次规定不能拍照，也是符合国际博物馆惯例的。我发现，拍照的人动机不同，有的是出于好奇，有点像在国外旅游，到了一个景点，不管三七二十一先拍下来再说；也有些是艺术爱好者，希望拍回家细细欣赏。这也让人感慨，尽管近年来国人的艺术素养在不断提高，但是规则意识仍有待加强。

其实，喜欢艺术作品，不一定要将其装入相机，只需将其装入脑海。正如在国外旅游时，你的眼、耳、口、脑的感受和体验，其实更加重要。

载于 2013 年 10 月 30 日新民晚报

老房与老人

南京西路和威海路之间的静安别墅装上了铁门、栏杆，前几天，我有事经过这条弄堂，发现冷清了许多。那一排排建于 1932 年的新式里弄住宅，经过“修旧如旧”的整修，清水红砖，线条明朗，加上奶茶铺、馄饨店、水果摊等商铺被清理，恢复了经典建筑的本来面目，更有一种凝重的历史感。

弄堂里闲杂人员少了，一眼望去，大都是老人，他们或拄个拐杖独行，或坐在门口“孵太阳”，也有三三两两说着家长里短，无非是到医院配药啦，今天烧啥小菜啦，儿子女儿是不是孝顺啦……一阵秋风，吹散了两位老太未加修饰的银发。

忽然有些惊惧，再过二三十年，上海的许多小区，怕都和这条弄堂一样，都是银发一族了。统计数据显示，截至去年年底，上海户籍 60 岁及以上老年人已达 367.32 万人，占全市总人口的 25.7%，而且每年以 20 万的速度增加，今年恐怕要近 400 万了。到 2015 年，预计老年人口将超过 430 万，每三个上海人中就有一个老人。

伴随着老龄化的，还有“少子化”。如果说，静安别墅里 80 来岁的老人还有两三个子女可供惦念的话，现在正在或即将老去的父母们，大多只有一个孩子可以期盼，而这个孩子如果出国了、去外地了，抑或有什么三长两短，老人都将陷入长久的孤独之中。

最近我读到人口经济学博士梁建章和人口学法学博士李建新的专著《中国人太多了吗》。他们认为，中国的年轻人口正在迅速减少，而一个国家的创新能力和一个国家的年轻人口比例是密切相关的。一个老年型社会和由这个老年型人口承载的文明，很有可能由于缺乏适应新环境的能力和缺乏创新能力，无法从容面对“挑战和应战”。

因此，十八届三中全会决定中的“将放开单独二胎”，确实是及时雨。最近本报发布市统计局的调查结果，近七成市民希望能有两个孩子。对于上海这座特大型城市来说，现在多一些孩子，未来就多一些年轻人，将为城市和家庭增添活力，也可以延缓老龄化的进程，减轻养老的重负。

我们应该让老房子里，不仅有老人，还充满小孩欢快的笑声。这样的老房子，才是有生命力的房子。

载于 2013 年 11 月 27 日新民晚报

圣诞幽默及其他

今天是西方的圣诞节。昨天，在微博和微信上流传着一则“紧急通知”：据可靠消息，圣诞老人在到中国进货途中因雾霾天气摔倒，至今无人敢扶，仍在雪地里趴着，袋子里的礼物被哄抢一空，麋鹿被城管收走，雪车又因为无牌照被交警没收。今年圣诞节取消，请相互转告。圣诞老人说：“以后再也不敢来中国了。”

雾霾不散、老人跌倒无人搀扶、散落物品遭哄抢、城管执法……不少中国的现实问题在这个段子里被折射出来，颇有黑色幽默的味道。

如果盘点2013年一些中国百姓关注的问题的话，环境问题肯定列为首位。秋冬季节，从北方到南方，轮流被浓重的雾霾所笼罩。上海最近一轮的空气严重污染，更是史无前例。建筑物“云遮雾障”，鼻子里都是呛人的味道。呼吸一口新鲜空气，也成为奢望。在城市管理方面，因为法治不健全，乱设摊和城管执法的死结也没有缓解的迹象，小贩与城管的冲突仍在频频发生。而从公民的道德水准方面看，老人跌倒，路人搀扶反被讹，这样的怪事在过去的一年中仍有发生。

2014年即将到来，每个人对新的一年都会有许多期盼：盼望自己的腰包更鼓一点，盼望房价能够降一点，希望家人身体健康，希望孩子上个好学校，也希望看到更多蓝天白云。

诚然，消除环境污染，国家、政府责无旁贷，也到了必须下定决心、铁腕治污的时候。但每一个公民也不妨问问自己：为了甩掉“雾都”的帽子，我能做些什么？雾霾不仅仅是燃煤、工业排放引起的，汽车尾气排放也是PM2.5的一大祸首，那么，有车一族在2014年能否少开几次汽车？新春佳节，总是伴随着噼里啪啦的烟花爆竹声。事实上，烟花爆竹是污染大户，每年除夕之夜的空气污染指数往往“爆表”，而浓浓的硫黄和硝的味道久久不散，巨大的噪声也成为公害。那么，今年过年我家能否不放鞭炮？

在改变社会风气方面，如果每个市民都能自觉自律，不做旁观者，传播正能量，作用将会更大。比如，老人跌倒在马路上，究竟是不是被人撞倒的，路过的你能否站出来作证？

2014 年，改变，从自己做起，从一点一滴做起。

载于 2013 年 12 月 25 日新民晚报

“玩具总动员”

科技改变生活，这句话是不错的。

微信的出现，应是互联网时代的又一大革命。几十年不联系的同学、老师，都被从各个角落挖了出来，亲亲热热地组成了一个群，哪怕在天涯海角也没关系，只要有网络，他(她)的动向你随时就能掌握，你吼一声他(她)立马就会回应。还有一桩神奇的事，你认识甲男，也认识乙女，突然发现甲男发的照片下有乙女的点评。在你的印象中，这两个人是风马牛不相及的。

最近，我无意中又开发了一个微信的新功能。

随着女儿渐渐长大，数十个毛绒玩具长年堆在家里，装了三个大纸箱，既占地方又积灰。玩具都完好无损，扔到垃圾筒去实在可惜。但随便送人，别人可能家里也很多，不一定需要。一日，我忽发奇想，能不能把这些玩具挂到微信上，让有需要的朋友来认领呢?

于是，我将这些毛绒玩具的照片拍好，发到微信的朋友圈，搞了一个“玩具总动员”，很快受到了热烈的响应。一个双面手偶被部门同事认领了；会发声的老虎锤子和小龙被一位年轻爸爸认领了；一对不同造型的米妮，被一对双胞胎的妈妈认领了，两个 3 岁不到的小姑娘正好一人一个。我把这些玩具一一洗净，或上班时带来，或采访时顺便送去。在微信朋友圈里挂的两批 20 来个玩具，已被领走了十五六个。

这些认领者中，最远的是北京的老同学，看中了那只绿色品牌泰迪熊，说她一直搜集各种小熊。现在异地快递很方便，我花了不到 20 元快递费，顺便又送了本书给她，两天后就到了。最意外的是一位童心未泯的警察蜀黍(叔叔),也要认领一只玩具猫或玩具狗,说下次路过时来取。最奇葩的要数在同一大楼办公的好友,替家里的小狗认领了红老鼠和小灰灰,拿走时说“代阿拉悠哈(小狗名)谢谢侬”。

少扔一件垃圾,就是减少一点碳排放,让物品循环使用,功莫大焉。除了玩具,家家户户都有大量旧服装、书籍、闲置物品需要处理。相信随着技术的日新月异,将有更多类似的平台被开发出来,方便人们捐赠、回收,让更多的物品循环起来,而不是一扔了事。因为,你的“鸡肋”,很可能是别人的宝贝!

载于 2014 年 1 月 8 日新民晚报

“坏人变老了”吗？

一段时间以来，各地关于老人的负面新闻层出不穷。老人倒地，路人搀扶反被诬陷；在公交车上，年轻人没让座，老人竟一巴掌扇过去。前几天，上海又出了一桩吓人事：宝山区两名八旬老太吵架，其中一人竟一刀将对方捅伤，致其不治身亡，而且两人还是亲家！

本该是宽厚温和、气定神闲的老年人，如今为何变得火气这么大？言行举止如此出格、恶劣？最近网上有这样一个帖子，似乎作出了解释：“几十年前，年轻人在广场上跳交谊舞，不顾老年人的感受！现在，老年人在广场上跳广场舞，不顾年轻人的感受！几十年前，年轻的红卫兵打砸抢、讹人、坑人，祸害了一帮老年人！现在，一些老年人碰瓷、讹人，祸害了一帮年轻人！其实不是老年人变坏了，而是那拨坏人变老了。”

笑归笑，但仔细想想，“坏人变老了”的说法是站不住脚的。现在的老人，的确是40年前的年轻人，但怎能说当年的年轻人都是坏人？其实，究其根本原因，是老人变多了！

现在，中国的许多城市已进入老龄化社会，上海最近的调查数据是户籍人口中老人占27.1％，达387万人。与40年前相比，各地老人的比例都成倍增长。在一个社会里，好人多是毋庸置疑的，但素质较差、道德败坏，甚至违法犯罪的人，也占有一定比例。在一个老年人占较低比例的社会中，老人中“坏人”的数量是不多的，但在一个老年人超过20％的社会里，老人中“坏人”的绝对数字也就大大增加了。好事不出门，坏事传千里，加上现在信息传播途径迅速而多样，也使这些与老人有关的“坏事体”到处传播。

这从另一个方面提醒我们，随着老龄化程度的不断提高。我们在关注老人的物质生活、养老需求的同时，还要关心他们的精神需求，如广场舞就属于此列；更要关心他们的心理问题，现在老人中心理疾病的发病率很高，却没有受到重视。当然，在老人中同样要开展社会公德教育、法治宣传，甚至要建立专门的老年人调解机构、老年法庭。

老龄化社会以猝不及防的速度到来。我们准备好了吗？

载于2014年4月23日新民晚报

客串“老娘舅”

不久前，我去第一医药商店更换血糖仪，没想到客串了一回“老娘舅”。

那天下午，我还没走到专柜，就听到一阵激烈的争吵。“这个仪器是好的，偏差只有0.1。”“你能不能给我个地址或电话，哪里能退？”“谁销售谁负责。”“阿拉儿子生病要开刀，不想麻烦他！”

一对老夫妻正在和营业员争执，你一句，我一句，嗓门越来越响，老人怒气冲冲地抄下营业员的工号，要投诉她。原来，老伯的儿子在网上买了血糖仪送给他，但测了几次，血糖都比平常高。老人认为仪器不准，根据公司热线的指点，来到这里给仪器做检测。营业员测试下来偏差为0.1，是合格的。但老人觉得自己原来那个血糖仪可以用，希望把这个退掉。但营业员表示这里不能退。

我听下来感觉老伯伯比较固执，而且情绪激动。而营业员“谁销售谁负责”的回答也有些生硬。于是，我决定管一管闲事。看到有人从中劝说，老人和营业员态度都有所缓和。我告诉老伯，就算找到了网店，仪器没有质量问题，也没有发票，很难退的。老人的声音轻了下来。我又问营业员，还有什么可以帮帮老人的。她表示，可以再提供一次服务，用老人自己的指血，对仪器检测一下。老人同意了。检测下来，仪器没问题。

老伯伯怒气平息了，当即把抄着工号的纸条扔了。营业员也笑了。当了一回“老娘舅”，让我颇有成就感。我由此联想到，生活中很多纠纷、矛盾，有的只是由几句话引起的，是沟通方面的问题，使得结越打越紧。常言道：“退一步海阔天空。”可是，在面红耳赤的争执中，如果没有一块木板垫一下，当个台阶，有时还真退不下来。“老娘舅”的作用，有时是分清是非的民间判官，有时，就是一块“木板”。

难怪电视台的“新老娘舅”节目受到热捧，社区里的调解员也忙得不可开交。在利益多元化的今天，各种矛盾越来越多，人们的维权意识越来越强。如果在商店、餐馆等经营场所也找得到老娘舅，或者有一条调解热线，那么，各类纠纷、投诉可能也会减少一些。

载于2014年7月2日新民晚报

20 年不变的报站声

昨天，莫斯科地铁发生脱轨事故的时候，我与家人正在俄罗斯度假。这些天里，地铁是我们最常用的交通工具，几乎天天都要打交道。高效便捷的地铁突然发生如此严重的事故，伤亡人数众多，令人震惊。

莫斯科地铁以线路长、站点多、规划合理著称，一条环线串起了 11 条直线，通向城市的各个角落，且站台装饰美轮美奂，有“地下艺术宫殿”的美誉。地铁车次频繁，高峰时不到一分钟就有一班，运行时间长，从早上 5 点到深夜 1 点。我上次来俄罗斯是 2007 年，此次发现莫斯科地铁仍在延伸，并且对一些车站进行了改建。尽管如此，乘坐地铁给我的感受是：“莫斯科地铁太老了！”

莫斯科地铁第一条线（红线）建成于 20 世纪 30 年代，最早的车站，如列宁图书馆站，已有近 80 年的历史。革命广场站也是 1938 年建成的，站台两侧有数十座一人多高的雕塑，都是战士、游击队员的形象，至今看来仍有很高的艺术水准。更多的车站、线路，建成也有半个多世纪了，行走其中，仿佛在翻阅历史。这些车站，老得颇有味道。

不过，从乘坐的感受看，莫斯科地铁就不大美妙了，由于列车太过老旧，行驶起来不太平稳，且“哐当哐当”，震耳欲聋。偶尔，我也乘坐过新的列车，有电子显示屏，声音也轻，但这样的新车很少。“小心，车门关闭了。下一站是……”大部分地铁的报站声，和 20 世纪 90 年代我留学时听到的一模一样！

近年来，莫斯科在城市建设上投入很大，但地铁的更新换代、高新技术的引入，显然还不够。20年不变的报站声，就是一个缩影。

地铁是城市交通的生命线，不仅要注重建设，更要注重维护。当然，哪些东西需要及时更新，而哪些不需要，也是值得探讨的。我由此联想到，上海的地铁还很年轻，第一条线开通至今也只有20多年，几年前上海地铁也发生过碰擦事故。等我们的地铁到50年、80年的时候，是否还能正常运行？莫斯科地铁的经验教训，都可以吸取，毕竟，人家80年前造的车站，还那么坚固耐用。

载于2014年7月16日新民晚报

地铁里的警察

我上下班坐地铁，几乎每天都会看到警察的身影，忍不住为他们“点个赞”。

南京东路站是市中心的换乘大站，在换乘通道中，我经常看到警察在人流中拦下一些乘客，检查他们的身份证件。大多数乘客是配合的，但也有些人被拦下还不服气，警察就礼貌地和他们沟通。就连一些并非换乘站的小站，入口处也常常有一两名警察站着。这些警察大多很年轻，高高大大，执勤一丝不苟。

经过20多年的飞速建设，上海的地铁已达到世界之最——14条线，538公里，300多座地铁站。如果每个地铁站派两名警察，岂不是要好几百个？跑公安的记者同事告诉我，是的，他们都是市公安局轨交总队的警察，轨交总队的前身是轨交分局，现在刚从警校毕业的新警察，大多被派到轨交总队锻炼。

那么，警察在地铁站巡逻、盘查，有用吗？据统计，今年以来，轨交总队已在轨交车站查获各类违法犯罪人员近1 000名，其中相当一部分是在逃人员。坏人脸上又没写字，警察是怎么从茫茫人海中发现他们的呢？据说也是有诀窍的，那些眼神躲闪的，行为举止异于常人的，就要重点盘查。所以，年轻警察在地铁站练“看人”，还是很有好处的。

人们常用“天罗地网”来形容包围、抓捕的严密，而上海星罗棋布的地下车站，对在逃人员来说，竟成为一张真实的“地网”！

最近，有一个《外国人竟如此羡慕中国：14亿中国人看后大吃一惊》的帖子，说我们在羡慕外国很多地方的同时，不知道外国人也很羡慕我们："比如一个美国大叔，还有瑞典的朋友觉得中国治安很好，没有枪支泛滥，而且晚上可以出去玩，根本没有危险啊。"

的确，就说地铁吧，某些国外城市的地铁站实在让人不敢恭维，环境脏乱不说，还是醉鬼、流浪汉的乐园，也是违法犯罪的高发地。而上海每个地铁站内都有警察巡逻，让人的安全感一下子增强了，对那些"三只手"，也会有震慑作用吧？我想，这地铁里警察的保护，老外也会羡慕的。

载于2014年10月29日新民晚报

让，还是不让？

斑马线上转弯车辆不让行人，既不安全又不文明，是马路上的一个顽症。尽管交通法规对此有明确规定，但能够自觉遵守的少而又少。今年1月23日，本报率先报道永兴路共和新路路口电子警察抓拍斑马线上转弯车辆不让行人的违法行为，经查实后给予处罚。其他媒体也纷纷跟进，一时间消息传遍了网络：当心，斑马线上转弯车辆不让行人要罚100元扣3分呢！

我发现，最近礼让行人的机动车明显多了。前几天，我在通过一个并不太长的路口时，竟有两辆车停下，让我先通过，这颇让作为行人的我扬眉吐气。不到一个月的时间，机动车和行人争道的"老大难"问题有所好转，上海驾驶员的素质提升不少，交警部门的这个办法，真有"立竿见影"的效果。

不过，在和朋友谈起这件事时，也有开车族表示，有时候他停下来让行人，但行人也停下来了。这样让来让去，感觉到了"君子国"，不是耽误时间吗？那么，到底是让，还是不让？

我想起了去年全国"两会"时最高法院院长周强在作工作报告中引用的一个案例。浙江海盐的贝先生在开车时因为没有礼让行人，被交警发现并拦下，被处以罚款100元并扣3分。贝先生不服，之后申请了行政复议，又提起了行政诉讼，经过一审、二审，最后浙江省嘉兴市中级人民法院二审宣判：驳回上诉，维持一审法院支持交警大队的主张。这也是全国首例不服"斑马线之罚"的行政案件。

贝先生之所以感到"冤枉"，是认为他看到行人时是减速准备让行的，但行人主动停下来等候，他才把车开了过去。那么，他为何还是败诉呢？正如法学专家指出的，在这起案件中当事人其实是有选择的，行人的主动让行，其实是基于一种自我保护的心理，因为与机动车较劲，很可能意味着受伤甚至受到生命威胁，行人的让，是因为害怕。因此，车辆与行人相遇时，驾驶员应当具备一种价值观，即生命安全高于一切。同时这也是对法律与规则的尊重。

而周强引用这起案例，目的是起到“树立行为规则，引领社会风尚”的作用。我相信，随着“礼让行人”成为一种风尚，也就不会出现“你让我、我让你”的情形了。

载于 2017 年 2 月 8 日新民晚报

怀念“马天民”

“马天民”走了。

上周四，著名电影表演艺术家仲星火离世。尽管这位艺术家塑造过很多鲜活的荧幕形象，但最出名的无疑还是“马天民”。老人默默离去，不要人们送别，留下一句“只要告诉晚报一声”的遗言，让人无比感动。

看到这句话，十多年前对仲星火的一次采访又浮现在我的眼前。那次采访实属偶然。那时我经常联系杨浦公安，2001 年初，分局的通讯员提供了一条线索，说著名演员仲星火最近搬到江浦社区，在办理户口迁移过程中遇到一些困难，社区民警曾为他上门服务。正好春节到了，那位民警要去看望仲老，你要不要采访一下？“马天民为马天民服务”，这倒是一个很好的新闻。于是，我就在春节假期随同民警来到了仲星火家。

面前的仲星火，高高的个子，笔直的腰板，一口标准的普通话，嗓音浑厚，中气十足，77 岁了，一点不显老态。他也丝毫没有名演员的架子，非常热情地和我们每个人握手，他的妻子还端上茶和点心招待大家。

那天在仲星火家聊了很久，他很健谈，谈电影，谈生活，当然，也离不开基层公安这个话题。当时仲星火还时常应邀出演影视剧，出镜率还挺高的。热爱艺术、谦虚平和、真诚待人，老一代艺术家的风范在他身上都可以看到。他的一句话，令我至今难忘。当时大家都赞扬仲老的马天民演得好，他说：“是生活中先有了好民警，才有了银幕上的马天民！”仲星火还很幽默，警署署长请他为民警进行传统教育，他笑着说：“我这个民警是假的，不过我倒愿意听民警讲讲自己的事，体验体验生活。”

仲星火离去了，“马天民”还在吗？答案应该是肯定的，可是也有群众说，以前在弄堂里经常可以看到片儿警，而现在的小区里很难看到；还有市民反映，为了给刚出生的孩子上个户口，某区派出所竟然要求提供七八种证件、材料，甚至包括产妇产检的所有病历和出院小结，他跑了几个星期都没有办好。

今天，人们怀念“马天民”，其实也是怀念老一代民警那种一心为民的精神。希望身边的“马天民”多起来。这，一定也是老艺术家的心愿。

载于2014年12月31日新民晚报

安静过年

农历乙未年春节，与众不同。

年年响彻云霄的爆竹声，今年终于变轻了。安静过年，不再是奢望。

我一直反对过年放烟花爆竹，不仅仅是因为空气污染。一座现代化的特大型城市，一刹那有上百万人点燃火药，四处硝烟弥漫，这是多大的危险？伴随着爆竹声声的，是消防车的呼啸声，也不足为奇了。家里有一位眼科医生，每逢除夕值夜班，总会诊治不少被烟花爆竹炸伤眼睛的病人，其中相当一部分是小孩，特别让人痛心。

还有一个原因，平时上班那么忙，春节长假就图个清净，至少能睡个好觉，可是现在的鞭炮做得那么响，放起来震耳欲聋，让人无法清净。

然而，坚持要放烟花爆竹的人们的理由恰恰相反——热闹，不放炮仗，就没了年味。

果真如此吗？

事实上，文明程度越高的地方，人们对分贝的耐受度越低。在偏远的山区、农村，原本十分静谧，人们希望通过巨大的声响来打破单调贫乏的生活，实现一种自我存在。而在繁华喧嚣的城市，每天被各种声响包围的人们，更想要的是一个安静的生活环境和心灵空间。

许多人走出国门，最惊讶的便是安静。繁忙的马路上，不闻汽车喇叭声；商店里，没有高分贝的音响和广告；公交地铁上，很少有人大声打电话和聊天；博物馆、餐厅等公共场所，更是没有喧哗声。而那些小镇，更是清净而闲适。

再说年味。家人的团聚其实才是这个传统节日真正的意义。正是为了阖家团聚，中国才有了独一无二的春运。那么多人带着大包小包，用各种方式赶在除夕前回到家乡，就是为了陪伴年迈的父母吃顿饭，和多时不见的亲戚聚一聚，给娃娃们发个压岁包……团聚，是亲情的凝聚，也是心灵的滋养。

这几年，很多人选择举家去外国过年。他们主要也是想逃离国内的高分贝，或在美丽的大自然里放飞心情，或在异国的都市中感受别样情调，当然少不了吃、喝、玩。对他们来说，年味，就是一家人在一起。

安静过年，真好。

载于2015年2月25日新民晚报

“傍老族”

某次我在国外旅行时，遇到一个上海女孩，其生活状态有点奇特。

女孩年约二十七八，打扮入时。她在好几天的旅途中，一件衣服都不洗，所有换下来的内衣袜子都装在袋子里带回家，“老妈帮我洗”。事实上，她已结婚一年多了，而且并不和父母、公婆住在一起。因为小夫妻俩都是独生子女，家务活都不会干，所以双方老人不放心，提出来继续照顾他们。于是，每周一三五，她妈妈上门，买汏烧兼打扫卫生、整理房间；二四六，则由婆婆担任“钟点工”。他们所有换下来的衣服，包括内衣，都是由轮值的“老保姆”洗的。她出国要带的箱子，也是妈妈帮着整理的。

难怪网上常有大学生把脏衣服快递回家的新闻。现在的不少年轻人，生活自理能力几乎为零，堪称“傍老族”。

这样的“傍老族”随处可见。他们不同于“啃老族”，他们有高学历，也有不错的工作和收入，经济上能够独立，但是在生活上，离开老人却寸步难行。

有人说，不用担心，等他们有了小孩，自然会什么都做的。其实不然。有了小孩以后，可能“傍”得更厉害。现在有很多和老人住在一起的年轻夫妻，有了孩子，带孩子、家务活都由老人包了。见过这样一户家庭，70 岁左右的老父亲会开车，每天一清早开车先送外孙上中学，回来再送 40 多岁的女儿去上班。

反思一下，“傍老族”的出现，有时是老人自己造成的。从小，他们对独生子女娇生惯养，对孩子的要求就是“读好书”。等孩子工作了，甚至成家了，还抢着包办家务，“他们上班已经很累了，反正我们退休了也有空，就帮他们做做吧”。殊不知，正是这份“爱”害得孩子失去了自理能力，变成了懒人。

对子女来说，父母再能干，也总有衰老的一天，到他们80岁的时候，还当得动“老保姆”吗？而这时候，父母恰恰是需要子女照顾的时候，那么，子女能否承担起这份责任呢？如果从来都是“十指不沾阳春水”，在父母患病时，能否端上一碗汤呢？当然，可以完全交给钟点工、护工，也可以把老人往养老院一送了之，但这，大概不是培养出“傍老族”的父母们所希望的吧。

载于2015年3月25日新民晚报

“1 元团”与“炸药包”

最近，一则云南女导游辱骂游客的视频在网上热传。由于影响太恶劣，这名导游被吊销了导游证。之后，媒体和舆论也从最初的一边倒批评导游，转向了对旅游行业强制购物“潜规则”的揭露。今天又见新消息：经过事后调查，该旅行团是一直备受旅客诟病的“低价团”，每名游客行前仅缴纳了 1 元的团费。

只缴 1 元钱，就可以在云南旅游，包括昆明、西双版纳等景点，这可能吗？羊毛出在羊身上，游客的吃、住、行，都得靠购物的回扣。这名导游也表示，她和很多导游一样，没有底薪、没有社保，全靠游客购物商家给的返利获取报酬，游客不购物，她们就得喝西北风！我曾采访过一些旅游业内人士，说还有更离谱的，旅行社不仅不给导游一分酬劳，还要导游先上交钱，来“买”接团的资格。导游能赚多少，全凭自己的“本事”。这样，导游是“负债”带团，一心想通过忽悠把钱赚回来，还怎么提供良好的服务？

“1 元团”伤害了导游，但最大受害者是游客。可是，明知 1 元钱买不到云南游，为什么还有人报名参加呢？

我忽然想起了“扔炸药包”的骗子。这种骗局一般发生在马路上，骗子当着被害人的面扔下一大包现金或者黄金首饰，然后由另一个搭档捡起来，随后以平分为由，骗走被害人的钱财。其实这一大包现金除了第一张以外，都是白纸或冥币，而黄金首饰全是假的。这种骗术在公安内部称作“扔炸药包”。

“扔炸药包”的骗子和推出“1 元团”的旅行社，有一个共同点，都利用了人们渴望“天下掉馅饼”的心理，以利益为诱饵，骗人们掏出更多的钱财。“1 元团”,就是旅游行业的“炸药包”。

《旅游法》明令禁止旅行社以低价招揽游客,通过安排购物来获取回扣等不正当利益。据报道,有关部门对这家推出“1 元团”的昆明风华旅行社有限责任公司,没收非法所得,并处 5 万元罚款,停业整顿六个月,并对涉事企业法人、总经理、分管副总经理分别处 2 万元罚款。

然而,这样的处罚,对于这个顶风作案的旅行社,是不是太轻了呢?

载于 2015 年 5 月 6 日新民晚报

也说“奇葩证明”

正值暑期，许多人举家旅游。一位好友告诉我，她为了办理一家人去欧洲旅行的申根签证，不得不证明了一回“我儿是我儿”。

这个证明全称是“亲属关系公证并认证”。办公证和认证的还不是同一家机构，一个是公证处办理，一个是外事服务中心，正常时间分别需要三个和五个工作日。朋友很诧异：户口簿上不是明明白白写着“母子关系”吗？还有，公证书上已经有中英文了，为何还需要认证呢？

但是，领事馆就是这样规定的。签证代办处人员说：“这是必要文件。如果不去办这两份证明，可能最终只有夫妻俩能获得签证，孩子拿不到，那你们旅游还去得成吗？”于是，朋友只得跑了两趟，出了加急费，三四天后才拿到证明材料。

看来，要求提供“奇葩证明”的情况，发达国家也有。另一位同事办理赴日旅游签证时，也被要求证明“我妈是我妈”。

事实上，最早爆出的要求证明“我妈是我妈”新闻源自一位北京市民在办理出境游手续时的经历。

由这个看似多余的证明，许多人想到了更多的“奇葩证明”，进而批评我国政府部门官僚作风、信息壁垒。这也引起了高层的重视。上个月，国务院办公厅召集外交部、公安部及国家旅游局等相关部门召开会议，研究怎样提升出境管理服务、简化公民出境手续。公安部出入境管理局负责人说，其实，出境游的种种证明材料，大部分系外方要求提供。

现在，普通公民申领护照、港澳通行证都非常方便，去港澳还可自助办理签注。出境手续里的大多数“奇葩证明”都出自办理签证环节。究其原因，与一些国家对中国公民仍设有“签证壁垒”有关，一时难以破解。可你既然要前往某个国家，就必须遵循该国法律，按要求提供材料，哪怕这个材料你认为没必要。规则意识是一个现代文明社会的标志，而这恰恰是中国人缺乏的。

还有，人们集体吐槽“证明‘我妈是我妈’太荒唐”，理由是：自己的妈还需要证明吗？其实这偷换了概念。事实上，需要证明的是“某某是我妈”。在你看来，“某某”当然是你妈，但在别人看来，为什么一定就是呢？

载于2015年7月15日新民晚报

米克诺斯的晾衣绳

米克诺斯是希腊爱琴海上的一座小岛，因遍布美丽的海滩而成为世界闻名的度假胜地，每年要接待各国游客100万人次。

最近我和家人利用年休假来到希腊，也在米克诺斯岛待了两天。这里碧空如洗，大海如缎子一般蓝得发亮，映着基克拉泽斯风格的白色房子，令人心旷神怡。米克诺斯全岛只有30辆出租车，可见岛上居民本身不多，随处可见的是各种肤色的游客。岛上的米克诺斯镇也很有特色，面向大海一边是各种餐厅、咖啡馆、店铺，十分热闹；往里，则是一条条安静的巷子，地面用灰色石板铺成，上面用白色的粗线条描出一块块格子，特别干净。

小巷弯弯曲曲的，两旁都是民居。这些民居都只有两三层楼高，房子并不规则，大多数楼梯建在房子外面，最窄处甚至只能容一人通过，有的对面两家人家可以在阳台上“手拉手”，让人想起上海的老弄堂。这里的房子大多是雪白的，门窗和楼梯漆成深蓝、浅蓝、淡绿、果绿、粉红等颜色，清新悦目。穿行在迷宫般的小巷里，我发现不少房子的窗户、阳台外面都有一根根晾衣绳。五颜六色的衣服、床单、毛巾，也和人一样尽情“享受”着地中海炽热的阳光，散发出浓浓的生活气息。

曾几何时，在中国的城市里，比如上海，在窗外晾晒衣服被认为是一种“陋习”，不仅老城区、老弄堂晾衣服被嘲笑为“万国旗”，连不少新建商品房小区都禁止在阳台外装晾衣杆。有人称是为了“体现文明，与国际接轨”，理由是外国人都不晒衣服，而是用烘干机的。可是，在米克诺斯这样的旅游胜地，游客也没有觉得晾晒衣服有碍观瞻，本地居民的日子该怎么过就怎么过。其实，在窗外晾晒衣物并非米克诺斯独有，在威尼斯的居民区，我也见到过。

事实上，如今在不少发达国家，烘干机和晾衣绳，哪一种更代表先进理念，还真无定论。因为前者消耗能源，后者低碳环保。因此，陋习与文明，落后与先进，有时都是相对的。当然，欧美人往往严格遵守“不妨碍他人”的原则，晾衣服绝不会让水滴到别人头上。这种意识，倒是值得中国人好好学习。

载于2015年8月12日新民晚报

“绿卡围城”

最近遇见一位赴美多年的老同学，他正在为放弃美国绿卡而绞尽脑汁。

这位同学是上海人，20 多年前，他考上上海的大学后毅然退学，加入浩浩荡荡的赴美留学大军，通过自己的奋斗，完成学业，在当地就业，获得了美国绿卡。近十年来，他一直被美国公司派驻上海工作，担任“四大”会计师事务所之一以及一家投资公司的高管，薪资可观。现在，他又看好国内的商机，自己创办了一家公司。

可是，这位一般人眼中的成功人士为什么要放弃美国绿卡呢？主要是近年来美国推出了更严格的全球征税政策和资产申报规定，让他感到压力山大。他说，作为美国绿卡持有人，所有海外收入都要交税，比如，他父亲去世了，留给他的一套房子，他要作为遗产继承，在美国也要交税，这笔税收还很高。另外，根据新规，不管是美国公民还是拥有美国绿卡的外国人，只要在美国境内居住、海外资产超过 5 万美元，或是在海外居住、资产超过 20 万美元，就必须在规定期限内向政府申报。

更让他头疼的是，这张美国绿卡不是说放弃就可以放弃的。如果在中国停留超过六个月，绿卡是被美国政府取消了，但他可能这辈子也去不了美国了。所以这位同学正在与律师协商，如何通过合法的手续来缴回这张绿卡。

而这种情况并不是个案。据媒体报道，近五年来已有许多人放弃了美国绿卡。难怪有人说，美国绿卡如今变成了一座围城，外面的人想进去，里面的人却想出来。这在十年前几乎是不可想象的。最近,《北京人在纽约》的作者曹桂林在接受《环球时报》记者采访时说:“你要的好生活绝不在美国。”

这几年,中国人的移民热还未消退,不少企业家以及有一定资产的人士纷纷移民海外,其中美国是首选,有很多人是为了孩子的教育。曹桂林在谈到国内很多家庭困惑是否要为了孩子而移民时表达了两个想法:一是不知道中国人为什么那么不自信?二是建议家长一定要慎重,对孩子海外留学后的生活要有规划。

是的,冲进“绿卡围城”之前,还是要三思而后行。

载于2015年10月28日新民晚报

警惕，随时可能“爆裂”的气球

又一家从事投资理财业务的公司关门了！

这几天，媒体都报道了这样一件事：鑫琦资产陷入兑付危机，老板已经失踪，涉案资金达19亿元，投资者数千人。据投资者反映，鑫琦资产上海分公司可能已经处于资金链断裂状态。鑫琦资产公司曾聘请知名演员张铁林作为企业形象大使，还以“皇上驾到，一言九鼎”作为宣传语。上个月公司年会上还邀请了多个颇有名气的电视主持人、歌星等为其站台。许多投资者说，因为看中鑫琦资产的高额回报，才买了该公司的产品，想不到如今本钱都拿不回，他们的投资金额在几十万元至上百万元不等。

一位在金融行业从业多年的朋友对此评论道：“看，又爆掉了一家！”

“爆掉”是业内用语，指的是资金链断裂。我觉得十分形象。某些从事融资借贷、投资理财的平台、公司，就像一个个越吹越大的气球，最后撑不住“啪”地爆了。

鑫琦资产事件也折射出当下投资理财市场的乱象。

资金链断裂、老板跑路，之前听到比较多的是P2P平台。P2P的历史并不长，第一家由国家工商部门特批的经营范围为“金融信息服务”的公司诞生在2007年，即拍拍贷。平台扮演的是中间人的角色，帮助借款人控制一定的风险，获得较高的利率，而需要用钱的中小企业通过这种方式可以很快融资。互联网的作用，又使得这种供求匹配工作变得非常低成本。之后，这一类平台如雨后春笋般冒了出来。到2014年末，全国就有P2P网贷公司2 300多家，平均收益率达到

15%，秒杀各种银行理财产品。

紧接着，这一行业又从线上发展到了线下，出现了众多从事资产管理和投资理财业务的第三方公司。现在，无论你走在马路上，还是在家里看电视，甚至打开信箱，乘坐电梯，目之所及，都是各种理财公司的产品广告，广告上描述的收益更是惊人："年化收益率8%～20%，100%本息保障。"这些公司还往往以老年人为目标客户。

那么，如此高的收益真的能兑现吗？这些平台究竟是怎么运转的呢？

据透露，理财公司普遍实施销售人员三级奖励制度，即客户经理—店长—区域经理，奖励费在3%至5%左右，如果一个销售人员一个月卖掉1 000万的理财产品，可以拿到20万元的奖励。此外，房租成本也很高，这些公司一般都位于热闹地段或者高档商务楼内，如徐家汇有一处门面，原来是某银行徐家汇支行的网点，后来租金涨到每月50万元，银行不堪承受，却有一家投资理财公司接盘。业内人士分析，如果给投资者年化收益率为10%，加上销售人员的奖励，就达到了13%至15%，再加上房租以及所有内勤人员的成本，更达到18%至20%左右，此外还要交税，那么，公司放贷至少要有25%的收益才能保本，甚至必须达到30%至40%。

如此高回报又保险可靠的项目，市场上有没有？有，但是很少，十个项目里面不过一两个。如果一家此类公司募集了50亿资金，就必须寻找大量高收益的项目去投资，实际上又不可能找到那么多，而客户的高额收益必须按期兑付，所以就导致无法持续，起初尚可拆东墙补西墙，但是越补窟窿越大，最终的结局就是"爆掉"，资金链断裂。一位金融专家一针见血地指出："说穿了，有的P2P平台和理财公司搞的就是庞氏骗局。"

近几年来，P2P行业的高速发展吸引了很多的投机者。而去年以来，理财公司数量及融资规模也空前攀升，兑付危机、倒闭、卷款跑路等现象也随之滚滚袭来。据报道，去年以来，全国出现老板跑路或提现困难的此类公司多达 677 家，其中上海有 42 家。究其主要原因，大都是贷款集中到期而平台无法兑付引发的连锁挤兑危机。有些是因为平台在风险控制关的失误造成贷款无法收回而无法给投资人兑付，也有些一开始就是将资金挪作他用，没有足够资金应对流动性危机。更为严重的是，有的平台或许本就抱着集资跑路的心态而“人间蒸发”。不论哪一种情况，受害的始终是投资人，没有收益不说，连本金也难以收回。

去年 7 月，十部委发布《互联网金融指导意见》，P2P 告别监管真空。深圳、上海、北京等多地陆续叫停 P2P 等新增互联网金融公司登记注册，对于整个行业的监管也更为严格和谨慎。2016 年，对于大部分 P2P 平台而言，无疑将是真正的洗牌之年。今年 2 月 4 日，国务院最新发布的《关于进一步做好防范和处置非法集资工作的意见》也特别提出，密切关注投资理财、非融资性担保、P2P 网络借贷等新的高发重点领域。可以预见，众多从事投资理财的第三方公司也将进入监管视线。

而对于普通老百姓来说，理财投资需谨慎，千万不要被高额回报迷了眼。要记住，天下永远不会掉下馅饼。

载于 2016 年 2 月 19 日新民晚报

树立对规则的敬畏

这几天，一场被称为“史上最严”的道路交通违法行为大整治行动正在上海展开。警方采取超常规的力度、超常规的措施强力推进，并且范围全覆盖，机动车、非机动车、行人统统包括在内，只要在马路上有违法行为，一律严管重罚。

整治开展不到一周，战果赫赫。如第一天仅一个路口，交警一小时内就处罚了 59 起违法行为，包括侵占公交车道 49 起、违法变道三起、违规残疾车一辆、行人闯红灯三起，非机动车闯红灯两起，还抓到一辆“克隆”出租车；刚刚过去的双休日，全市共处罚十类交通违法行为近 4 万起，其中机动车乱停车现场执法 2.1 万多起，机动车涉牌违法近 600 起，非机动车乱骑行和行人乱穿马路共 3 000 多起。

因为不适应超常规交通整治而出现在马路上的各种胆大妄为、无法无天的行为，也让人咋舌：有无证驾驶的司机被查获后撞警逃逸的；有骑车闯红灯女子踢伤民警的；有醉汉过马路闯红灯向警察挥拳的；有无牌两轮轻便摩托车女车主脱衣撒泼的……这些暴力抗法、妨碍公务的违法人员都受到了惩处，那个抗拒执法的醉汉也被警用喷雾制服。这一切，也让人看到了警方此次大整治的力度和决心。

不治不知道，一治吓一跳，道路交通的乱象竟如此严重，真可谓积重难返！交通法规存在多年，新的《中华人民共和国交通安全法》也已颁布 12 年，多年来各种普法、教育、宣传没有停止过，但交通问题如此严重的真正原因，还是国人的规则意识的淡漠。

规则，是一个社会中大家必须共同遵守的规定、制度、章程和准则。法律就是最高层次的明文规则，而更多的情况下，规则由于得到每个社会公民承认和遵守而存在，不需要明文规定，比如最基本的先来后到、尊老爱幼、公平竞争，等等。规则意识，是指发自内心的、以规则为自己行动准绳的意识，比如说遵守法律、遵循社会公德、恪守职业道德、守住做人底线的意识。连儿童玩耍，都要遵守游戏规则。

缺乏规则意识，在国内还不明显，但在国外就显得格格不入。从小地方来说，比如不讲先来后到，有空子就钻，比如乘地铁公交逃票，比如开车随意变道、加塞、占用紧急行车道，甚至停车占用残疾人车位……还有一种最具中国特色的，就是上厕所，很多人不愿意排成一行等候，而是拥在每一个厕位门口。甚至最近在网上流传的中国游客在泰国自助餐厅抢大虾的视频，也是没有规则意识的极端表现。在自助餐厅吃饭是有规矩的，应该是依次排队，用工具适量取食。

缺乏对规则的敬畏，反映在学术领域，就有学历造假、论文抄袭等现象；反映在经济领域，就有仿冒名牌服装包袋泛滥，食品添加剂滥用，建筑偷工减料，以及企业之间各种不正当竞争的行为……事实上，这种种行为都触犯了法律，而由于国人规则意识的淡漠，往往会导致法治意识的淡漠，有些人直到身陷囹圄，才追悔莫及。

规则意识，是现代社会每一个公民应当具备的理念。是否敬畏规则，体现了一个人文明程度、文化素养的高下。如果大家都不守规则，最终受害的是自己。自助餐厅乱成一团，且不说影响了中国人的形象，其实直接损害了大多数就餐者的利益。上厕所不排队，有可能自己等的时间最长。中国老祖宗就有言："没有规矩不成方圆"、"勿以恶小而为之"，都是同样的道理。

规矩需要从细节培养，从小处约束，使其成为习惯。规则意识的树立还要依靠整个社会大环境的完善。一个原本有着很强规则意识的人在一个不怎么讲规则的地方待久了，也可能被同化，变得"无所畏惧"。前几天我就在延安西路上看到一个外国人骑着一辆自行车在非机动车道上飞快地逆行，估计他在自己的国家是绝不会这么做的。

我们举双手欢迎这场“史上最严”道路交通大整治。一方面，如果人人遵守交通法规，没有机动车闯红灯、随意变道、随意停车、转弯不礼让行人，非机动车不再横冲直撞，行人也不乱穿马路，最终道路将变得畅通，车速自然会加快，马路上自然更安全。受益的将是所有的驾驶员和行人。

另一方面，希望通过这场道路交通大整治，能够让市民养成严格遵守交通法规的习惯，更重要的是，树立对规则的敬畏，使得规则意识逐步植入每一个公民的内心。

载于 2016 年 3 月 30 日新民晚报

合算不合算

最近上海正在开展“史上最严”的道路交通大整治，在整治中，也冒出了许多奇葩司机。

黄浦警方日前曝光了“十大违停大户”，最多的违停105次。第二名违停102次，是辆奔驰越野车，在被曝光的次日该车竟再次违停。因车内无人，奔驰车被警方拖离。在电视新闻中，面对交警为何要违停的询问，对方这样答复：“我在济南路停一天要交240元，一个正常违停单才不过200块，你想哪个合算呢?”此人边说边露出一丝笑容，似在嘲笑警察不会算账。

而排名第一的外地牌照车辆，车主表示，上班没地方停，并称会去南京交罚款。“因为南京便宜，一次罚款只要50元。”

两名车主堪称“精算师”。一笔笔账算下来，违停简直是太合算了。事实上，之所以马路上有那么多违停，而且以外地牌照居多，就是因为这些“精算师”车主太会算。

违停“合算”，暴露出我国法律的不健全之处。各地对违停罚款数额不一，就是其中之一。另外，违停100多次除了罚款外不需要接受其他处罚，这也是豪车车主“有钱就任性”的原因之一。当然，现在警方对违停车予以拖离起到了一定震慑作用。这就对立法和执法部门提出了新要求：如何根据实际情况对国家和地方交通法规予以完善、修订？如何进一步严格执法？

事实上，“违停”的全称不是“违章停车”，而是“违法停车”，违停一次就是一次违法行为，违停105次就是105次违法行为。这样藐视法律的交通违法大户，其人品、素质、诚信度可想而知。这样的人还能大模大样招摇过市，也是我们社会的悲哀。

多年前我国就开始了社会信用体系的建设，有句口号铿锵有力——“让不讲诚信的人寸步难行！”那么，这些交通违法大户的信息，在征信系统里能查找到吗？豪车车主中，有不少人是私营业主，也有的是白领、金领，无视法律的人自然毫无诚信可言，那么，他们在经营企业、贷款买房、出入境时，企业在招聘录用时，这些信息能否起到作用？如果信用体系的确发挥作用了，那他们可能真的不合算了。

载于 2016 年 4 月 6 日新民晚报

假如“聪明针”来到中国

韩国家长现在流行给孩子注射“聪明针”，据说只要在考试前给孩子注射一针，就能提高考试成绩。韩国《朝鲜日报》的这则消息，被中国很多媒体转载。本报昨天就此采访了医学专家，专家说，从“聪明针”的成分来看，是我们平时常用的治疗老年认知功能障碍的药，但普通人群服用后是否有效，医生持保留态度，不会变聪明，则是肯定的。

近年来，“韩流”对我国的影响很大，从韩剧、女团、真人秀到泡菜、烤肉、时尚品牌，再到韩式整容……国内“哈韩一族”的队伍越来越壮大，从 8 岁到 80 岁的都有。这其中，有韩国和中国文化接近的因素，也与韩国文化、时尚产业发达有关。而此次韩国流行的“聪明针”，也可能很快会来到中国，理由有三：一是有韩国医生称打针“能增加脑部血液供应”；二有韩国那么多家长带着孩子实践在前；三是我国某些医院、诊所受此启发，借机生财。

假如“聪明针”流行到国内，后果会怎样？

我猛然想起了十多年前一桩小学生“集体吃药”的事情。那是一位区青保办老师告诉我的。在那所小学的低年级教室里，每到中午休息时间，就有老师拿了一把药，笑眯眯地说：“小朋友，来，这是聪明药，一人吃一颗！”于是，小朋友就一人领一颗小药丸，乖乖地吞下去，感觉自己将要变聪明了。这个“聪明药”是什么？大名利他林，专治多动症的。因为班里有的孩子比较顽皮，上课坐不住，老师就想出了让全班孩子集体吃药的办法。吃了一段时间药以后，孩子们的确安静下来了，可不少人出现了嗜睡、头痛等症状，最终被家长发现。后来，让孩子吃药的老师及这所学校的校长，受到了严肃处理。这虽然是一起个案，但给孩子带来的身心伤害却不可小视。

在如今应试教育的大环境下，分数几乎成为评判学生和老师优劣的唯一标准。如果“聪明针”来到中国，家长会不会趋之若鹜？即便不会出现“集体打针”，但会不会有老师暗示家长，考试前带孩子去打一针“聪明针”，以提高成绩？打了“聪明针”的孩子，会不会反被“聪明”误？

唉，我不敢想下去了。

载于 2016 年 5 月 4 日新民晚报

给孩子戴个头盔

昨天有一则新闻让人唏嘘不已。前天下午在浦东羽山路上，一个保姆骑电动车接 8 岁女孩回家，当电动车行驶在机动车道上时，被一辆公交车带倒，女孩被卷入车轮下当场身亡。网上有个帖子还特别注明女孩是浦东某名校的学生。其实，每一个花朵般的幼小生命都同样珍贵，他们的匆匆离去都是最大的悲剧。

最近，上海正在开展道路交通大整治，非机动车违法骑行也是整治的一个重点。网上还有一个视频，有个父亲骑电动车送儿子上学，在机动车道上骑行，险象环生，被交警拦下后，他还不服处罚，撞伤交警，后来因妨害公务被刑拘。对此，网友纷纷评论："警察罚你，是为你好。"

是的，电动车的危害不可小视。来自市交警部门的一个数据显示，去年 1 至 10 月，上海共发生道路交通事故 809 起，造成 619 人死亡，涉及电动车的道路交通事故死亡人数占死亡总人数的 14.43%，电动自行车违法载人等情况仍较为突出。

电动自行车其实是个"怪物"。说它是非机动车，已经名不副实，时速动辄三四十公里，最快的时速甚至可以达到 60 公里，它在非机动车道以及人行道上穿行，对自行车和行人也是一种威胁。可是，它又不是机动车，行驶在机动车道上，常常给自己带来危险。

必须给电动自行车定规矩。专家学者、人大代表、政协委员已呼吁多年，但关于电动自行车管理的国家或地方性法规却迟迟未出台。电动车还是只能依照非机动车进行管理。因此，无数家长就天天用电动车载着孩子在车流中穿行；快递小哥在电动车上装载着堆成小山的货物，横冲直撞。

关于电动车带孩子，我又想起一个外国人的话："你们中国人，可以说是世界上最'爱'孩子的父母，你们给孩子吃最好的，穿最好的，送去最好的学校，可是有一点却让人不理解：为什么总是让儿童坐在自行车或者电动车的后座上，连头盔也不带？"的确，在很多欧美国家，严禁自行车载人，骑车人自己也必须戴头盔。

是的，在法律还未明确禁止的当下，家长也应该增强自我保护意识，尽量不要用自行车或电动车载孩子，实在要载，给孩子戴个头盔吧。

载于2016年5月18日新民晚报

两件小事

最近，我听说了两件与出租车驾驶员有关的小事，心里暖暖的。

“几度春秋”(网名)是一位40多岁的的姐，开单班车，很辛苦，几乎每天到浦东机场排队等客。不过高考前半个月，她一直没去排队，朋友一再追问才知道原委。原来，有一天，一对母子上了她的车，两人看上去很节省，因为下大雨实在没办法才叫了出租车。儿子即将高考，每天要从杨浦赶到陆家嘴补课，可因为家里条件所限，他天天挤公交车往返。“几度春秋”听说后，立即表示每天接送这个男孩去补习，不收费，让他有更充裕的时间和精力准备高考。就这样，她说到做到，义务接送了男孩半个月，直到高考。

还有一则“寻找好心的哥启事”，是一位上海女乘客发布的。她说，今年大年初四她听说哥哥患急病被送到了曲阳医院，就叫了辆出租车赶去，可到了医院却没见到哥哥。因为事发突然，她手机都没带。开车的崇明籍的哥便热心地帮助她，拿出手机，为她联系上被转送到第一人民医院的哥哥，又立即把她送过去，使得她第一时间见到了哥哥。哥哥经及时治疗已经康复。现在，这位女士一直惦记着这位好心的崇明的哥，想当面谢谢他。她每次看到出租车，都会留意是不是那位好心的哥。

的哥、的姐是我们城市里最辛苦的群体之一，他们早出晚归，“一天机器人、一天植物人”。近年来，在打车软件的冲击下，驾驶员的生意不好做，收入也在下降，许多人不愿意继续从事这份工作。在第一个故事中，一个普普通通的司机，愿意放弃营收，每天去接送一个素不相识的考生，这一举动让人产生敬意。而她给予这个家境不佳的男孩的，绝不仅仅是一些免去的车费，更多的是来自陌生人的关爱和鼓励，一种精神上的支持。相信这会使男孩更勇敢地走向考场。

第二个故事同样让人感动。拿出手机借给有急事的乘客打个电话，许多出租车司机都会这么做，说不定那位崇明的哥自己都不记得了。可那位女乘客还记得，而且还想找到的哥表示感谢。这种感恩之心，同样值得赞许。无论崇明的哥能否找到，这位女乘客的“寻人启事”，都会让更多风里来雨里去的出租车司机感到温暖。

这两件小事，又何尝不是一种爱的传递呢？

载于 2016 年 7 月 6 日新民晚报

区委书记的罚单

在上周五召开的十届市委十二次全会的分组讨论会上，杨雄市长和十多位市委委员在同一个小组，大家说起了正在进行的道路交通大整治。

“那天，我开着车在肇嘉浜路宛平路口实线变道，被交警拦了下来。”一位区委书记说起了他的亲身经历。他说，他以前一直这么走的，从来没有注意过。交警告诉他，这一行为违反了道路交通法，既要扣分又要罚款。区委书记表示认罚。不过，这还没完。交警接过他的驾驶证时又发现了一个问题：“同志，看看清楚，你这张驾照怎么回事?”原来，他的驾驶证已经过期一个多月了。交警开出了罚单，对他说：“你去处理罚单时，把驾驶证换一下，不要忘了!”“警察态度挺好的。”

这时，同组的另一位市委委员说：“驾驶证过期了就是无证驾驶啊!”

“无证驾驶要被抓的!”坐在一旁的杨市长也笑着说。

这件小事，在委员中引发了热议。交警的严格执法从中可见一斑。上海交通大整治开展至今已经三个多月了，马路上的变化有目共睹，交通事故和交通类 110 报警数量都下降了。这是与警方“严管重罚”，并且持之以恒地加强管理分不开的。

区委书记“吃”的罚单，也给我们以启示。近几个月以来，许多驾驶员都“吃”到了罚单，一些整天在马路上跑的的哥更是叫苦不迭。平时开车并不多的区委书记也被罚，说明法律面前人人平等，没有例外。上海有 430 万辆机动车，650 万名驾驶员，无论是谁，只要违反了交通法规，就必定会受到处罚。现在，除了马路上的交警外，还有高清探头、“移动鹰眼”等高科技设备，甚至市民也可以拍摄视频举报违法行为……驾驶员的一举一动，都有眼睛盯着，再也不能心存侥幸心理，“打招呼”更是没用。

当手握方向盘的驾驶员养成了守法的习惯，警察自然不会上前敬礼，也就没有罚单。当所有的驾驶员都严格守法，马路上交通秩序好了，道路畅通了，最终受益的，还是所有的市民，包括驾驶员本身。

区委书记的罚单，还提醒了他自己和周围的人：作为一名驾驶员，领导干部更需要补上交通法规这一课。

载于 2016 年 7 月 20 日新民晚报

九曲花街的一幕

九曲花街是旧金山的一景。这条大名为“伦巴德街”的小街，在经过俄罗斯山时，因山势陡峭而划出了四个“Z 字形”的急转弯。两边依山而筑的住户纷纷在家门口的花坛里种上各色鲜花，人们经过这条弯弯曲曲的小街，满目花团锦簇。不过，我最近和家人一起去美国西海岸度假，在九曲花街却见到了颇为惊心的一幕。

定居美国的姨父开车载着我们从花街驶下，我们想再步行上去看看，于是在山下一条马路边找到车位停下。刚停好车，就有一位仪态优雅的美国老太对我们说：“你们要当心，不要把物品留在车里，这里会有人砸车窗的！”我们向她表示感谢，并表示会有人留在车里。

大约 20 分钟后，我们回到车上，忽然听到左边有人问：“你们看到谁砸了我们的车？”抬头一看，是几名韩国游客，他们的七人座轿车停在我们的左侧，而左车窗已经被砸得粉碎，车内的重要物品也被偷走了。当时，留在车里的姨父在低头查找路线，压根没注意到左边车有什么动静。姨父说，窃贼可能是用衣服包着硬物砸窗，再行偷盗，前后不过十几秒钟，手法可谓熟练之极！而那几位韩国年轻人又惊又怕，他们拨打了报警电话，等待警察到来。

姨父说，旧金山经常发生此类砸车的事情。而美国警察办案要考虑成本，对于这样常见的小案子，一般不会花力气去查，所以游客只能自认倒霉了。

在旧金山游玩，没想到还遇见了一起“突发”！九曲花街几乎已经是旧金山的“旅游名片”了，在光天化日之下竟然发生这样比较恶劣的案件，令人遗憾。连热闹的旅游景点都是这样，其他地方可想而知。我想起之前那位美国老太的提醒，十分感慨。看来，旧金山的治安不那么让人放心。此外，旧金山的警察也不那么让人满意。既然附近居民都会主动提醒游客，说明这里砸车窗已是家常便饭，那么警方为何无所作为呢？如果在上海的旅游景点发生几起此类案件，上海警方肯定会派人巡逻，或增设监控探头，要破案也不会很难。

或许，对美国警察来说，这种侵财类案件是小案子，但对这几名韩国游客来说，不仅财物受损，旅游的好心情也被破坏殆尽。

载于 2016 年 8 月 10 日新民晚报

两种表情

最近，我在接近下班时间前往两处服务窗口办事，看到了两种不同的表情。

那天下午，我到邮局办理邮政业务，业务不复杂，两分钟就办完了。坐在窗口的姑娘面无表情，办完后冷冰冰地扔过来一句话：“下次早点来！”其实，这时距离邮局关门还有十几分钟。大概这位姑娘想早点收拾收拾，好准时下班。可是，只要是工作时间，哪怕还剩一分钟，也必须提供服务。这不是最基本的道理吗？

另一天，我经过工商银行某支行，距营业结束还有五分钟，见大门还开着，我便走进去，在 ATM 机上办理业务。等我办好，发现大门已经关了，大厅里还滞留着少量客户。我有点不知所措，这时一位年轻的工作人员向我走来。我有点抱歉地说：“不好意思，怎么出去啊？”她微笑着说：“跟我来。”随后她礼貌地引导我往后面走去，经过一个小房间，有一道门，她用自己的门禁卡刷了一下，又给我指明了方向。我向她道了谢，顺着这条路，从隔壁的商务楼走了出去。

我并非 VIP 客户，受到这样的待遇，还是很意外的。这位银行员工的笑容，一直留在我的脑海里。

有人说，对银行来说，客户就是衣食父母，银行职工收入也高，所以态度会好一点。但邮局则不然，除了邮政储蓄有利可图，邮政业务没有什么盈利，又很繁琐，能少做一点是一点，怎么还会给你笑脸呢？

我倒不认为工作人员的态度好坏与收入成正比。同样是邮政职工，我们小区的投递员就很敬业，快 50 岁的女性，每天风里来雨里去，从无怨言，还和居民成了朋友。更何况，如果不满意自己的收入，完全可以跳槽。归根结底，岗位上的表情反映出的是职业精神。如果对工作失去热情和兴趣，那么，最华丽的办公室也可能是囚牢；如果对工作有足够的热爱，全身心地投入，那么，再单调再艰苦的岗位，也会带来满足和享受。

曾经在英国剑桥大学的一个小邮局买过两张明信片，营业员是位白发苍苍的英国老太，在短短一两分钟里，我竟收获了四声“谢谢”。其中传递出的友善，让人难忘。

载于 2016 年 8 月 24 日新民晚报

主持人的故事

昨天是我国第 17 个记者节，我在这里讲一个新闻工作者的故事。

"各位晚上好！城市有灯光，车外有星光，欢迎每天晚间 21 点与我如约守候。"每晚，穿梭在兰州街头的司机打开甘肃交通广播电台，都会听到一个甜美的声音。这位主持人通过电波为听众送去温暖，为的哥的姐排忧解难，陪伴着晚归的人们。

不过，在兰州之外很少有人知道，这个声音是从一个特别小的身躯中发出的。这位名叫王晓红的主持人，今年 36 岁，身高只有 1.21 米，仿佛来自"小人国"。在不久前全国记协主办的"好记者讲好故事"活动中，我见到了她。

王晓红是不幸的，她有过自卑的童年，因为无法和小伙伴一起在外面玩耍。她又是幸运的，在残疾人上大学还很难的 20 世纪 90 年代，甘肃中医学院向她敞开了大门；2001 年，她在参加广播主持人大赛后，获得了在电台实习的机会，之后被正式录用为主持人。十多年来，王晓红帮助过很多人。老人、小孩走失，她在直播间发动全市出租车驾驶员和私家车主寻找，去年一共找到九位；孕妇难产，她请交警到高速路口接应，迅速送往大医院救治。曾有一位因为被退婚而想轻生的女孩给她打来电话，她和女孩在河边聊了一夜，终于把女孩劝了回来。通过自学，她还成为通过国家认证的心理咨询师。

这是一位让人肃然起敬的新闻工作者。"小朋友"般的身高在日常生活中有很多不便，但王晓红依然克服种种困难，坐到直播台前，并参与采访活动。因为身体原因，她在采访中大多是坐着和人交流的，或者踮起脚尖，尽量把采访笔伸向对方……在工作中，她不需要照顾，而是以比别人更多的付出，来证明自己；在电波中，她以出色的业务能力和一颗真心，赢得了听众喜爱。

我们同样要为甘肃交通广播电台点赞。他们为这样一位特殊的女性提供了施展才华的舞台。现在，王晓红依然会迎来异样的眼光，但她已经能够笑对一切，因为声音给了她力量，广播给了她自信。

而对更多的记者、编辑、主持人来说，如果在日复一日的繁忙工作中碰到了困难，想一想王晓红，大概就不会觉得难了吧。

载于 2016 年 11 月 9 日新民晚报

“爱心冰箱”的尴尬

红色的冰箱，里面不仅装满了食物，冰箱的顶头还写着一行大字：“食物免费领取”。这是今年 9 月底出现在西康路一家饭店旁的“分享冰箱”，也是沪上第一台。之后，喜士多三家门店也先后设立“爱心冰箱”。谁知两个多月运行下来，“爱心冰箱”遭遇了重重困境。“一人多拿”成为“爱心冰箱”继续提供食物的最大难题，此外，喜士多的两台“爱心冰箱”因没有经过审批，占道经营，被城管部门要求撤柜。

不应否认，“食物分享”的初衷很好，它体现爱心和善意，减少浪费，营造一种温暖的社会氛围。这样的食物分享在国外很常见，如德国、西班牙都有此类“爱心冰箱”，社区居民把家中多余的水果、蔬菜、牛奶、面包等放入室外的“爱心冰箱”中，只要有人需要，就可以随时免费拿取。西康路上的“爱心冰箱”里每天有饭店提供的 25 份炒菜，还有一些企业提供的临近保质期的月饼、点心，起初来领取的有附近工地上的农民工、小区的保安，也有一些困难居民、拾荒者。

然而最近记者发现，在西康路“爱心冰箱”设立点，店员放入冰箱的食物，在短短五分钟内就被一扫而空，还有部分中年人带着塑料袋过来装食物。据介绍，“爱心冰箱”遇到的最大问题就是食物分配不均。因为是定时补给食物，不少住在附近的居民会算好时间，准备好袋子过来装食物。食物常常刚放入冰箱就被一扫而光。“多拿”的人往往是不需要帮助的，反而一些流浪汉等需要食物的人得不到帮助。喜士多便利店也一样，一些并不困难的居民为了拿一份免费食物而过来排队，造成人群聚集。而冰箱放置在路上需要占道许可证，这也是发起者始料不及的。

看来,“爱心冰箱”来到中国遭遇了水土不服,主要是没有考虑到一部分国人的心态,他们成长于物资紧缺的时代,总觉得“不拿白不拿”。超市里便宜几毛钱的鸡蛋也会遭到争抢,更不要说免费的食物了。

像这样水土不服的情况并不少见。比如几年前,有一个海归提出了“结伴养老”的概念,这是从英国引进的养老模式,又叫“配对合住”。一些独居老人生活有困难,便“找搭子”配对合住,再将富余的房屋出租,利用租金购买看护、家政等服务,老人的生活质量得到提高。这个概念当时也成为媒体报道的热点。

然而,这一养老模式在上海却很难推进。几年过去了,“结伴养老”在上海一对也没有成功。主要原因是中国人与英国人在思想观念、生活方式、养老理念方面差别都很大。中国老人家庭观念比较重,与子女的关系比较密切。另外,“结伴养老”,究竟是同性结伴,还是异性结伴?是熟人结伴,还是陌生人结伴?都不明晰。此外,这一模式如果在陌生人之间开展,安全如何得到保障?

从“结伴养老”到“爱心冰箱”,不少“看上去很美”的国外模式,到中国却难以存活,其尴尬在于没有经过充分调研便匆忙“移植”。同时,我们还应注意另一个“概念炒作”的问题。时下,有些机构和组织热衷于用一个新鲜的概念来博眼球,却缺乏踏踏实实做事的劲头。

这几天又有好几条类似的新闻。一条是“义工银行”,将志愿服务的时间存入虚拟的“银行”,等自己年老时,可以支取时间,获得他人的服务和照顾。这和多年前上海一些区里搞的“时间银行”很相似。“义工银行”刚刚试运营时间半年,主要服务也只是陪老人聊天,有记者问:存入的时间怎么“支取”?这家组织秘书长坦言,还没有想好,如果出现集中“支取”,则无法承受“挤兑”。

还有一条新闻是“本市首家 O2O 慈善超市有望在静安区亮相”。据说,这种慈善超市也是借鉴了英国的慈善超市的理念。事实上,上海每个街道早都开办了慈善超市，几乎都成了门可罗雀的“鸡肋”。这一 O2O 慈善超市前景究竟如何，尚未可知，但还未开张就大张旗鼓地宣传，并表示要向全国推广，似乎太早了一点。

有些“互联网＋”时代的创业者比较急躁，恨不能一夜爆红。其实，一个项目能否成功不在于一个点子或概念是否新、奇、洋，关键在于是否适合国情、适应需求，为人们所接受。而媒体也应保持一份冷静，对于这样由“概念”引领的新闻，不妨静观一段时间。

载于 2016 年 12 月 22 日新民晚报

保健品的陷阱

大学同学的父母参加了某保健品公司组织的一日游，带回来4 000多元的保健品，幸好同学伶牙俐齿，到保健品公司据理力争，退回了大部分费用。

老龄化社会的加速到来，有钱有闲的老年人群体成为某些商家眼中的一大块“唐僧肉”，保健品销售就是最常见的一例。

时下，各种针对老年人的保健品销售花样百出，在听讲座、赠送小礼物、体检、旅游等免费午餐的背后，是天价保健品的陷阱。这些保健品都有着高科技的洋名，但实际上并没有什么保健功能，“吃不死人，治不了病”，甚至只是用维生素、糖果制成，骗走了老年人成千上万的钱财。不久前，某省有位老人发现自己上当受骗后，留下遗书轻生。

87岁的浙大心理系退休教授黄秀兰，曾先后花费40余万元购买了各类渠道不正规的保健品。醒悟后，她写了一本书，从心理学角度分析老年人为何会上钩：一是期待心理，二是恐惧心理，三是从众心理，四是名人效应。最重要的一点还是缘于老人的孤独感，那些推销人员一口一声“爸”、“妈”，叫得比儿女还亲热，让老人不好意思不买。

现在，不正规的保健品销售已经成为一条产业链，有专门生产的，有专门销售的，还有买卖老人信息资料的。现在媒体上时常有一种针对老年人的“免费赠送”广告，如电饭煲、老年鞋、血压计等，号称60岁以上的老人都可以免费领取，但其真实目的是套取老年人的各种资料信息，然后卖给从事与老人有关产业的企业。保健品公司就是最大的客户。现在，买一条老人信息最多要200元。

尽管被媒体曝光这么多，有的公司销售假冒保健品数额上亿，但被绳之以法的却寥寥无几。这说明我们的监管体制还不完善。目前打击违法推销保健品主要看是否存在涉嫌虚假宣传、销售假冒伪劣商品、无照经营等行为，一旦被查处，罚金不过几万元。保健品公司今天关门，明天换个地方再开张。

要知道，这种针对老人的非法保健品销售绝不只是违法经营，而是诈骗，是一种犯罪行为。不要指责老人防范能力差，因为连心理学家也落入“坑”中；不要批评子女陪伴不够，因为他们面对的是骗子精心设计的套路！希望市场监管和公安等部门重拳出击，来一场彻查，把针对老年人的保健品陷阱给堵上。

载于 2017 年 5 月 3 日新民晚报

网红美食的真相

时下，网红美食层出不穷，网红葱油饼、网红“包脚布”、网红青团、网红冰淇淋……动不动就出一个爆款，比如排队六七个小时的奶茶，排队五六个小时的蛋糕……记得以前的老字号也有排队的时候，大多是季节性的点心，由手工制作，比如光明邨的鲜肉月饼、王家沙的青团、绿杨邨的菜包。现在，怎么突然有了这么多的网红美食？

曾有一个视频，一名眼镜小哥总结了打造网红美食爆款的套路：“在吃的东西前面加一个老年人的名字，起一个‘师傅’、‘阿婆’、‘胖阿姨’、‘长脚爷叔’之类的名字，人们一听，哎，肯定是有秘方的，而且，阿姨是不会骗人的；有些料要放得多，比如能拉丝的芝士，还有牛油果、榴莲、草莓；再找 100 个无业游民来排队，反复排；生活时尚频道主持人叫过来采访一下，本地的微博公众号一起推；一天只卖 100 份，凭暗号买，带上白羊座的朋友打 8 折……”

尽管有些夸张，有些搞笑，这段视频却一针见血地道出了大部分网红美食的本质：特别的名字＋高颜值食材＋营销推广。是的，一切都是营销手段。这些美食的名称往往还带有草根色彩，以示正宗；添加的配料中，还有几样东西很流行，比如肉松、咸蛋黄等，再比如色拉酱、奶油，加入这些高热量的配料后，口感自然好。此外，网红网红，离不开网络的传播，移动互联网时代的病毒式传播，使得这些品牌的蹿红速度远非传统餐饮可比。

不过，这些元素还不足以使得这些店一开张就人气爆棚。最近，网红美食营销策略之关键——雇人假排队被曝光。比如鲍师傅蛋糕，在北京的门店根本不排队，在上海却要排上五六个小时。据媒体报道，鲍师傅开张时聘请很多人假排队至少一个月，甚至有的黄牛一天就为鲍师傅提供了 200 多人次的“托儿”。还有知情者称，喜茶在开业的第一天就聘请了 300 多个人假排队。甚至假排队的人员构成都十分讲究，学生、白领、中年人等都有，且必须分批到达。

网红食品店内部人士表示，假排队是为了营造人气和氛围。根据羊群效应，很多消费者随后会加入到队伍中去。同时店家采取饥饿营销，在出货的节奏上进行把控，先把排队的人流积聚起来，等到达一定量的时候再一次性售出一部分，这样就能长时间保持很多人排队的场景。

而网红食品的背后，还有资本之手的推动。现在，大量资本瞄准了餐饮行业，特别是饮料、糕点、火锅等技术含量不高的单品。制造一个网红餐饮品牌似乎变得越来越容易，只要有充足的资本在前期烧钱，就能打造一条网红制造流水生产线，并将其推广到全国。

看清了网红美食的真相，人们在震惊之余，应该冷静地思考一些问题。首先，一种食品、一家餐饮店是否有生命力，主要是以质量取胜，货真价实，经得起时间的考验。有吃过的消费者表示，网红美食不过如此，不会再去排几小时的队买来吃。的确，所有靠包装、炒作、吹嘘走红的人和事，都不可能长久。沪上有不少红极一时的餐厅，需要排队一两小时才能吃到，可不到一年就走衰了，甚至关门大吉。曾经大排长队的某品牌“包脚布”，也已经冷冷清清，随到随买。

其次，既然排队可以造假，那网红美食的食品安全能否让人放心呢？有的网红美食的食品生产证照都不一定齐全，营业场所卫生条件也不达标，甚至使用的食材让人担忧。法润面包店就是一个典型的例子。这个开在武康路上的烘焙店就是曾经的网红，卖得也比一般的面包店贵好多，谁知竟被查实使用过期发霉面粉，事发后老板逃之夭夭。这也给食品监管部门提了个醒，对于层出不穷的网红食品经营户，有没有实施有效监管？比如，那一碗爆款麻辣烫的汤底，放了多少合成调料？一杯“喝出幸福感的奶茶”，使用的乳品、奶油、添加剂是不是都符合国家规定？

还有，网红美食的营销方式，为餐饮行业的生态带来了危机，如果只要靠资本的推动就能火爆，只要雇一帮人假排队就可以成为网红，那还有谁踏踏实实来做一碗良心面条？

时下，早已不是食品短缺的年代了，宁愿排队五六个小时买一杯奶茶，更多的是从众心理、刷存在感、朋友圈的炫耀、人际交往的谈资……但热闹过后，当真相曝光，剩下的只有泡沫和调侃。或许有一天，人们看到“网红”两字就开始警惕，它对应的并非美味，而是虚假炒作的代名词。

网红美食，你还会去排队吗？

载于 2017 年 6 月 23 日新民晚报

宝宝为何不哭？

让曹泽兰玩一天

曹泽兰是一个小学五年级的普通女孩。她的名字之所以引起我的注意，是因为在5月24日本报的“桃李芬芳”版发表了一篇她写的文章《我想玩》。短短400字，却有14个“玩”字。

曹泽兰说，她和许多同龄人一样喜欢玩，但学校每天要他们完成堆积如山的作业，爸爸妈妈还时常加些课外作业，所以她告别了“玩”这个好朋友，甚至去年六一儿童节，她都是在书桌前度过的。

读了这篇文章，我的心情很沉重。爱玩是孩子的天性，也是孩子的专利。剥夺儿童玩的权利是残忍的。著名教育家陈鹤琴说过：“游戏是儿童的生命，游戏具有种种教育上的价值。”游戏的好处很多，它能激发儿童的创造力，促进智力开发、身体强健，有利于完善情感。

六一儿童节即将来到，曹泽兰在文章的最后写道：“爸爸妈妈们，我代表所有我这样年龄的同学，问一句：我们要到哪年哪月哪时哪分哪秒才能玩呢？今年‘六一’，我们能否痛痛快快地玩一天呢？”请天下做父母的，听一听曹泽兰的苦苦央求吧。我想，这个愿望应予以满足，哪怕只玩一天。

载于1999年5月30日新民晚报

给孩子的心灵补点“钙”

“六一”节刚过，我还想谈谈孩子成长的话题。现在的父母，最怕孩子缺钙，因为担心孩子长不高。不过，有没有家长经常给孩子的心灵补点“钙”的？

现在孩子一出世，特别讲究科学喂养。医生建议，满月后就给宝宝喂钙粉。孩子长大一点就吃钙片，牛奶更是从不间断，各种补钙品也层出不穷，加上其他营养，如今大多数孩子都比他们父母小时候高得多。

但是，有一点却为许多年轻父母所忽视：在心理素质等方面，今天的孩子们长期“缺钙”，变得后天失调：吃不得苦、负不得重、受不得委屈、不懂得感恩……生理的高大和心理的虚弱，形成了另一种“跛足”。为此，心灵补“钙”尤为重要。

心灵上补“钙”，首先是道德感的培养，要让孩子懂得什么是荣，什么是辱。“八荣八耻”，是一剂最有效的“强力钙”。长期服用，效果非常好，可以明辨是非、分清事理、学会做人、修身养性，帮助孩子们自觉进步。

心灵上补“钙”，还要学会吃苦，学会正确对待挫折。挫折和磨难并不完全是坏东西，有时它们可以成为锻炼意志、增加能力的机会。饥饿在没有使人失去知觉之前，会提起人的生存勇气。现在，有些孩子没有吃过一点苦，一旦挫折来临，立马投降。及时补一点忍受苦难的“钙”，就能让孩子增强抵抗力，变得更坚强。

最后一点，心灵上补“钙”，还要教育自己的孩子懂得感恩。知恩图报，是人类的一种崇高的感情，也是人类道德遗产中的一项重要内容。懂得感恩,即是我们常说“有良心”的表现。有良心的孩子才是好孩子。心地卑下的人根本不懂得什么是感谢。

对孩子的成长来说,精神上的成长也是重要的成长。心灵上的补“钙”,有利于孩子更健康地成长。

载于2006年6月4日新民晚报

“穷爸爸”,“富爸爸”

我在这里借用几年前一本畅销书的书名,说一点关于家庭教育的想法。

9月30日本报刊发了一篇社会新闻,读来令人嗟叹。读大三的儿子带女朋友去北京游玩,第一天就花去了3 000元,而旅游的花费全部由爸妈承担。妈妈下岗在家,靠摆水果摊过日子,爸爸每月只挣1 000元。母亲给报社来电,抱怨孩子还没工作,花钱就如此大手大脚,这包袱真是背不起。另一个家庭条件比较宽裕的女大学生,和男友出去旅游,同样花钱如流水,父亲也担忧:“女儿从此奢侈成性,今后只会享福而不能吃苦怎么办?”

人们常说,穷人的孩子早当家,但如今“穷爸爸”和“富爸爸”的孩子,为什么都变成了一个模样?花起父母的血汗钱,一点也不知道心疼?事实上,问题的根源在很多年前就形成了。

如果时光回到十几年前,“穷爸爸”和孩子之间一定有过这样的镜头:

——炎炎夏日,妈妈抱着儿子走在街上,自己舍不得买一根棒冰吃,却买了一个冰淇淋给儿子吃。

——在一家孩子们喜爱的洋快餐餐厅里,爸爸妈妈只买了一份快餐,让女儿独自享用。女儿大嚼鸡腿,爸妈在一旁什么也不吃,却比吃什么都开心。

而“富爸爸”呢,对孩子的要求基本是有求必应。孩子才上中学,手机、MP4、PSP一应俱全,拿着零用钱和同学去K歌,吃哈根达斯;才上大学,已办了一堆信用卡随意消费,反正有老爸埋单。

一个冰淇淋、一份洋快餐，看似微不足道，却在孩子心中埋下了唯我独尊的种子：家里所有人都是为了我，只要我高兴，父母、祖辈什么都愿意付出。而被“穷爸爸”和“富爸爸”惯坏了的孩子，长大后则由任性变为自私，他们只知道自己，不懂得顾及别人的感受。

而多年排在全球财富榜之首、刚刚捐出全部资产的比尔·盖茨，又是怎么对待孩子的呢？他的女儿课余时间在麦当劳打工挣生活费，谁也不知道她有个“富爸爸”。

所以，在家庭教育中，“穷爸爸”不用充当“富爸爸”，有好吃的东西，请和孩子分享，让他懂得爱与被爱；“富爸爸”，不妨多当几次“穷爸爸”，在孩子不合理的要求面前，坚决地说一声“不”。

载于2008年10月3日新民晚报

贫困与感恩

贫困大学生受到捐助却不知感恩的事情,屡屡见诸报端。

最近我在采访中听说了这样一件事:上海有一家民营企业连续十多年帮助20多个特困生,包了他们从初中直到大学的学费,大学期间的学费高达每年5 000元至1万元。学生毕业后有的在银行工作,有的进了星级宾馆,但他们从此再也不主动和公司联系。

听一位高校老师说,现在,不少来自贫困地区的大学生不愿意申请助学金,甚至借债高消费,来掩盖自己的经济情况。学校也认为,贫困生的心理比较脆弱,为了不给他们压力,提倡"悄悄地帮困",也不强求他们和捐助人联系。

滴水之恩,当涌泉相报。读了十多年书,成了大学生,为何不懂这个简单的道理?我分析,他们不是不懂道理,而是在内心把贫困和耻辱画上了等号!

这种不正常的心态的形成,与整个社会心理有紧密的联系。在当前很多人的价值观里,财富已成为评价一个人成功与否的重要指标,人们投向富人的是恭敬、艳羡的目光,而对于穷人则是鄙夷加不屑。为了避免成为"穷人",不至于在人前抬不起头来,许多贫困生千方百计隐瞒自己的家境。而那些受助后完成学业的大学生,则是把自己的贫困作为一段屈辱的历史,翻过去了,就再也不想重提。

但是,贫困绝不等于耻辱。多少成功人士早年都"一穷二白",赤手空拳打下天下。事实上,寒门子弟凭自己努力考上大学,更值得尊敬。今天贫穷,不等于明天贫穷。命运,掌握在自己的手中。

高校在关心困难学生的时候,更应关注他们的心理。这种关注不仅要“悄悄地帮困”，更是要教育他们正视自己的贫困，增强逆境奋起的勇气。如果连自家的经济状况都成为一种“压力”，难以承受，那今后怎样面对错综复杂的社会？学校确实要保护学生的隐私，但不能助长他们拒绝感恩的心态。

感恩，永远不过时。在提倡“悄悄地捐赠”的美国，不是也有感恩节吗？捐助者可以不需要回报，但受助者必须懂得感恩，哪怕放在心里。

载于2008年12月10日新民晚报

宝宝为何不哭？

一段时间以来，我听说了好几起花季少年轻生的悲剧，原因既有考试成绩下降，也有挨了老师批评、在校受了冤枉。

人们在叹息之余感慨："孩子走上绝路，可能是老师的教育方式存在问题。"不过，现在的孩子为何如此脆弱？有人分析："现在的孩子太缺乏挫折教育，阿拉小的时候，谁没有被老师骂过？书包还被老师扔出教室呢。怎么现在的孩子就受不得批评呢？"

挫折教育的缺失是怎么造成的？现在都是独生子女，从小到大，孩子生活在父母和祖辈的呵护中，要什么有什么，而且听到的都是赞扬声，尤其是学习好的孩子。现在还流行据称是来自国外的先进教育方法：对孩子以鼓励、夸奖为主。所以孩子就更没什么机会经历挫折。

我忽然想到，挫折教育的缺失其实从婴幼儿期就开始了，一个标志就是现在的宝宝不大哭。只要问问家里的老人，都有这种感觉。而以前，家里有个小毛头是很吵闹的。

宝宝不哭，还不好？

哭，是婴儿的本能。饿了、冷了、尿湿了、想要人抱了，宝宝都会扯开嗓子哭个够。可现在，一个宝宝六个大人爱，一出生还有月嫂的专业照顾。饿了，马上有奶送到嘴边；尿了，马上换尿布；孤单了，几双手抢着抱。孩子大点该进托儿所了，因为哭得厉害，就不去了。

饥饿、不适、孤独，是宝宝一出生就可能遇到的挫折。以前一家人有几个小孩的时候，孩子得不到周全的照顾，但同时他在大哭之余，也懂得了不是什么愿望都可以立即得到满足的，经历到了人生最初的挫折。

如果从小没经历过挫折，长大了面对挫折必定会手足无措。所以，年轻的父母，不妨让孩子哭哭。在商店，面对昂贵的玩具，可以坦然告诉他爸爸妈妈买不起；该进托儿所了，不妨让他哭上几天，明白和大人分离后还会相见；孩子犯错了，大人该严厉批评还是要严厉批评，因为将来进入社会，等待他的可能是接二连三的委屈、坎坷和逆境。

载于 2009 年 5 月 24 日新民晚报

孩子们为何不快乐?

今天是“六一”。本报一版刊登了一条新闻:上海儿童的快乐指数整体处于中等水平,他们的快乐指数随年级升高,越来越低。也就是说,年龄越大的孩子,越不快乐。

在大多数人的一生中,童年是最快乐的,因为面前的世界是崭新的,因为还不知道痛苦和忧愁。这一点最近还得到了科学证明:儿童的胸腺特别大,到青春期后逐渐萎缩,胸腺能分泌一种主宰快乐的物质,所以孩子比大人容易感到快乐,一点小事就能引得他们咯咯大笑。

记得我们小的时候,物质生活并不丰富,但还是很快乐的。放了学,功课不太多,或者在家看闲书,或者跟小朋友一起跳橡皮筋、造房子、逛公园;“六一”节学校里发一块奶油蛋糕,就让我们非常快乐了。而现在,孩子们在物质上可以说什么都不缺了,要什么有什么,小学生的压岁钱成千上万,还有哪个城里的孩子会为一块奶油蛋糕而感到快乐呢?

周立波的《笑侃30年》中有一句话很经典:现在的孩子很幸福,但却不快乐。现在的孩子压力太大,一个孩子进小学之前,就要面临“3 000人报名录取120人”的竞争,在幼儿园就得认识几千个字、做两位数加减法、说英语;进了小学,迎接他们的是无休止的作业、考试、排名次;好不容易盼来了双休日,等待他们的还是做不完的一课一练、奥数……

家长和老师也振振有词:“这一切,不都是为了小孩好吗?当今社会,只有读好书,才有出息。现在轻松快乐了,将来就不快乐了。”

这听上去也有道理。但是，快乐童年在人的一生中的作用决不可小视。一个拥有快乐童年的人，其心理、人格一定是比较健康、健全的。升学的压力一时无法化解，那么，我们是不是对于孩子的快乐无能为力了呢？

其实，身边快乐有很多，就看怎么寻找。从事感兴趣的劳动，再艰苦也会感到快乐，那么，何不从孩子的兴趣入手，让他得到学习的快乐？带孩子外出旅行，欣赏大自然的风光、放松心情，孩子一定会开心地笑，当然前提是不要写作文；给孩子推荐几本好书，带他们听听音乐会、欣赏一出儿童剧，在艺术家美的创造中感受快乐；想办法让孩子多和小伙伴玩耍，让他们学着帮助别人，这样也会给童年带来很多快乐。

载于2009年6月1日新民晚报

把游戏还给孩子

前天，本报“焦点”版刊发了《小学课程提前到幼儿园，有必要吗》的报道，讲述了目前幼儿过早、过度进行知识学习的怪现象。恰好，全国幼儿游戏论坛日前在上海召开，不少教育专家在论坛上大声疾呼：把游戏还给孩子。

一位幼儿园园长说，现在的孩子“玩商”较低，给他们工具和材料，他们却不懂得玩。

不会游戏和过早学习，这不是两件割裂的事。为什么孩子不会玩？首先，他们缺少玩的环境，平时就是从家到幼儿园，放了学由老人接回家，关在家里看电视，不像我们以前总是和小伙伴在弄堂里玩。其次，不少家长觉得，与其花时间疯玩，不如多认点字，学几句英文、做点算术来得实在，所以，双休日不惜带着孩子“转战”各种培训班。孩子们与生俱来的玩的本领和游戏的时间，被大量的知识学习挤占了。

一位外籍教师从欧洲来到上海，最大的感叹是“住宅区没有沙坑”。在他看来，沙是孩子最好的“玩伴”，孩子不玩沙是不可想象的。而近年来上海个别高档住宅区里，也特地建了沙坑，却少人问津，还有爷爷奶奶嫌脏带着宝宝远远绕开。

不久前，温家宝总理在北京三十五中所作的关于教育的讲话，谈到了一个很重要的问题：中国培养的学生往往书本知识掌握得很好，但是实践能力和创造精神还比较缺乏。我国出去了这么多留学生，但很少有像李四光、钱学森、钱三强那样的世界著名人才。这是因为我们在过去相当长的一段时间里比较重视认知教育和应试的教学方法，而相对忽视对学生独立思考和创造能力的培养。

培养创造性人才，不仅仅是大学、中学教育的事。创造能力和独立思考能力也应当从小培养。

一堆不起眼的沙子，在孩子眼里，可能就是一座小山、一个城堡、一个变幻无穷的世界。人的童年，也是一个人最富想象力、最有求知欲、最富探索精神的时期。如果知识教育提前到 0 至 6 岁，大量机械的灌输，使得“认知教育和应试教育”也提前了，加上各种枯燥的才艺训练，挤掉了幼儿的游戏、交流和奇思妙想的时间，削弱了他们探索周围世界的好奇心，那么，孩子尽管掌握了超出他们年龄的课本知识，但未来的创造能力，可能也在不知不觉中被扼杀了。

载于 2009 年 10 月 31 日新民晚报

高锟与小朋友

前几天，为了给上幼儿园的女儿查找某种动物的知识，我翻开了家里放了多年的《阶梯·新世纪百科全书》。这部百科全书最早是英国人所编，后来台湾的猫头鹰出版社出了中文版，1994 年北京一家出版公司获得授权又出了简体字版。

这是一部以少年儿童为对象的百科全书，400 多个条目涵盖自然科学、天文地理、各国历史、社会人文等，词条解释既浅显易懂又准确清晰，配以精美的彩色插图，查找也简便，非常适合孩子使用。当我翻到序言，突然发现作者竟是一位最近大大有名的人物——高锟，刚刚获得诺贝尔物理学奖的华裔科学家。

这篇题为《儿童的恩物》的序言，是高锟十多年前为这部书的台湾版所作。他写道，今天的儿童生活在一个商业化的社会里，物质享受不缺，但精神食粮不足，而市场上还充斥着劣质的读物。他推荐了这部工具书，认为“在好书难求的今日，这套巨著，无疑是献给儿童的一份珍贵礼物”。他还呼吁：“要扫清儿童眼前的雾瘴，为儿童建造一个鸟语花香的知识乐园，好使儿童的身心得到正常均衡的发展。”

当时，高锟的身份是我国香港中文大学校长。一位世界著名大学的校长、“光纤之父”，还顾得上为小朋友推荐工具书，令人钦佩。这篇序言还反映出他对儿童成长环境的忧虑。据高锟的上海亲友介绍，他的国学底子也很好，儿时便熟读四书五经。

大科学家和小朋友，看似距离很远，其实不然。我国桥梁工程学的奠基人茅以升曾致力于科普写作，为青少年写了《桥话》、《中国石拱桥》等脍炙人口的作品。著名生物学家竺可桢也写过大量科普作品。

而今，像这样学贯中西的大科学家不多了，知名科学家写的科普文章也很少，更不要说为小朋友写点什么了。大学校长也同样如此，或许认为科普文章没有学术分量，或许觉得小朋友的读物是“小儿科”。事实上，与发达国家相比，我国的全民科学素养、科学精神还很不够。而这些，都必须从童年时期开始培养，科学工作者用独特的智慧加以引导，有着非同寻常的意义。高锟愿为儿童百科全书作序，就是一例明证。

载于2009年11月10日新民晚报

另一种“孩奴”

继房奴、车奴、卡奴后，部分80后又感慨成了“孩奴”。

宝宝出生，衣食住行，都用名牌；教育费用，更是巨大：上万元的早教班，数万元的名校学费、赞助费，还有才艺培训费、家教费……网上甚至出现了“80后孩奴妈妈晒百万元账单”的帖子。当了“孩奴”的人，不敢生病，不敢轻易换工作，自己的生活也失去了色彩。一个“奴”字反映了一种无奈的心态。其实，培养一个健康、优秀的孩子，并不取决于物质花费的多少。

除了物质上的“孩奴”外，更值得担忧的是一种精神上的“孩奴”。

近年来，可能受国外教育理念的影响，鼓励、表扬、正面引导等教育方法正被越来越多的家长所接受。有人说，现在的孩子是“在掌声中长大”，一点都没错。在公园的“勇敢者之路”，一个四五岁的男孩走一段并不困难的“绳索桥”，边上的爸爸不住口地称赞“好厉害”；一位母亲给3岁的孩子拍照，孩子只不过按她的要求站好不动，换来的便是一连串的“真棒”。

适当的鼓励，看到孩子的优点，有利于培养孩子的自信心。但每时每刻都给予表扬，也就失去了激励的意义。与此同时，正常的严格要求、批评督促悄悄淡出了。

欧美国家的儿童教育尽管强调鼓励，但在原则问题上还是不能退让的，该批评的批评，该惩罚的惩罚。他们还很重视孩子独立精神和劳动能力的培养。

现在的中小学老师普遍觉得学生难教，批评不得。“在掌声中长大”的孩子只能听好话，长大后难以承受失败、面对挫折。想让孩子拥有健康的身心，家长先得不做“孩奴”。

载于2010年3月29日新民晚报

可否建“儿童友好型城市”?

你听说过“儿童友好型城市”吗?

今年“六一”,上海世博会俄罗斯馆举办了一个“童年 2030 项目”研讨会,旨在关注孩子的长远发展。会上,俄罗斯公共议会执行委员会主席拉德琴科等专家提出了一个创建“儿童友好型城市”的观点,值得关注。

儿童友好型城市的概念源于联合国儿童基金会,专家认为城市已成为保护儿童权益的重要场所,应该为儿童提供更好的发展空间。

相对于“环境友好型城市”和“资源节约型城市”,“儿童友好型城市”将关注的焦点放在儿童身上,使城市成为一个对于儿童十分安全和便利的地方。拉德琴科介绍说:“儿童友好城市有九个标准,包括儿童的生存权、发展权、受保护权和参与权等。一个形象的说法就是,儿童是否能够自己在马路上安全地行走?”

然而,在我们的城市里,恰恰是这一点很难做到。如今,车祸已成为威胁中国儿童生命的最大“杀手”;连人行道都不安全,助动车横冲直撞,令孩子生畏;在小区里要找一个安全的游戏空间也不容易;含铅的汽车尾气大量排放,其高度正好对应学龄前儿童的身高……

又如教育。中国的家长似乎十分重视教育,除了盯着孩子做功课、上补习班外,还要他们参加各种才艺培训。但根据“儿童友好型城市”的理念,孩子学习的地方不仅仅是学校,还可以是家里、街上、商店,整座城市都应该是孩子的课堂。学的东西也不限于知识。专家们还提出了很多有趣的建议,如饭店里辟出一个儿童厨房,孩子可以在那里学习烹饪;又如成人理发店中设立儿童角,孩子可以使用对他们合适的、安全的器械学理发。

儿童友好型城市还体现在让儿童积极参与到城市生活中来。有个简单的例子，上海大多数超市、卖场都没有儿童手推车，而在外籍顾客较多的城市超市，却有迷你型的手推车，三四岁的孩子也能享受购物的乐趣。专家还建议，儿童商品也应该让孩子参与研发和测试，高科技产品可以让孩子试用。在日本，丰田公司有一款最新型的概念车最先在幼儿园推出，让小朋友对这辆车提出意见和建议。

城市，让生活更美好，不应忽略孩子的感受。

载于2010年6月3日新民晚报

幼儿园“共享”男教师

上海幼儿园有男教师并不是新闻，然而，男教师在学前教育领域还是“珍稀动物”。本市幼儿园的男教师屈指可数，只有少数知名的示范幼儿园，如中福会幼儿园、思南路幼儿园等才有一两名男教师，绝大多数幼儿园的师资还是清一色的“娘子军”。

这是因为幼儿园男教师存在招不到、留不住的问题。幼师专业、学前教育专业的男生本来就很少，而他们毕业后进入幼儿园，往往因难以适应、待遇不高、职业前景不佳等原因纷纷离开。据报道，北京幼师毕业的男生近一半改行。

最近，我在虹口区密云路幼儿园听到一件新鲜事儿。从去年开始，园里就来了男教师，专给孩子们上体育课。“小龙老师”、“小熊老师”、“西瓜老师”通过有趣的游戏和活动，带着孩子们跑、跳、钻、爬，受到孩子们异乎寻常的喜爱。密云路幼儿园是所一级幼儿园，并不是示范园，名气也不大，这些男教师是怎么来的呢？

园长顾丽萍说，男教师招不到，就去“借”；无法拥有，就“资源共享”。原来这些男教师都是从一家高水准的早教中心“借”来的。他们都具有体育或师范大专以上学历，由专业早教中心统一送到北京进行系统培训。男教师每周来幼儿园两天，给全园大、中、小班的所有班级轮流上体育课，并有专门的教案。每星期，全园小朋友都能和“小熊老师”一起游戏。

无独有偶，据《中国教育报》最近报道，杭州市拱墅区舟山路幼儿园从附近的小学和中学借来两位男教师，分别给孩子们上体育课和美术课。

中国青少年研究中心副主任孙云晓说，幼儿园缺男教师，就像一个人缺钙。男教师对于塑造幼儿健康的人格、坚强勇敢的性格以及思维方式，非常重要。现在的孩子大多由女性带养，幼儿园接触的又都是女教师，男孩身上的阳刚之气也越来越少。给幼儿园的教师队伍增添阳刚之气，刻不容缓。在男教师稀缺的情况下，上述两所幼儿园用“共享”男教师的做法给孩子“补钙”，值得倡导。

载于2010年12月1日新民晚报

校门口的轿车

每天早晚，中小学及幼儿园门口排队接送孩子的轿车，已成一景。最近，我听说了这样两个真实的故事。在本市一所知名小学门口，有个女生每天接送的车都不同，仅同学见过的就多达五六辆：最贵的是300万的宾利，其次有奔驰跑车、宝马，凯美瑞、甲壳虫算是比较差的。听说其父是生意做得很大的老板。

还有个老板的儿子上小学四年级，平时都由司机开着名车接送。有一天，名车派了别的用处，老板自己开着别克商务车去接儿子，可他儿子却像没看见他似的快步往前走，直到很远才上车，气鼓鼓地说："老爸，以后开这辆车来接我，停得远一点！"

两个故事，不要把它们当作笑话来听。第一个故事中的女孩的父亲或许是个成功的企业家，但他在教育子女方面，却是十分低能的。他每天用不同的豪车来接送孩子，只是将炫富、虚荣和攀比的种子，种在了孩子幼小的心灵里，对于其品德、人格、能力的塑造和培养毫无益处。

第二个故事，也具有一定的象征意义。这个男孩小小年纪，可在攀比、炫富方面，"跑"得如此之快，连别克商务车也追不上他。一个读四年级的孩子，觉得乘别克商务车是一种耻辱，试问，他还有多少动力去刻苦求学？今后要他像父辈那样去创业，估计也很难。今天"富二代"遭人议论的种种问题，根源其实可以追溯到他们的童年。

有钱了应该怎么教育孩子？不妨看看香港首富李嘉诚的做法。早年，李嘉诚的两个儿子在香港圣保罗男女小学上学，在这所名校里，许多孩子都是车接车送，可他们却经常和父亲一起挤电车上下学。面对两个儿子的质疑，李嘉诚说："在巴士上，你们能见到不同阶层的人，能够看到最平凡的生活，那才是真实的社会。真实的生活充满了艰辛和劳累。而坐在私家车里，你们什么也不会看到，什么也不会懂得。"于是，两个儿子在拥挤的电车里一天天长大，最终都成为商界巨头。

载于 2010 年 12 月 14 日新民晚报

教师的办公桌

教师的办公桌应该在哪里？当然是教师办公室了。不过，前些天的楚天都市报的报道却给出了另外一个答案。武汉市鲁巷实验小学老师张淑琼把办公桌搬到了教室里，主动在教室办公近三年，全天陪伴学生，引起了人们的关注。

张淑琼老师说，在教室办公，孩子们有什么需要，可以随时找她；她也能全面了解每名学生的表现和特点。有些性格内向或学习有困难的孩子，在她的帮助下，有了很大改变。

无独有偶，本市媒体之前就有报道，在虹口区幸福四平实验小学，每个班都是20多人的小班，班主任都在教室的一角办公，已实施好几年。班主任坐在教室后排批改学生作业、备课，发现问题可及时与孩子沟通。午餐时间，班主任也是坐在教室里和学生们一起吃饭。饭后休息时间，老师则会和学生们一起聊天、玩耍。一旦发现哪个学生情绪低落，班主任还会主动找他聊天，了解孩子的心思。班主任坐在后面，也不会影响其他老师上课。有的任课老师反映，因为班主任坐在后面，课堂纪律更好了。

现在小学的普遍情形是，班主任下了课就进自己的办公室，发现学生有问题就把他们叫进办公室，当着其他老师的面批评，或者动不动就叫家长来校，令学生十分抵触。

张淑琼老师和幸福四平实验小学的班主任，把办公桌搬进教室，拆除了师生之间的一堵有形和无形“墙”，使师生交流更为顺畅，师生关系更为亲密。毫无疑问，这样做班主任的工作量比以前大了，也意味着需要更多的责任心，在工作中投入更多的爱心，但换来的是学生的健康成长。据了解，在美国的不少小学，老师也是这样“包班式”的，白天都在教室陪伴着孩子。

前几天召开的上海基础教育工作会议提出，学生的“幸福感”将成为考量区县和学校教育质量的重要指标。每个学生的个体都是不同的，需要因材施教、因势利导。“教师办公桌进教室”的做法，体现了一种以人为本的教育理念。如果加以推广，一定有助于提升小学生的“幸福感”。

载于2011年3月21日新民晚报

“心灵的体操”

“六一”到了，带孩子去哪里玩，让不少家长犯难。这里提供一个选择。

上周末，我看了上海儿童艺术剧院推出的新戏《金刚变形》。这是一部反映小学生现实生活的儿童剧，构思奇特。剧情是讲一个四年级的“皮大王”，在变形金刚玩具的帮助下，成功变形，变成了自己的班主任，而班主任却变成了“皮大王”。于是，一系列有趣、好玩又发人深思的事情发生了……

前些日子，我请一位德国朋友和他的孩子在上海马戏城看了一场《欢乐马戏》，是上海杂技团新排的，出乎意料地精彩。海狮、鹦鹉、黑熊、狮子、白虎等动物轮番登场，还有惊险的空中飞人，充满力量的马术表演，并配以“海底世界”、“森林”、“草原”等不同的舞台场景和效果。演出质量比我去年看的某国“皇家马戏团”高多了。最低票价仅 60 元，然而观众不多。

在看演出时，观察四周的孩子，脸上都洋溢着笑容。我忽然想到：这不是“减负”的一个很好的途径吗？

现在，孩子过重的学习负担已低龄化了。就拿幼儿园的小朋友来说，不少孩子从中班甚至小班开始，就被家长拖着在英语、拼音、思维训练、围棋、舞蹈、美术等培训班之间奔走，在家里还要练琴。有个 5 岁的孩子参加某个数学培训班，每天回家要做 12 页算术题，每页 10 道，而且完成有速度要求，星期一是半小时，星期二是 25 分钟，依次递减……小学生呢，则被奥数、英语星级等证书套得牢牢的。

难得空闲，孩子们又大多与电视、电脑为伴，现在还多了 iPad 等电子产品。这样的孩子长大后可能会越来越封闭，只会与电脑打交道，在虚拟世界中寻找快乐。

而走进剧场，会给孩子带来另一种美的滋养。戏剧是艺术的最高表现形式。莫里哀说过："喜剧的使命在于纠正人的恶习。"儿童剧亦然。它有助于丰富孩子的精神世界，而马戏同样能给孩子从电脑游戏中无法获得的体验。美是一种"心灵的体操"。这种"心灵的体操"能使孩子的精神正直、心地纯洁、情感高尚、信念端正。走进剧场，与演员面对面，与小伙伴分享感受，其作用岂是上一堂培训课、做几页练习能比的？

要让孩子健康快乐，家长和老师不妨让孩子多做做"心灵的体操"。

载于2011年6月1日新民晚报

可怕的暑托班

长达两个月的暑假开始了。这原本应是中小学生最期待、最快乐的日子，但一些孩子却十分“杯具”，才出校门就被送进了暑托班。

我在某媒体上看到一份“暑期一站式托管”的广告，针对的是小学生，从周一到周五每天课程安排如下：8:30—9:30 小学语文同步；9:40—10:40 小学数学同步；10:50—11:50 小学英语同步；12:00—12:45 午餐时间；12:45—13:30 小学语文同步；13:35—14:20 小学数学同步 14:20—14:30 点心时间；13:30—15:15 小学英语同步；15:20—18:00 暑假作业辅导班。

之所以详细地抄录下来，是因为我觉得这样的暑托班实在太可怕了。所谓同步，也就是补课。一天近 10 个小时都坐着，大人也不一定受得了。而每堂课更是长达 45 分钟至 1 小时，下午每节课之间的休息时间只有五分钟，堪称分秒必争！学习之紧张，超过了学校。这样的暑假，还有什么味道？这样的暑托班，是对孩子的一种摧残。

然而，此类暑托班的出现，也有其理由，因为暑假里孩子无处托管一直是个大难题。放在家里，老人管不住，孩子整天就是看电视，玩网络游戏、iPad。还有的家里没老人，更是不放心，还不如送到暑托班，补补课，还有老师看着。

那么，除了补课，有没有既能远离电视电脑，又安全健康的暑假活动？有！博物馆、美术馆、图书馆、游泳池，都是好去处。最近，我在上海科技馆看到一群来自杭州的小学生在兴致勃勃地参观。上海的学生很幸福，家门口就有那么多地方可去增长见识。另外，利用暑假读点课外书也很不错，这比上十堂作文提高课还有用。当然别忘了完成暑假作业。再加上外出旅游，这样，一个暑假就很充实了。

这样有益孩子身心健康的暑托班谁来办？一些社区已开始尝试，可惜规模还不大。有的全职妈妈互助照管孩子，也是一个好办法。此外，各类社会组织在上海方兴未艾，能否采取“政府购买服务”的方式，鼓励社会组织在这方面发挥作用？要知道，办好公益性的暑托班，也是一个事关民生的课题。

载于2011年7月5日新民晚报

取消期中考试,真的假的?

前些天,各媒体都争相报道了一则教育新闻——今年 9 月上海小学将取消期中考试。许多小学生听了这个消息的第一反应是:真的假的?

问得好!

昨天,有媒体就此消息继续跟踪:这其实是 2004 年的一则旧闻,从 2004 年起,市教委每年发布的《中小学课程计划及其说明》中都有“小学阶段不进行期中考试或考查”的规定。既然八年来年年有此规定,可见确实是真的,不是记者编出来的。

但是,你到马路上随便找个小学生,问问学校里有没有期中考试,回答一定是肯定的;如果到任何一所小学(国际学校除外)向校长提出同样的问题,校长一定会反问:“没有期中考试怎么行?”在校长看来,考试是了解学生学习情况、掌握教师教学水平、检测学校教育质量的手段。要办好学校,必须尊重教育规律。事实上,在许多学校,即使试卷上不标“期中考试”,也会以“期中检查”、“期中练习”、“质量监控”等面目出现。

由此看来,旧闻之所以成新闻,是因为八年来这条规定从未被认真执行过,以至于见多识广的记者也误认为是一条“新规”。

应该说,教育部门的出发点是好的,希望通过减少考试来减轻学生的负担。然而,这些规定无法执行、无人监督,成了一纸空文。

类似的例子还有一些。几年前教育部门就规定:小学低年级不应布置回家作业。但实际上,极少有小学一、二年级是没有回家作业的,哪怕是推崇“快乐教育”的学校。又如,这几年取消了小升初统考，希望让孩子们的小学生活轻松一点，可“择校热”却从来没有降温，换来的是愈演愈烈的民办初中升学大战，面谈、测试，最终大多还是一张试卷确定能否录取。最近，一个小学五年级学生陆续考了十多所民办初中，被八所录取，如此“辉煌战绩”，却值得深思。

而今，取消期中考试的“新闻”又来了，看上去很美，听上去很动听，但不知有多少兑现的可能。如果真要做到这一点，有关部门应该出实招、出狠招，下大力气去推进。如果做不到，不如从实际出发，循序渐进地开展减负。我很担心，从小接触“口惠而实不至”的孩子，长大了会变成什么样？

载于 2012 年 5 月 30 日新民晚报

“万能奶奶”缺了点啥？

新学期开学了。我昨天从报纸上看到一则报道，上海有个“万能奶奶”，一天忙完“买汏烧”还得陪读陪练到深夜。这位奶奶因为从小陪孙子上各种兴趣班，所以做得了奥数，听得懂英语，看得懂五线谱，下得了围棋。记者发问：“老人家，您累不累？”

说不累是假的，但老人乐在其中。且不论这样的隔代抚养、全包全陪是否有助于孩子的成长，仅从报道来看，这位极其重视教育的“万能奶奶”，还缺点东西。缺了点啥？缺的是对孩子自理能力的培养和独立人格的养成。孙子已上五年级了，66 岁的奶奶不仅每天接送他上下学，还要帮他背书包。11 岁的男孩子，个子估计快赶上奶奶了，即便书包重达十几斤，也不至于把他的肩膀压垮吧。

最近我在地铁上看见这样一个镜头：一位头发花白的老太，右手一个鼓鼓的环保袋，左手一个大书包，肩上还斜挎一个小包。边上一个十来岁的小女孩，长得结结实实，肤色白里透红，手拿一个面包圈在笃悠悠地吃。让人看了就生气：这么大的女孩，为何不能自己背书包，而要让年迈的外婆(奶奶)受累？

这书包不是背不动，而是长辈代他们背惯了。祖辈对第三代大多非常宠爱，生怕孩子受累而什么都包办了。殊不知，这对孩子却是有害无益。更有专家指出，当心溺爱变成孩子成长的一剂慢性毒药。

不背书包的孩子长大后会变成什么样？现成的画面已有很多：上大学了，家长在寝室里吭哧吭哧打扫、铺床，孩子在一边当“甩手掌柜”；该找工作了，父母陪着去面试；该谈恋爱了，父母急着替他们上相亲角，甚至上电视征婚；结婚成家了，小夫妻住在父母出资买的房子里，家务父母继续全包，甚至出现了“一三五妈妈上岗，二四六婆婆上岗，轮流洗衣做饭拖地板”的情景。

一屋不扫，何以扫天下？自己的书包也背不动，将来怎样扛起事业、家庭的责任？怎样承担来自各方的压力？

这里，想对深爱孩子的爷爷奶奶、外公外婆说一句：想让孩子健康成长，从放下你们手中的书包做起。

载于2012年9月5日新民晚报

艺术的种子

这学期开学以来，上海市浦东、嘉定、闵行等区的农民工子女，一批一批走进了剧场，观看《快乐的汉斯》、《爱绿色的给力兔》、《鼓舞》等儿童剧。这对绝大多数的“外来娃”来说是头一遭。色彩斑斓的舞台、近在咫尺的演员、充满童趣的情节、开心欢乐的互动，让他们获得了一次难忘的戏剧体验。

为“外来娃”免费送戏，中国福利会儿童艺术剧院做了一件大好事。当然，这也离不开市教委、静安区教育局等部门的支持。据主办方介绍，在为期三个月的演出季里，将演出 40 场儿童剧，来自九个区县的 4 万“外来娃”可以免费观剧。

也许有人会说，不就看场戏吗？打开电视天天可以看。其实不然。儿童剧是一种很特别的艺术样式，它与儿童的心灵有一种天然的亲近，对其情操的陶冶、压力的宣泄、精神世界的塑造有着重要的作用，也是一种特殊的教育手段。我在俄罗斯的时候就看到，在社会最动荡、生活最困难的时候，家长仍带着孩子去看儿童剧。这一点，我国许多城市里的家长就忽视了，以为电视、电脑、iPad 就是最好的娱乐和玩伴。而广大外来务工人员更不会想到带孩子走进剧院。

最近，我在中国新闻网上读到一篇题为《乡村幼儿园的抽水马桶》的文章。作者小时候在乡村长大。他在文中写道：“1990 年，是（乡村幼儿园）安装自制抽水马桶的那一年。这一年之后入园的孩子中，开始出现日后的工程师，之前的年份里，一个也没有。园长奶奶一直深信，代表着工业文明的抽水马桶，狠狠地影响了我们村的学龄儿童教育。”

正如抽水马桶在农村孩子心里播下了工业文明的种子，专业剧团演出的儿童剧，则会在孩子心中播下艺术的种子。这种影响不是一时一刻的，却也可能是“狠狠”的，在某一天突然绽放出灿烂的花朵来。我相信，在小学里看过高水准儿童剧的这些农民工子女中，未来一定会出现作家、记者、演员、编导等文化艺术工作者。这一人群文化素质的提高，将更快地推动我们社会的文明和进步。

载于2012年10月24日新民晚报

“天方夜谭”

昨天的人民日报刊登了这样一则新闻《28 年不留作业，其实不难》，报道了沈阳市铁路五小的教改实践成果。新闻被众多网站转载，在微博上也成为一大热点。新华网转载的标题是：“28 年不留作业，天方夜谭?”

小学没有家庭作业，便被称为“天方夜谭”，实在是当今教育的一种悲哀。

观察一下我们周围的中小学生，无不被沉重的课业负担压得喘不过气来。朋友的儿子在上海西区一所公办名校上一年级，每天作业要做到晚上 9 点。小学生拖着拉杆箱上学，早已见怪不怪。二年级开始近视，身材不是胖墩就是豆芽菜，体能越来越差，想象力和创造力渐渐消弭。

上海的教育部门也一直在喊“减负”。多年前，市教委就规定：小学一、二年级没有回家作业，没有期中考试，评价采用等第制。但是，看看周围的孩子，甚至是在以“愉快教育”著称的小学上学的孩子，没有一个是不需要做回家作业的，也没有一个拿回来的卷子上不是百分制的。

在这种大环境下，沈阳市铁路五小的实践让人惊讶，更让人敬佩。28 年不留家庭作业的结果，不是教育质量的降低，而是培养出了一批批高素质毕业生，初中抢着要。28 年不留家庭作业的背后，是一种追求、一种自信、一种坚持。

教育专家早就指出过，重复练习与知识的掌握和学习能力的提高画不上等号。而不留作业的背后，则是对教师要求的提高。最近，北京也公布了“史上最严的禁作业令”，一、二年级禁止留回家作业，三、四年级回家作业不超半小时，还公布了举报电话。

不留回家作业，不仅仅是要还孩子一个愉快的童年，更是要保证孩子有运动、游戏、观察、阅读和胡思乱想的时间。试想，孩子们从小就被作业压得喘不过气来，连胡思乱想的机会都没有，长大了怎么会有奇思妙想？怎么会有创造力？

上海的基础教育一直以教师素质高、教育理念新、教学手段多样而自豪。然而，对比沈阳铁路五小和北京的“禁作业令”，在教育改革方面，上海已然落后了。我真心希望上海也能有一所小学出来尝试：回家作业没有，教学质量不降！真心希望若干年后，小学不留回家作业，不再是“天方夜谭”！

载于2013年3月27日新民晚报

错误的标准

什么样的孩子才算成功？什么样的孩子才是优秀？

电影《中国合伙人》的上映，让新东方董事长俞敏洪又火了。昨天看到他的一个关于子女教育的演讲稿，语出惊人，但发人深思。

俞敏洪说："在中国现在的家庭教育里，许多人的标准是要求孩子在班里进前五名，孩子只要能考上北大、清华就算成功，到哈佛、耶鲁就更加成功。在我看来，这些都是错误的标准！"

出身农家、北大毕业、成功创业、亿万富豪……俞敏洪本身就是一个知识改变命运的典型，可他为何不赞同"进名校就成功"这一标准？因为在他看来，上述标准之所以是错误的，是因为它变成了衡量孩子的唯一标准。而孩子的成长有很多标准，比如人品是否高洁，个性是否健康，做事有没有创造力和想象力，有没有吃苦精神、勤奋精神、摔倒在地敢于爬起来的精神。

幼升小、小升初的拼搏，双休日的补习班、奥数英语证书、琴棋书画的考级……现在的家长，所有的目标就是孩子学习成绩好、进名校，这一切，让孩子"压力山大"，以至于大多数初中生的脸上，已经没有了笑容。而俞敏洪所列出的人品、个性、吃苦精神等方面的标准，恰恰是现在极不受重视的。

人们往往对成功人士投去艳羡的目光。俞敏洪身为中国企业家协会副会长，协会里有1 000多个企业家，可北大清华复旦毕业的还不到20个，大多是普通高校毕业的，甚至还有农民工、工人、中专生，所以教育只能决定人生的一部分，不能决定一切。这些人的成功并非"学习成绩"起作用，而是创造力、吃苦耐劳、乐于助人、能承受压力和挫折等素质，帮助他们在人生的大考场中取得了骄人成绩。

也有人会说，我们的孩子也很勤奋，也能吃苦，每天做功课到十一二点呢。但是，现在可以在书桌前长时间埋头做题，并不意味着孩子能吃苦。这是在家庭和学校高压之下的行为，一旦可以不做题了，他会像飞出牢笼的小鸟一样什么也不干。正如一些孩子被家长逼得钢琴弹到十级，就再也不碰琴了！

六一儿童节刚过，孩子的成长永远让人牵挂，我因此有了这些思考。

载于2013年6月5日新民晚报

不会微笑

时值暑假，周围许多朋友纷纷举家出游，并在网上晒出了和孩子在各处游玩度假的照片。仔细看这些有着美丽背景的照片，我发现一个奇怪的共同点：但凡孩子是中学生的，脸上都没有微笑。而边上的爸妈，倒是一脸灿烂。按理，暑假是孩子们最快乐的时光，外出旅行更是轻松愉快，可为什么孩子们的表情都是木木的？

为什么我们的孩子不爱笑？当然，科学家研究证明，人爱笑与否与体内的胸腺有关，胸腺在出生时最大，所以幼儿总是咯咯咯地笑；随着年龄的增长，胸腺慢慢缩小，人们笑得越来越少。不过，中学生正值生命的花季，这个世界有许多有意思的东西等着他们去发现、去体验、去感悟，他们的表情绝不应该如此木然。

我也曾接触过不少初中生，还跟他们一同长途旅行过，发觉孩子就读的学校越有名，脸上的笑容就越少。听他们说起自己的生活，几乎是一个模子里出来的：从早到晚除了上课就是做作业，天天睡眠不足；好不容易盼来双休日，又要去补课。来自家庭、学校的巨大压力，让孩子变成了只会做题的“木头人”。昨天看到一个新闻：一个5岁半的幼儿园孩子，妈妈就给他报了17个课外班。估计这个孩子长大后，只会苦笑了。

上海“四大名校”之一的某高中校长告诉记者，有一天早晨他站在校门口迎接学生上学，突然发现孩子们一个个脸上都没有笑容。他非常震惊：“为什么我的学生如此不快乐？这样的教育有什么意义？”与此形成鲜明对比的是，很多外国中学生，包括华人孩子，大多笑容阳光、表情生动。

为什么我们的孩子不会笑？这个问题要比不爱笑更严重。年少时不会笑，长大后更不会笑。而人没有笑容，生命就失去了色彩。

让笑容回到孩子脸上，还来得及。给他们一点自己的时间和空间，让他们去跑，去跳，去运动，去玩耍；去唱歌，去跳舞，去自由阅读，去欣赏戏剧；甚至和好朋友一起调皮捣蛋、闲聊发呆……一句话，让孩子做一点自己感兴趣的活动！这听上去很容易，但又很难做到。幸好，现在是暑假。

做父母的，不妨今天就观察一下自己的孩子：他（她）的脸上有没有微笑？

载于2013年7月17日新民晚报

暑期读经

时值暑假，各种读经班又开始红火。浙江某偏远山区一所学校举办的“读经夏令营”，就让数百家长趋之若鹜。300 个 5 至 13 岁的孩子被关在一起，吃住都很简单，不允许带手机和电子产品，从早到晚诵读《论语》、《老子》、《大学》、《中庸》、《诗经》……学校引入一名台湾学者的理念，声称孩子只要反复吟诵，不需理解，这“符合孩子天性”。

让孩子读一些国学经典，加深对中华民族文化的认同，从优秀传统典籍中汲取养料，提升综合素质，出发点是很好的。但是，一切都要符合教育规律，符合孩子的成长规律。要知道，一口吃不成胖子。像这样只是暑假一个月从早到晚读，连休息天都没有，当时是能够背得滚瓜烂熟，但如果之后很少接触，那这一个月的突击苦背，对孩子能有多少帮助，对其一生能有多大影响，值得怀疑。奥数班、英语班、乐器练习、艺术考级……孩子们已经很累，读经，听上去很美，却可能成为他们的另一种负担。

更让人担忧的是，另有一些培训机构看准了其中的商机，纷纷开办各种读经班、国学夏令营，师资鱼龙混杂，有的连教师资格都没有，随便拿了一本《论语》就来教孩子，效果可想而知。前不久，上海还发生了一起悲剧：某培训机构在崇明借用简陋场地举办“国学夏令营”，一个参与的女孩在发烧后没得到及时治疗，不幸身亡。

其实，读经需要细水长流。杨浦区翔殷路小学从十年前就开始推广“经典诵读”，最初是兴趣小组，后扩大到一两个年级，现在扩大到全校五个年级的所有几百个孩子。一、二年级读《三字经》、《弟子规》，三、四年级读《论语》、《大学》，五年级读《老子》，其间还穿插大量唐诗宋词。有全班读、小组读、配乐朗诵等各种形式，并有老师进行讲解。孩子们在早晨和课间诵读，每天只需 15、20 分钟，日积月累，五年下来，一个个都能出口成章，到中学时学文言文特别轻松。

这样的读经，一点一滴，每日不断，如同春雨般润物细无声。上海的小学不妨多多推广，如果无法全面推开，至少可以开一些兴趣班，让孩子得到正确的引导，满足家长的需求。

载于 2013 年 8 月 14 日新民晚报

教师节有感

昨天是教师节。我想起了许多老师。

他们中有的是我的家人，从祖辈算起，我们家当老师的有近十位，从普教到高教，从幼教到特教，都全了；这其中还有我的小学老师、中学老师，他们的言传身教对我的成长产生了重要影响；还有在俄罗斯留学时的老师，耳目一新的教育方式、浓浓的人情味，让我第一次在没有压力的学习中感受到成功，也让我在分别时泪流满面；有我当记者多年来采访过的好老师、名校长，他们的教育理念也给我许多启发。

让人欣慰的是，教师的地位发生了变化。20 年前，几乎没有什么大学毕业生愿意去中小学当老师，因为收入偏低、工作辛苦，社会地位也不高。渐渐地，情况有所不同了。每年上海和长三角地区的师资招聘会都人头攒动。一位朋友的女儿即将从上海外国语大学毕业，就业的首选是小学英语老师！听说现在要到复旦附中等名校当老师，学历至少要硕士。

这是一个好现象，说明国家的教育投入在加大，说明教师的职业稳定，待遇提高，已有消息说教师的待遇要参照公务员。有了大量优秀人才的加入，我们的教育就有了希望。而且，由于家庭对孩子教育日益重视，教师的地位也在不断提高。

那么，这是不是意味着，教师的形象越来越好了？也不一定。有的老师上课不教，补课时教；有的老师态度粗暴，伤害孩子自尊；有的老师一发现学生有问题，就训斥家长……个别教师的行为，更是让学生无法产生敬意。最近有人向媒体反映，某中学一数学教师暑假在外开班补课，都是本校的学生，共 100 多人，每人每堂课 100 余元，孩子们一边上课，一边帮老师算收入，对老师和学校的敬畏之心也随风而去。

教师节前后，每个人不妨都想一想自己的老师，这会让你的心更纯净。每位当老师的，不妨都想一想自己的职业，因为这是一份非同寻常的职业。

昨天一早，我送女儿去上学。路上她对我说，美术课老师让大家画《我的梦想》。我问："你画的是什么?"她粲然一笑："我的梦想是：我想当老师!"

这应当是小学生给老师的最好的礼物。只有当老师的形象在孩子心中无比美好时，孩子才会将这份职业作为自己的梦想。

致敬，亲爱的老师!

载于 2013 年 9 月 11 日新民晚报

又听过老师"上课"

过传忠是我高中时代的老师。那是 20 世纪 80 年代，我在复旦附中读书，他是学校的副校长。那时过老师已经不带班上课了，但给学生上现代文学选修课。过老师早年曾从事过话剧表演、创作，朗诵功底很深。第一课上的是郭沫若的《凤凰涅槃》。过老师将长诗从头到尾朗诵了一遍，字正腔圆，感情充沛，气势磅礴！我和小伙伴们都惊呆了：这哪里是上课，这分明是艺术享受！而过老师的学术造诣也很深厚，评价作家作品入木三分，点燃了我们对文学的热爱。

高中毕业后，我就再也没有机会听过老师上课。听说他退休后被一所民办高校请去当副校长。我曾多次感慨：现在的中学生，大概再也听不到这样高水平的融语文教学和朗诵艺术于一体的课了。

时隔 20 多年，我意外地又听到了过老师"上课"，这次是在复读机里。两年前，女儿上小学了，学校发下了与教材配套的《古诗诵读》磁带。"白日依山尽，黄河入海流。"磁带缓缓转动，传出的竟是过传忠老师那熟悉的声音！过老师应该有 70 岁了吧，声音尽管苍老了，但依然字正腔圆，韵味十足。这让我一阵惊喜。这套教材以过老师给小学生上课的形式，有问有答，一首古诗，要细细讲 15 至 20 分钟。听了两年多，女儿也喜欢上了这位不见面的"爷爷老师"，只要磁带一放，就摇头晃脑地跟读。

尽管二期课改还存在不少争议，但有关部门出版这套有声教材，的确是做了一件大好事！将过传忠这样的优秀教师请来给小学生讲古诗，使成千上万的孩子得到名师的指点，功德无量。遗憾的是，不少学校并不重视这套教材，也有些家长嫌麻烦，嫌磁带老土，从来没给孩子听过。

我进而想到，优秀的老教师都是一座宝库。怎样将其中的宝藏挖掘出来，教育部门大有可为。上海各个学科都有大量名师，他们在教学上都有自己的绝活，有些随着年龄的增长，已经不在一线教学岗位上了。何不将这些名师的课堂实录制作成视频、音频文件，再通过信息技术等各种手段，由学校集体组织收看，或学生回家上网“点播”？而老教师们一定也非常乐意。从基础教育均衡化的角度来说，也会有不小的益处。

载于 2013 年 9 月 25 日新民晚报

大报告和小朋友

本周是上海“两会”时间，我想说说跟“两会”有关的事儿。1月19日，市人代会开幕。作为采访大会的记者，我也在世博中心会场里听杨雄市长作政府工作报告。杨市长在讲到2014年的主要任务时，照例提到了社会事业的重要方面——教育。

在“优质教育均衡发展”之后，我听到了这样一段话：“完善小学课程标准，改进教学方法，有效控制作业量，减轻学生过重的课业负担，让孩子们有更多时间认识自然、发展兴趣、增强体魄。”

在人们的印象里，政府工作报告讲的都是上海的大事，国计民生，主题宏大，面孔严肃是自然的。然而，这次的报告专门用了60个字讲减负这样一件“小事”，让人耳目一新。“让孩子们认识自然、发展兴趣、增强体魄”，这样的句子和自贸区建设、创新转型、智慧城市、住房保障、社会治理等词语并列在一起，让这份厚重的报告顿时变得可亲起来。

小学生课业负担过重，早已成为中国一大社会问题。“冰冻三尺，非一日之寒。”这其中有教育界的功利因素，也有家长的观念问题，更有培训市场的推波助澜。起跑线前拼命抢跑，埋头题海只知做题，导致孩子体质下降，童真和笑容消失，悲剧频频上演。有识之士甚至大声疾呼：这样的教育会毁掉一代孩子！课业负担过重的问题，事关每一个孩子的健康成长，更事关国家的未来，因此，有必要像对待发展难题、城市顽症那样，下大力气解决。此次政府工作报告专门提到这个问题，可谓“接地气”！

“减负之后做什么？”许多家长会问。回答是“让孩子们有更多时间”去“认识自然、发展兴趣、增强体魄”。这恰恰是我们的孩子最缺乏的。当然,要做起来也很难。学校有没有决心砍掉一些考试和作业,让孩子多参加体育锻炼、户外游戏和社会实践?家长有没有决心放弃一些培训班,让孩子亲近自然、参观博物馆,甚至做一些家务劳动?要达到报告的目标,不仅是教育部门一家的事,还需要全社会形成积极良好的氛围。

“看,市长的大报告讲到了你们小朋友的事。”回到家,我让上小学三年级的女儿读读这一段话。女儿读完问了一句:“老师会听市长的话吗?”

呃,会的吧。

载于 2014 年 1 月 22 日新民晚报

英国人来为何值得高兴？

这几天，英国教育部长带领中小学校长来上海“取经”，学习如何教数学。

这是值得高兴的。

外国人（包括英国人）普遍数学不好，去过欧美国家的人都知道。很多人 10 以内加减法都要扳手指头，这不是说笑话。最典型的是在商店买东西，要是你买一样 31 元的东西，给收银员 41 元，希望找 10 元，收银员就不会算了，只肯收 40 元找 9 元。

昨天媒体刊登的北伦敦学院初级学校七年级入学（相当于我国升初一）考题，更是让人瞠目结舌：40、7、31 三个数字的总和是多少？一个正方体有几个面？随便找一个中国小学一、二年级学生，都能迅速做对。看来，英国人作出的“英国孩子数学落后中国五年”的研究结论，所言非虚。

但奇怪的是，尽管英国人数学如此之差，却并不妨碍他们出了很多数学家、发明家、科学家，比如牛顿、瓦特、霍金等，仅剑桥大学就有 88 位诺贝尔奖得主。可见，英国人的教育理念和我们不同，在理科方面，大多数人不需要学得很深，但却能保证有天赋的人脱颖而出，而且创造性人才更是层出不穷。中国孩子数学好，是从小高强度训练的结果，全民奥数让很多孩子痛苦不堪，却无法培养出世界一流的数学家。我很想对英国人说一句：“你们的数学差，但你们的理念和方法却不差。”

另外，中国学生的数学并不是现在才厉害，外国人也不是现在才知道。中国打开国门后，一批批留学生前往世界各国，其数理化成绩让外国人惊叹。那为什么 20 年前英国人没有来而现在却来了，仅仅是因为上海学生在 PISA 测试中取得世界第一？

事实上，这与近年来中国整体国力提高、在世界上影响力不断提升有关。中国创造了经济连续多年高速增长的奇迹，已成为世界第二大经济体，成功举办了奥运会、世博会。在文化软实力方面，莫言获得了诺贝尔文学奖，最近中国艺术家在柏林电影节上再一次捧回金熊奖。

正是因为中国全方位的崛起令世界刮目相看，发达国家才开始寻找中国快速发展的原因，甚至探索中国基础教育的秘密。所以，英国人来“取经”，值得我们高兴的并不是数学，而是背后的东西。

载于 2014 年 2 月 26 日新民晚报

“注水”童书

我最近收到一套北京两家少儿出版社联合出版的童书，这是一位知名作家的儿童小说，装在一个方方正正的匣子里，竟有七本之多。捧在手里，沉重无比。

这七本书讲的是一个故事。故事不错，写得也很细腻，但读着却有一种“注水”之感。这点情节，似乎不需要 90 多万字的篇幅来书写，并配如此多的插图。这七本一套，有多少孩子能有时间、有兴趣全部读完，也是一个问题。

现在儿童读物“注水”现象十分严重。往往只要一本叫好，续集马上出来，动辄四五本，甚至七八本一个系列。我曾看过有人写双胞胎女儿的成长小故事，文学性并不强，却絮絮叨叨，一个系列就是四本。某些高产童话作家就更不用说了，以“工作室”之名，雇佣一批“枪手”流水作业，一年可以出十几本、几十本。所以，我在给女儿挑选读物时，发现“系列”的，一概不选。当代国内知名作家，只选取他的成名作。

注水牛肉不好吃，“注水”童书不好看。情节拖沓、语言啰唆重复，悄悄损害着孩子的文学鉴赏力。成人的文学作品中，“注水”现象比较少，很少有一部小说拉长成七本的(网络小说不在此讨论之列)。为何独独儿童文学这么多？这是因为孩子年幼，没有辨别能力。而现在的家长，也舍得花钱给孩子买书，看到包装精美、有名人推荐的少儿读物，就一套一套地买。一些出版社看准了这一点，就一套一套地出！

正因为孩子是一张白纸，你塞给他什么，他就读什么，因此更应该让他们阅读高质量的文学作品。另外，现在的孩子，课业负担本来就重，有限的阅读时间再被此类“注水”童书占据，多么可惜！

注水牛肉影响的是食品的质量、人们的健康，最终受损的还是商家。而大量“注水”童书的出版，初看为作者、出版社赢得了一些利益，但对于孩子的损害是无形的，最终损害的还是作家、出版机构的声誉。儿童时期的阅读影响着一个人未来的精神世界。作为少年儿童精神产品的生产者，其道德水准和社会责任本就应当高于其他商家。其实，他们心里非常清楚：真正能够载入史册的优秀儿童文学作品，绝少有系列！

载于2014年5月7日新民晚报

学习流水线

在十年前的“六一”我写过一篇评论——《让曹泽兰玩一天》。不料，如今的孩子比十年前更苦了。

昨天我在文汇报笔会的微信订阅号上读到了作家罗达成的文章《天天累得我心疼》，说他 7 岁的孙子天天刚上小学一年级，就被学校和妈妈逼得苦不堪言，天天按照“流水线”一般的时刻表学习 14 小时，课外还有英语家教、语文补习，不许游戏，不许看电视，不许下棋，孩子泪流满面，妈妈铁石心肠。

这样的孩子绝不止天天一个。现在不要说小学生，幼儿园的孩子就开始了这种学习流水线，放学后和双休日奔波在各种培训班之间，晚上还要埋头写字、做奥数题。这让人非常痛心。过早的填鸭式学科教育不仅违反自然规律，更扼杀了孩子的想象力和好奇心。

我觉得，孩子在童年时期，最重要的是保持想象力和好奇心。有了想象力，才有各种发明创造、创新产品，才有伟大的文学和艺术。有了好奇心，才会去求知、去探索、去揭开世界和人类的秘密。而这一切，要通过大量阅读、大量观察世界、大量动手（包括游戏、劳动）以及大量胡思乱想来获得。

孩子都是天生的幻想家。我们常常看到，孩子们会长时间蹲在地上看蚂蚁，会独自对着娃娃讲故事，或用盒子、罐子搭建梦想城堡。而今，这些行为被认为是浪费时间，加上过早地被放进学习流水线，这样的镜头在许多孩子身上已经看不到了。人想象力最充沛的时期是童年，之后就很难培养。

几年前就有一个国际教育组织的调查显示，在全球 21 个国家中，中国孩子的计算能力排名第一，想象力却排名倒数第一，创造力为倒数第五。而由美国几个专业学会共同评出的影响人类20世纪生活的20项重大发明中，没有一项由中国人发明；中国学生每年在美国拿博士学位的数量为非美裔学生之冠，但美国专家评论说，中国学子想象力大大缺乏，毕业后大多是循规蹈矩的好员工，而较少有带着创新产品去创业的。

事实上，保持孩子的想象力、创造力和独立思考能力的这条路，比陪读、应试的道路更艰难。

载于2014年6月4日新民晚报

课本浪费知多少?

我在长假里收拾房间,理出一堆孩子去年的课本,边清理边感慨:好些课本还“赤刮拉新”,就这样扔了,实在是一种浪费。

现在的小学教材,都是十六开、彩色的,印刷精美。除了语数英主课的教材用得比较多以外,美术、音乐、品社、科技等课的教材,还有拓展型课程、探究型课程的教材等,都很新,完全可以给低年级同学循环利用。

大学同学移居芬兰多年,说孩子的课本都是从学校借的,上面只许用铅笔写写画画,一学期结束再还给学校,一本教材要循环使用很多年。俄罗斯也是这样,很多年前我在莫斯科大学学俄语,到校第一件事,就是老师带我们去图书馆借课本。还有朋友发微信说,加拿大同样如此,孩子们的课本上不允许写字,每年循环利用。

记得媒体对教材循环利用呼吁了不下十年,有关部门也曾信誓旦旦地表示,将从美术、音乐等副科教材开始,但“只闻楼梯响,不见人下来。”除了极个别学校开展一两种课本循环利用的试点外,绝大多数孩子还是读完一本扔一本。从建设资源节约型社会的意义来说,这也是一种浪费。

现在的孩子读书,义务教育阶段的书费都由国家包了,连本子都不用自己掏钱买。所以,这种浪费家长是没有感受的。上海义务教育阶段的学生超过 100 万,每年教材就要印几千万册,花在这上面的经费真不是个小数目啊。事实上,这也是教育经费的浪费,这笔账有没有人算过呢? 当然,更让人心痛的是,不知有多少树木因此被砍伐!

芬兰、俄罗斯、加拿大，这些国家的森林资源都比我国丰富得多，但这些国家资源节约、环境保护的理念，要远远超过中国。

现在，学校都很注重培养孩子的环保意识，用废弃物做手工啦，记录家里的水电煤消耗量啦……其实，对孩子们来说，为环境做贡献最简单易行的，就是使用旧课本。更何况，现在的教材不是家长买的，而是学校发的，做起来更方便了。

载于 2014 年 10 月 8 日新民晚报

地铁上的一幕

早上上班时，我经常在同一班地铁的同一节车厢看到一对母女。女儿穿着虹口区一所民办初中的校服，妈妈是个打扮整齐的中年人，脚下放着一个带拉杆的书包。

女儿坐在一角吃着汉堡。她好像都是在地铁上吃早饭的。上次，是吃一个鸡蛋饼。还有一次，妈妈拿着饭盒和勺子，一口一口地喂她吃粥。乘客都有些惊讶，已经上初中了，还要喂饭？

女儿吃了一半不想吃了，妈妈关切地说："早饭吃这么少，不行的呀。""这是你自己选的，你也不吃，那怎么办？"女儿一直低头不语，看上去胃口不好，小脸板着。这时，又一句"恶性循环，要改变这种情况"飘过来，大意是说晚上作业做得晚，睡得太晚，早上起不来，所以来不及吃早饭。"我待会儿给你去买 BreadTalk 吧？"女儿终于有了反应，却是："不要……"

我和她们同乘的两站路里，妈妈的目光没有离开过女儿，嘴里的话也没有停过。车快到站了，她先站起来，拖着拉杆书包走到车门旁，不忘关照女儿等车停稳了再站起来。车门打开，她拖着书包，领着女儿下了车，估计是要把她送到离地铁站步行两三分钟的学校。从背影上看，女孩并不瘦弱。

我忽然想起朱自清的《背影》。送女上学、路上喂饭、代拖书包、无尽叮嘱……现实版《背影》天天在这里上演。然而，这地铁里的一幕并没有让我感动，而是叹息不已。

这位妈妈看上去是个精明能干的职业妇女，而她对女儿的这份殷殷之情，比一般的妈妈更甚。她那么爱孩子，为什么女儿还是不快乐？事实上，她的爱已经过头了。车厢里，有很多穿着同样校服的孩子，独自上学，没有人帮他们背书包。在路上吃早饭，也不是个好习惯。不如定好规矩，帮女儿调整作息时间，让她早起十分钟。其实，对于妈妈的溺爱和唠叨，快到青春期的女儿或许也想反抗，但她只敢对妈妈塞来的食物说“不”。

很想对这位妈妈说一句：“妈妈，您的爱太沉重了，没有看到女儿已快被你压垮了吗？要改变的，不是孩子，而是您！”

载于2014年10月15日新民晚报

全英文的“备忘录”

这里所说的“备忘录”，是小学生记录家庭作业的小本子。上海每个小学生都有，里面还有老师给家长的留言，家长也可以在上面和老师交流。

最近，我和朋友聊起择校的话题。她告诉我，她的一位邻居，每天都收到一份全英文的“备忘录”，天天“愁得脑门倍儿亮”。

这户人家来自外地，一直在上海经商，前几年到香港生了个娃。今年孩子到了上学年龄，他们将孩子送到上海的一所英国学校，每年学费 20 多万元。本以为孩子进了“高大上”的英国学校，前途一片光明，不料孩子却水土不服，因为家中没有英语环境，一开始什么也听不懂，即便是数学卷，也因为看不懂题目而做不出。最让家长痛苦的是，老师每天通过英文邮件告诉家长家庭作业、学校通知、注意事项等等。这位妈妈不识 ABC，只好每天找懂英文的邻居来翻译，更不要说辅导孩子学习了。另外，因为那所国际学校不学中文，她还给孩子请了一个家教补中文。

现在，把孩子从小送到国际学校，成为沪上不少有实力的家长的择校新潮流。由于大部分国际学校严格要求孩子为外籍，所以有人退而求其次，将孩子送到开设国际课程的民办学校，既可以脱离国内“应试教育”的苦海，轻轻松松地学习，又为将来出国留学无缝衔接做准备，可谓一举两得。

但是，双语学校真的轻松吗？我认识一位家住远郊的全职妈妈，今年想方设法把女儿送进了位于闵行区的一所知名双语学校，每年学费 8 万余元。由于校车不到她家门口，这位妈妈每天早晨必须开车十多公里，将孩子送到校车点，上了校车后，再开半个小时，才到学校。一个一年级的小学生，每天仅上学放学路上就要两个小时，该是多么辛苦！而这所学校为了保证质量，作业并不少。等到高年级，那就要挤占睡眠时间了。

高端的名称、高档的外教、高额的学费，这一切似乎成为孩子成才的保障。然而，在这些学校学习并非想象的那么轻松，双语教学，也并不是所有孩子都适合。这一点，值得择校的家长们细细思量。

载于 2014 年 10 月 22 日新民晚报

几岁学外语好？

不久前在大学同学聚会上，我遇到两位旅居日本的女同学。这两位同学不约而同地说，她们的孩子学习压力没有上海这么大，日本小学是不学英语的，到中学才开始学。

这个信息有点“雷”到我了。大家都知道，日本战后之所以经济迅速腾飞，是国家重视教育的结果，经过数十年发展，基础教育、高等教育都十分领先。如此重视教育的国家，为什么不让小学生学英语呢？而且我以前也听日本朋友说起过，日本小学生学习很轻松，回家没什么作业。

无独有偶，上周本报刊登了记者王蔚采写的一篇报道《“不学外语输在起跑线”是谎言》，采访的是中国英汉语比较研究会会长、华东师大教授潘文国。这位身跨汉语和英语两个教学领域的专家也认为，不需要从很小开始学外语，他自己是从高一开始学英语的。针对现在很多机构以“学语言越早越好”为名让幼儿学外语的情况，潘教授说，“学语言”不等于“学外语”。幼儿期的确是学语言的最佳时机，但这里指的是母语，即本国语，是“妈妈说的话”，而绝非外语。他提出：“从初中开始学外语就足够了。再往前，我认为就是时间和各种资源的浪费。”

从我自己的经历来看，小学三年级开始到大学一年级学的是英语。大二那年被派到俄罗斯留学，去的时候，33 个俄文字母也认不全，在莫斯科大学上了七个月的预科后，就进大学学习了，而且学的是对语言要求很高的戏剧学。而与我同时在预科学习的，还有一些在中学里就学过六年俄语的同学，但是预科毕业时我们的程度已经差不多了。由此看来，学语言最关键的是语言环境，而且要多多使用。

现在的上海小囡，从小学到大学，要学 16 年英语，还经常在外面补课，孩子和家长都付出巨大的时间、精力、金钱成本，即便学了一口流利的英语，其“性价比”也是不高的。

所以，我很赞成潘文国教授的意见，从中学开始学英语也无妨。不知上海教育部门有没有这个胆识，进行一个实验，选择几所学校，让学生在小学阶段不学外语，等中学毕业以后，看看这些孩子与其他高中生相比，外语水平差多少？

载于 2014 年 11 月 5 日新民晚报

木偶戏的魅力

艺术节，处处有惊喜。

说起木偶戏，在人们印象中，是“小儿科”的东西。上周日，我带女儿去看了一场来自俄罗斯的木偶剧《十二个月》。

演出的剧团鄂木斯克木偶剧院位于西伯利亚的一座中等城市，相信大部分中国人都没听说过这个地方。然而，这家木偶剧院却有78年历史，近20年来，剧院排演的木偶剧在国际上频频获奖。《十二个月》根据俄罗斯民间传说改编，木偶制作精美，舞台层次丰富，布景灯光绚丽多姿，还有雪花、焰火等特效，营造出一个梦幻般的白雪世界。舞台上，当贪心的后母和姐姐穿上狗皮袍子后，竟然变成了两只小狗，孩子们大笑不已。

这个演出，是今年上海国际木偶艺术节中的一场。在不到一周的时间里，来自俄罗斯、法国、波兰、德国等国的九个国外木偶艺术院团，以及国内四个木偶专业团体带来了13台、37场演出。仅从剧照上看，都极富想象力和现代艺术感。为木偶剧这样一个小众的戏剧种类举办艺术节，并作为上海国际艺术节的“节中节”，让人欣慰。

在过去一段时期里，我国的木偶艺术普遍不景气。就拿上海来说吧，原有专业木偶剧场拆除了，好几年没有固定演出场地，演职人员收入很低。直到原址建成了商务楼之后，上海木偶剧团才回来蜗居其中一层。许多“90后”在童年时代可能没有看过一场木偶剧。所幸的是，近年来政府加大了对文化的投入，木偶剧这个“小儿科”剧种也慢慢有了生机，上海木偶剧团也有了第一批本科毕业的演员。

木偶戏是一种古老的戏剧形式，在动画片铺天盖地、打开 iPad

想看什么就能看什么的今天，木偶剧依然有其存在的价值，并且不仅仅是针对儿童。

这几年，英国原创话剧《战马》风靡全球。我在伦敦曾看过一场，被深深震撼。其中的主角——战马，也是木偶。它们的大小与真马一样，只不过每匹马由三名演员操控，会跑会跳会呼吸，活灵活现。这个创意是借鉴了非洲的“实操木偶”技艺。明年，《战马》将登上中国的舞台，届时，上海观众可以欣赏到古老的木偶在现代话剧舞台上的魅力。

载于 2014 年 11 月 12 日新民晚报

奢侈的午休

“你午休吗?”除了废寝忘食的工作狂和日理万机的领导,大多数人的回答应该都是肯定的。“你的午休时间用来干什么?”有条件的,睡个午觉,比如公务员;没条件的,外出吃饭带逛个街,比如白领;注重锻炼的,出去快走一圈;想要放松的,上网、打牌、玩游戏,当然还有刷微信、微博的,不一而足……那么,“你知道你的孩子午休时间干什么吗?”答案只有一个:“做作业。”

昨天发布的一项上海3万份作业大数据调查显示:小学阶段,35%的学生在校作业时间超过40分钟,15%超过一小时;初中阶段,50%的学生在校作业时间超过40分钟,25%超过一小时,10.6%超过一个半小时。也就是说,一半的小学生和85%的初中生,都是在午休时间做作业的。我曾去一些学校采访,还看到过课间休息时孩子们埋头“刷刷刷”地做题的场景。

午休时间成了作业时间,实在是一种无奈。因为作业太多,如果中午不做,回家就会做到很晚。我女儿上四年级,做作业的时间反而比一二年级时短了,一般放学回家后不到1小时就做完了。究其原因,与学校减负有关,但更重要的是她在中午和晚托班的时候把大部分作业做完了。对此,我不知道是该高兴还是该烦恼。

现在的中小学生,都是每天七八点进校,4点放学,在学校的时间有八九个小时,和大人上班的时间差不多,而且回家还要做很多作业。而这八九个小时,学生们基本上是坐在教室里的(大部分小学生下课也不能出去玩)。原本可以放松一下的午休时间,现在也成了作业时间。孩子天真烂漫,需要的体育运动和自由活动时间,应该比大人多，而现在，一个个活泼好动的孩子，被禁锢在椅子上，变成了“机器人”。长此以往，体质不下降、眼睛不近视才怪呢！

据说，在一些初中名校，不仅早就让全体学生利用午休时间做作业，甚至有老师对考得不好的学生放出狠话：“让你们每节课下课都去做题！”

在当今中国的高考制度下，学业负担很难一下子减下来。但我仍认为，孩子们的午休不该是奢侈品。

载于2014年11月26日新民晚报

你将来想做什么?

2017年起,上海的高考由"3+1"变成"3+3",第二个"3"是三门普通高中学业水平等级性考试科目。昨天,上海公布了高考选考科目方案。从各高校提出的选考科目要求来看,有理化生的组合,有理化地的组合,也有两门科目的组合,也有的只需一门,还有的没有提出选考科目要求。

专家认为,从"3+1"到"6选3",学生有了更多的选择权。据我所知,对许多高中生来说,选定一个专业,仍是比哈姆雷特的"生存还是毁灭"还要难的选择。要填志愿了,许多学生"两眼一抹黑",几乎都是父母帮他们作选择。

而父母是怎样选择的呢?基本上是看社会上什么工作赚钱多、就业形势好,根本不顾孩子的兴趣,也考虑不到未来就业情况的变化。

如今的孩子很累。从幼儿园起,家长就让他们参加各种培训班,恨不能让孩子成为十八般武艺都会的全才;到了小学,则为了拼证书而奔波在各种奥数、英语、作文补习班之间;进了中学,更是没日没夜地苦读和补课。父母的一片苦心,就是希望孩子将来能上名校,找个好工作。但是,他们却几乎没有问过孩子:"你将来想做什么?"他们认为,有了好分数就有了一切。而整天埋头题海、早就没有了双休日的孩子,也没有机会接触各种职业,更没有闲暇想一想自己的职业理想是什么。

有位朋友的孩子是学霸,从小到大都是名校,还拿到美国大学的奖学金,一直是父母的骄傲。然而,孩子留学回来,对于自己的人生目标仍是一片茫然，无法作出选择，最后进了一家投行工作，收入虽高，却完全不喜欢。

曾有一位专家说过，如果人人都能从事自己喜欢、感兴趣的职业，那么人人都是劳模，因为再苦再累他也愿意。事实上，国外的中学生，甚至小学生就有了职业体验、职业规划，还有各种职业兴趣测试，帮助孩子们确定自己的目标。如果能早一些了解自己的兴趣、自己的特长，并朝着这个目标去奋斗，那么，未来的人生道路会更有意义，幸福感也更强。

高考改革的步子近了。我们家长的教育理念，是不是也应该有一番改变？

载于 2015 年 2 月 4 日新民晚报

《马兰花》又开

今年“六一”，中国福利会儿童艺术剧院传来好消息：经典儿童剧《马兰花》又将复排了。这部由儿艺老院长任德耀创作的作品，在过去的半个多世纪里，在国内几乎所有儿童剧院不断上演，仅中福会儿艺就排演过三次。它还曾被译成十多种文字，受到外国小观众的喜爱。最近，市委书记韩正在与本市18家国有文艺院团负责人座谈时也说，他小时候就看过《马兰花》和《宝葫芦的秘密》，一个故事讲一个道理，对人的一生影响深远。

有人说，过去儿童剧之所以影响大，是因为没有电视，电影也很少。现在有了电影电视，就不需要进剧场看儿童剧了。不过，国际上有一个关于儿童剧的权威调查，结果显示，小时候看过儿童剧的人，成年后经常进剧场和博物馆的是没有看过儿童剧的人的4倍。可见，儿童剧对孩子的艺术熏陶、情感陶冶、审美能力和人文素养的提升，有着潜移默化的作用。在向少年儿童传播核心价值观方面，儿童剧更有不可替代的作用。

《马兰花》又开，让人欣喜，证明了优秀原创作品强大的生命力。相信有许多70后、80后的父母，会带着孩子进剧场“怀旧”，而捧着iPad长大的00后、10后的小朋友，也会喜欢那朵“风吹雨打都不怕”的马兰花。

《马兰花》又开，也从另一方面给艺术工作者出了一个课题：今天的《马兰花》在哪里？中福会儿艺院长蔡金萍说，近年来，儿童剧逐渐走出了低谷，上海也有了国际一流的儿童艺术剧场。可是，最缺的还是好的原创剧本，“巧妇难为无米之炊”。现在，编剧都喜欢写影视剧本，可以“名利双收”。即便一些从事话剧创作的，也视儿童剧为“小儿科”。国产儿童电影更是如此。事实上，儿童剧的创作并不容易，需要用儿童的视角来看世界，需要了解儿童的心理，用孩子喜欢的方式进行表达。

儿童剧的繁荣，还不仅仅是艺术工作者的事，需要全社会的支持。比如，家长能否更多地带孩子看儿童剧？又比如，儿童剧有寓教于乐功能，教育部门能否将看儿童剧纳入艺术欣赏课程之中？只有形成了良好的氛围，才会形成良性循环，促使新的经典不断涌现。

载于 2015 年 6 月 3 日新民晚报

另一种“教育失衡”

在不久前市里举办的“十三五”规划讨论会上，杨浦区打虎山路第一小学校长卞松泉讲了这样一段话：

“现在基础教育系统女教师占80%，男教师占20%。很多男孩子不愿做老师。特别是小学，基本上都是女性教师占多数，这样的教育是失衡的。如果再发展下去，以后男女教师比例成了1∶9，我们的教育是很欠缺的，对学生成长是不利的。”

教师的男女比例问题，因为太过普遍而导致人们熟视无睹。记得我上小学和中学的时候，男老师还是很多的。我小学里数学老师、体育老师都是男的，还有一位音乐老师也是男的；初中和高中男教师的数量要超过女教师。

可是，现在随便你问哪个小朋友，他们都会告诉你，班主任是女的，语数英老师是女的，音乐美术老师是女的，计算机老师是女的……还有的孩子说，他们的体育老师也是女的！

如果其他机构职工性别失衡还可以凑合，但学校却不应该凑合。因为学校是个特殊的场所，它承担着教育人、塑造人的重要责任。少年儿童的成长需要阳刚之气，需要理性思维，需要果敢担当，需要勇于探索，一般而言，这些素质在男性身上的体现多于女性。卞校长提的问题发人深思：“谁也不愿意把孩子送进一个纯女性的学校吧？”

现在，无论是国家还是上海市的层面，对教育投入都在逐年加大，校舍越建越漂亮，设备越来越完善，教师的待遇也在提高。可为什么来当老师的男性还是那么少呢？我想，可能待遇、福利还不够高，不足以吸引男性从事基础教育工作；也可能，这份“孩子王”的工作不如白领、金领那么光鲜；更有可能，教师的价值没有被社会所真正认识。我们当然不能用降低标准的办法来增加男老师，而是应该从待遇上、事业上增加教师岗位对男性的吸引力。

不管怎样，这另一种“教育失衡”问题，期待能够尽早摆上有关部门的议事日程，也期待全社会都来动脑筋、想办法。

2016 年 1 月 6 日

“微课”来袭

一个可以容纳 500 人的大“教室”,坐得满满当当。点名结束后,变得鸦雀无声。我走进教室,坐在讲台上,拿出准备好的讲稿,开始了我的讲课。在不间断的讲授中,我不时穿插一些图片,作为内容的说明,同时增加听者的兴趣。45 分钟后,一堂课结束了。这时,台下的问题雪片般地向我飞来。我选择了其中一些有代表性的进行回答。时间飞快地过去,一个小时到了,授课结束。

让人惊讶的是,不止这 500 名学员听了我的课,还有五个教室同步直播,每个教室 500 人,也就是说,听课的总人数达 3 000 人！事实上,我也并没有到某个学校去实地上课,而是坐在家里拿着手机讲课,学员们也是坐在家里听课,他们身处天南海北,如云南、新疆。

一位曾经的同事离职创业,开办了一个儿童教育方面的微信公众号,短短两年就已经有了近 10 万粉丝,去年开出了“微课”,十分火爆。最近,我应她邀请去上了一次“微课”,亲身体验了互联网时代的授课方式。我曾当过一段时间的大学老师,也曾做过讲座,一个多功能厅,容纳上千人已经够多的了。可是,3 000 人能够同时听课,除了广播、电视等大众媒体中的“讲坛”,在现实生活中很难做到。但是,技术的进步使一个微信公众号却做到了。

我上的这堂是免费“微课”,他们还有收费课程。目前已开出了五六个课程,最多的一门课有三四百个付费学员。学员之所以心甘情愿掏腰包,就是因为内容独一无二。

“微课”颠覆了面对面的传统授课方式,听者不仅没有地域界限,而且因为是利用微信语音功能,还可以回听,并且多次收听。更神奇的是，其中一门课的授课老师常住意大利。尽管没有教室里那种现场互动，但是同样可以给老师发送问题，得到解答。

互联网改变了我们的生活，开辟了许多新的行业，也几乎冲击着每一种传统行业。就拿教育领域来说，线上授课、“慕课”等已经不新鲜了，而今的“微课”更是让学习变得更为便捷，更为高效，更有针对性。

“微课”来袭，传统的学校教育、成人教育、社区教育应该有怎样的改变，也是值得深思的。

2016 年 2 月 24 日

让孩子重新亲近纸质书

1616年4月23日，一个生活在伊丽莎白一世和詹姆士一世时代的英国人离世。这个英国人以一部部惊世骇俗的戏剧作品，无可争辩地成为世界上最伟大的剧作家。他就是威廉·莎士比亚。而4月23日，也恰巧是他的生日。300多年后，这一天又被赋予了特别的含义——1995年，联合国教科文组织将4月23日定为“世界读书日”。

在今年的“世界读书日”前夕，杨浦区少年宫建成了四层的阅读主题馆，举办为期一年的青少年阅读推广活动。这四层的阅读馆巧妙利用了新少年宫每一层的公共门厅，每层都是一个120平方米左右的主题书吧：二楼“晓·时代”古诗词鉴赏区，有大量国学、诗词、古典文学等经典书籍；三楼“绘·世界”亲子阅读区，摆放了许多文学性和艺术性俱佳的绘本，适合低龄儿童阅读；四楼“e·星空”是电子阅读区和高雅艺术欣赏区；五楼的“悦·天地”则以世界各国的经典文学名著为主，是专门的名著阅读专题指导区。每周五下午和每周六、周日，阅读馆都将举行不同主题、不同对象的读书活动，每场两小时，双休日每天多达四场。这些活动或是由杨浦区名师工作室的语文老师授课，进行阅读指导，或者是复旦附中、控江中学等示范性高中文学社的学生，为小同学进行好书推荐和引导，也有“听爸爸妈妈讲故事”这样的亲子活动。在一个个主题书吧里，一本本新书散发着淡淡的油墨香。明天，将有200多名喜欢阅读的中小学生前来赶赴一场书香盛宴。

这个活动在今天有着特别的意义，那就是让孩子重新亲近纸质书。

书，自古以来在世界各国都有着崇高的地位，它是人类智慧的结晶，是人类进步的阶梯。在中国，孩子上学、接受教育，就叫读书。在过去的很长时间里，读书人也就是文化人。可是，近些年来，随着电子产品的冲击，纸质书，离现代人，特别是孩子越来越远了。

其实，孩子是天生的阅读者。一两岁的孩子，你塞给他一本图画书，他一定会兴趣盎然地翻开来看。现在的 70 后，小时候都看过小人书吧？再不喜欢读书的皮大王，拿起一本小人书，也会安安静静地看上一会儿。那么，为什么现在的孩子不爱看书了呢？主要是因为进入网络时代，电视、电脑、手机等新媒介的迅速发展，将人们的注意力从书本上移开了。试想，由一个个方块字组成的长篇大论，怎么敌得过有画面、有声音、还能互动的影像呢？iPad 的出现、手机使用低龄化，对孩子阅读的影响更大。

还有一个重要因素来自学校和家庭。如今的中小学，课堂教学普遍过多强调知识的传授与技能的训练，重分数技能，轻人文素养。现在从幼儿园开始的学业负担、家长变本加厉地让孩子上补习班，学钢琴、小提琴、舞蹈、围棋等各种才艺，也挤占了孩子们的阅读时间。杨浦区少年宫的一项调查显示，现在的中小学生在成长关键时期人文阅读的时间较为匮乏，阅读能力在阅读最佳时期开始滑坡。可以想见，今后将出现一些除了课本，没有读过一本书的孩子！

其实，几千年来，书的载体也不是一成不变的。从结绳记事、岩洞壁画，再到楔形文字、象形文字、拼音文字……人类历史的发展离不开文字，由于文字记载和传播的需要，便诞生了书。从古埃及人的芦叶纸（莎草纸）做的书，到我国先秦的竹简、再到欧洲中世纪的羊皮纸，中国东汉和北宋的重要发明——蔡伦的造纸术和毕昇的活字印刷术，终于使纸质书得以大规模流传……今天，随着科技的进步，电子阅读势不可挡。

然而，纸质书仍有电子读物不可替代的作用。纸质书尽管有不够环保的缺点，但其质感、舒适度、阅读体验，是电子书无法比拟的，更重要的是，纸质书能让人安静下来，真正养成一种阅读习惯。一卷在手，物我两忘。有人说，网络的普及，特别是微信的出现，使得人人成了低头族，全民阅读量增长了。事实上，看微信上的文字和图片，只是一种碎片化的阅读，连浅阅读都算不上。随便看几篇几百字、哪怕几千字的帖子，和完完整整地读完一本几十万字的好书，效果怎可能一样？

阅读对人的成长的影响是巨大的，一本好书往往能改变人的一生。而一个民族的精神境界，在很大程度上取决于全民族的阅读水平。良好的阅读习惯，让孩子终身受益。而这种习惯，如果小时候没有培养，长大是很难培养的。如果一个孩子从小习惯于读纸质书，那么长大了，他也能够在电子媒介上阅读各种书籍，反之，则不成立。

让孩子亲近纸质书，少年宫、图书馆可以发挥很大的作用，而让孩子一点一滴养成阅读习惯，少用 iPad 和手机，对父母来说，做起来并不容易，但还是应该坚持去做。

载于 2016 年 4 月 22 日新民晚报

现实版"巴学园"的启示

这是一所与众不同的学校，校门是两棵矮树，教室竟然是一节节废旧电车车厢；每个班只有十来个人，每天可以从自己最喜欢的课程开始上课；学校运动会的项目稀奇古怪，患有侏儒症的同学竟然得了第一……这是日本70年前的一所学校——日本著名儿童文学作品《窗边的小豆豆》中描绘的"巴学园"。一年级女孩小豆豆因为行为怪异并且影响他人而被原来小学劝退，来到了这里后，她遇到了小林校长。第一天见到小豆豆，校长就听她讲了四个小时的话，没有一丝不耐烦；哪怕小豆豆再淘气，校长都会对她说"你真是个好孩子"……

小Q是个虎头虎脑的上海男孩，他在原来的初中是个让老师头疼的皮大王，上课时常常跑出去，在操场打滚，或者拔根草含在嘴里，头上脸上经常有伤；他作业从来不做，考试时拿到卷子写个名字就趴着睡觉了。他只有一个优点：喜欢看书。在预备班第一学期，他的考试都没有及格过，因为成绩拖了全班的后腿，除了地理老师，所有老师都骂他，同学也看不起他。医生诊断，他有多动症。转到新学校两年半以后的现在，小Q安静地坐在我的面前半个小时，有条有理地回答问题。他说刚来这里时还是坐不住，上课总是跑出去玩，但老师从来不骂他，校长总是笑嘻嘻的，特别允许他随时去图书馆借书、看书，班主任表扬他作文写得好，还让他演课本剧。现在他上课能安静听讲了，作业也不拖拉了，他正在学烹饪，会做黄瓜冷盆、宫保鸡丁、三片汤……

小Q就读的是风帆初级职校。一所现实版的"巴学园"。学校招收的都是初中生，每个班只有十四五个学生。他们不需要学物理、化学，语数英的课本是义务教育五年级至七年级阶段的。但从初二开始，他们就要学一门技能，如烹饪、中西面点、计算机操作、超市理货、餐厅服务、手语等，到初三毕业时每个人都能获得一两张国家认可的初级技能证书。

这样的学校上海共有五所，如杨浦区的风帆初级职校和徐汇区的纪勋初等职业技术学校。这些学校招收的孩子智商在 50 至 69 之间，因此属于特殊教育范畴。有人说里面的孩子很特殊，因为多数人小学是随班就读，进了初中就跟不上了；有人说他们是“缺萼的花朵”，因为他们从小到大都是成绩最差的学生，饱受冷眼。

最近我又来到风帆初级职业学校，但我实在不愿意称面前的孩子为“特殊学生”，因为大部分孩子看上去都是那么活泼可爱、礼貌懂事。最近，学校举办了一次“达人技能秀”，孩子们表演的手语歌，做出的菜肴、西点，让人赞叹。“其实他们和别人没什么两样。”浦洪老师在风帆初级职业学校工作了近 20 年，现在是副校长，说起学生来如数家珍。

第一届毕业生小朱，年满 18 岁参军入伍。在部队里，和其他小战士相比，他因为有一手烹饪技能而受到青睐。复员后，他先是到一所公园工作，后辞职自己创业，现在已经是两家便利店和一家面馆的老板。“参军的男生有不少，表现都很好，有的在部队入了党，还有一个去了海军陆战队，复员后回到上海，工作都不错。”

2001 年毕业的小张，学的是园林专业，毕业后去百安居实习，由于踏实肯干，被录用做地板、龙头销售，后来又被提升为项目经理。其间，他通过自学获得了大专文凭。之后，他又转做家居装潢，越做越大，现在已经是一家颇有名气的国际装饰集团的董事，公司在陆家嘴。

有两名女生，毕业后被学校推荐入成人中专就读，后通过成人高考考入上海师范大学学前教育系，毕业后当了幼儿园老师。还有一名 1990 年出生的女孩，是初三进来的，读了两年之后毕业，之后考入了航空学校，现在是一名空姐……

在浦老师看来，他们不是什么“特殊少年”，而是原来放错了地方的宝贝。的确，社会学早就证明，决定一个人一生的并不仅仅是智商，有时候情商、财商更为重要。

这一点，又和“巴学园”十分相似。总共才几十名学生的“巴学园”，毕业生中有不少优秀人才，如“小豆豆”黑柳彻子成了电视节目主持人、联合国亲善大使，她的同学有的当了医生，有的当了科学家。当然，还有一些女生为人妇、为人母，过着平静幸福的生活。

“巴学园”的精髓是爱和尊重，还有一根因材施教的魔棒。在风帆初级职业学校，我们看到了同样的教育理念。

风帆初级职业学校校长谢小双是全国教书育人楷模，他不认为自己的学生比别人笨。他举小Q为例，他们只是某一方面没有发育成熟，或者不能适应现在的应试教育，他们需要个性化的教育。现在中考“一刀切”，学习强度不断提高，而许多教育工作者又缺乏足够的耐心，要在这样的环境中学习四年，对一些孩子来说是很痛苦的。

每个孩子都是独一无二的，他们的兴趣、能力、特长都不同，现在我们的教育却是用一把尺子去量所有的孩子，把学习成绩作为唯一的评判标准，本身就出了问题。爱迪生只上了三个月的小学就被老师赶回家了，沈从文因为英语太差被燕京大学拒之门外，但他们生命的光彩却是常人所不能及的。

我们呼唤更多现实版的“巴学园”，希望学校开设更丰富的课程，希望每一个孩子都能得到最适合，并且是有温度的教育。

载于2016年5月4日新民晚报

“起跑线”的悲哀

最近，一条关于幼升小培训的新闻发人深思。为了给即将上幼儿园中班的孩子报名上百花学习塾培训班，父母、祖辈彻夜排队，黄牛手中的一个排队号竟然要5 000元！更让人大跌眼镜的是，尽管监管部门指出百花学习塾没有办学资质，正在查处其违法行为，但家长仍趋之若鹜，“不在乎它有没有资质，能上课就行”。

这是为什么？原来，家长们是这么倒推的：现在社会竞争这么激烈，要有一份好工作，必须上好大学；要上好大学，必须上重点高中，最好是四大名校；要上四大名校，就要上最好的几家民办初中；要上这几家民办初中，就要上最好的小学；为了上最好的小学，就得在幼儿园阶段去百花学习塾等培训机构，因为这些机构培训出来的孩子“升学率”高……妈妈们说，大班去学已经晚了，至少要中班，甚至小班。

人生的“起跑线”越来越提前，让人悲哀。

悲哀之一，它剥夺了孩子的童年。我有一批搞音乐的朋友，以前他们说过，学音乐的孩子是没有童年的。现在我觉得，这句话应该改成：在中国的大城市里，大部分孩子都是没有童年的。学音乐，尤其是西洋乐器，必须从幼年开始练习，我的朋友们从四五岁起，就被家长按在琴凳上，长时间枯燥地练琴，而他们的同龄人，则在屋外尽情玩耍。

然而，现在看看周围，无数个孩子从幼儿园起就背起小书包开始了培训、补课。像百花学习塾这样的培训机构遍地开花，每间教室都满满的。我的侄女从幼儿园中班起就参加各种培训班了。除了上幼儿园外，她每周还要上两节英语课、三节幼小衔接培训，以及其他兴趣课，小小年纪忙碌得像个小学生。她有一阵经常眨眼睛，经检查是用眼过度。

武汉有一个孩子五年级就长出白发，才读初二，就白发苍苍，医生检查结果是精神压力过大。他从三年级开始被妈妈逼着“培优”，从来没有过周末，几年来参加的培优班不下 30 个。孩子自称是“见不到阳光的人”，早晨 6 时出门，晚上 11 时上床。他的父亲说，常常晚上八九点钟就听不到儿子的声音了，一看，他斜靠在床上，流着口水睡着了。

由此看来，现在很多孩子比琴童更苦。他们除了要完成学校的大量作业、参加语数外各门功课的补习外，不少人还要再学一门乐器，天天熬到半夜才睡觉。而相比之下，专业学音乐的孩子，只需要在一门乐器上多花些时间，正常作息时间还是有保证的。

成为学习机器的孩子们失去的不仅仅是快乐，还有健康。

悲哀之二，父母，包括祖辈为此付出了大量钱财、时间、精力，却不一定能实现期望。而赚得盆满钵满的是培训机构。据统计，目前上海 6 000 多家教育机构，但只有 1 000 多家有教育主管部门认可的资质，还有 4 800 多家是无资质的，在“打擦边球”。而这些机构自称的高“升学率”，往往也是虚假宣传。昨天电视新闻曝光了一家专门进行小升初培训的机构，机构人员对家长说，上过这里“小五班”的学生，被初中名校录取率可达 90%至 95%，结果今年所有参加培训的学生没有一个被民办学校录取，相反耽搁了正常的报名。这几天，愤怒的家长们正聚在该机构讨说法，有家长经过调查发现，墙上贴着的考入各个名校的一排排学生名字、照片都是假的。

事实上，如今弥漫在父母们心中的育儿焦虑，在很大程度上也是拜这些培训机构所赐。

上周还有一则新闻。在湖南农村长大的中国小伙何江，5 月 26 日在哈佛大学毕业典礼上作为研究生中的优秀毕业生代表发言。

这相当于哈佛大学给予毕业生的最高荣誉。何江也是首个在毕业典礼中演讲的中国大陆学生。与他同台演讲的特邀嘉宾是著名导演史蒂芬·斯皮尔伯格。

在一个又一个“哈佛女孩”、“剑桥男孩”之后，何江肯定会成为众多中国家长心中学霸新标杆。而这位学霸中的学霸，恰恰与任何早教、培训、课外补习都无关！他上大学才第一次进城，在上大学之前，甚至连电脑都没有摸过。他是彻头彻尾的“零起点”，也从来不知道有“起跑线”之说！

是金子总会发光的。不知道何江的成长经历能否舒缓一下“鸡血父母”的育儿焦虑？

从另一个角度来看，人生是一个漫长的旅程，某个年龄段某一方面的出色，不代表一生的成功。就拿何江来说，尽管哈佛毕业演讲给他罩上了一圈耀眼光环，但这也只是说明他在求学这段道路表现优秀。明天，他是否会继续创造人生一个又一个辉煌，还是一个未知数。还有，读书的目的，还是实现一个人的价值，何江能否为国家、为社会作出贡献，为人类造福，也有赖于他能否不懈努力。正如马拉松比赛，越是到中途和后半场，越需要毅力和后劲，对心理素质的考验也越大。如果在开头就把力气全用完了，可能跑不到终点就会败下阵来。

六一儿童节将至，我们究竟该怎样爱孩子？这值得每一个做父母的和教育工作者好好想一想。

载于2016年5月30日新民晚报

20 年，一套书，一粒种子

除了课堂上的讲授，环境教育还可以从身边做起——在宿舍楼顶安装太阳能热水装置，提供住宿生的热水；在宿舍和教学楼底楼设有废旧电池回收箱，养成垃圾分类的意识……复旦附中在几年前就成立了环境化学创新实验室，购置了包括空气环境质量自动监测等设备仪器，能自动监测区域内包括 PM2.5 等大气颗粒物的污染实时情况，并与复旦大学环境科学系大气环境监测系统联网，实现高中与大学环境科学教学与研究的共享。实验室这个平台还指导了不少学生的创新类研究课题并获奖。

除了课堂上的讲授，环境教育更需要亲身实践——考察企业的水循环利用，考察城市生活污水处理，查看太湖的水体富营养化，了解城市湿地保护和生态修复工程……学生们走出校门，实地验证着课堂里学到的知识。为倡导学生“回归自然，走近绿色”，在杨老师与当地热心志愿者的倡导和协调下，从 1998 年起，复旦附中在浙江安吉筹建了上海市首个高中野外环保综合实践基地，学生在假期和学农实践期间，都会到那里考察环境保护。

学校里还有一个学生社团，名为“根与芽”。根与芽是由英国环境教育专家珍·古道尔发起的国际性环保组织，旨在鼓励青年人为自然保护、社区建设做出积极的改变。复旦附中的“根与芽”社团是上海“根与芽”下属的一个分会小组，学生们在老师的指导下，举办了一系列活动：同学们创办了“校园植物网”，让大家对校园植物有所了解；在各个节日期间举办“用橙子代替贺卡”活动，呼吁大家减少使用资源；开展“零电梯”周活动，提倡学生少坐一周电梯……

赵亚静是上海儿童艺术剧场节目部副总监，她也是复旦附中的毕业生。她最近给学校来信说，当年她曾参加过天目山暑期夏令营实践，高中时代的环境教育使她和同学们受益终身。如今，有感于当下环境事件在社会上不断引发关注讨论，她所在的剧场计划把2017年的演出季主题定为“环境”，计划从国外引进一系列环境主题的节目，推荐给各个年龄层的孩子，如幼儿园、小学、初中，可以把节目送进校园，或邀请孩子们进剧场。她希望，通过艺术来启蒙和启发孩子的环境意识，引导他们关心人与自然，激发他们的环境保护意识和行为，最终成长为有良好环境素养的公民。

当年种下的一颗小小环保种子，已经在赵亚静心中生根、发芽，又将通过各种方式，传播到更多的孩子心中，慢慢生长出更多的根与芽。

21世纪已进入第二个十年。今天的环境教育该怎么做？复旦附中副校长、特级教师杨士军认为，应该体现时代特征，反映人文思想，昭示人类文化的觉醒与进步。反观我们的中小学，在传统的课程设置外，综合了科学、人文等多种学科的环境课程，尚有许多空白需要填补。

环境保护，需要持之以恒，才能利在当代、功在千秋。面向青少年的环境教育，最可贵的也是一份坚持。

“杞人忧天”是事实还是哗众取宠？为什么说湿地是地球之肾？用什么办法解决垃圾围城？PM2.5从哪里来？如何防止雾霾？为什么要关注绿色GDP？

在人人关注生态环境的今天，面向未来的环境教育愈发受到重视。最近入选2015年度上海市优秀科普图书的《环保：生存之道》（第二版），对这些问题作了深入浅出的解答。这本以中学生为对象的环境教育读本从全球变暖、海洋环境、节能减排、环境与健康、21世纪与生态文明等八个专题，娓娓道来，图文并茂，引人入胜。这本书由杨士军和复旦附中原党委书记王德耀主编，而第一版出版于

2009 年，均由复旦大学出版社出版。

而早在 1999 年，杨士军还主编了一本《环境与发展》，这本书由上海科技出版社出版，内容丰富而且超前，涉及生物界的 SOS、臭氧层的破坏、厄尔尼诺现象、关爱长江源、生态农业、白色污染、噪声危害、汽车交通与环境污染等诸多环境问题，既有科学性，又有可读性，如将荒漠化比喻为“地球溃疡症”，将酸雨比喻作“空中杀手”，符合青少年的阅读习惯。《环境与发展》出版后，深受中学师生欢迎，2003 年，这本书被市教委列入中学的拓展性教材。十多年来，这本 13 万字、32 开的小册子已连续印刷了 21 次，总印数达 10 万册。

再往前追溯，1992 年，复旦附中地理特级教师陈国新就主编了《环境科学基础》，这也是全市中学环保系列教材的开端，1993 年和 1994 年学校又出版了两本海洋知识方面的教材。由于在环境科普教育方面的示范辐射作用，复旦附中在 1995 年就荣获全国环境教育先进集体，还是上海市首批绿色学校。

20 年，一套书，只是为了做好一件事——在中学生心中播下环境教育的种子。

载于 2016 年 6 月 2 日新民晚报

让孩子“跟着太阳走一年”

不久前，“二十四节气”获批列入联合国教科文组织人类非物质文化遗产代表作名录，中华民族数千年的智慧结晶得到全世界的认可，这让国人振奋不已。不过，现在能够完整地说出二十四节气的，特别是年轻人，并不多。

然而，在上海杨浦区有一所小学，所有的孩子都能一口气背出二十四节气的名称，还知道与每个节气相关的天文、气候、物候知识，传统习俗，以及描写不同节气的古诗词。因为在这所学校，一门名为《跟着太阳走一年——廿四节气与民俗文化》的校本课程，已经开展了近五年。

这就是长白二村小学分校。虽说是一所名不见经传、只有十几个班级的“迷你”学校，但全体教师通过不懈的努力，把传统文化的种子播撒到了一个个幼小的心田。

“二十四节气是世界上独一无二的璀璨文化，是我国古代劳动人民宝贵的智慧结晶，在接下去的学习中，我们将了解到二十四节气的由来，每个节气的气候特征、节气民俗、节气养生等有趣的知识。小朋友，你准备好了吗？让我们一起去探索二十四节气的奥秘吧！”这是学校编写的校本教材卷首语。这套教材共四册，分别为《春之声》、《夏之绚》、《秋之韵》和《冬之魅》，图文并茂，富有童趣。内容有“小博士”、“知识窗”介绍节气知识，有“欢乐谷”、“实践角”让孩子们画一画、写一写。另外，每个节气还配有一些古诗名篇，如“好雨知时节，当春乃发生”；“玉阶生白露，夜久侵罗袜”；“小雪已晴芦叶暗，长波乍急鹤声嘶”，都让孩子领略到节气之美。而“小暑大暑，灌死老鼠”；

“白露秋分夜，一夜凉一夜”等谚语，也体现了劳动人民的聪明才智。

校长杨会宝说，学校90%以上的老师都参与了课程开发。这一课程不仅渗透到语文、信息科技、美术等学科中，还与少先队活动相结合，让孩子们在玩乐中体验和感受，比如春分竖蛋，清明做青团，立夏称体重，霜降做“霜的形成”科学小实验……春节则是剪窗花。学校所在五角场镇有个市级非遗项目“上海花样经”(剪纸)，传承人郑树林经常来学校指导孩子们剪纸，还赠送了二十四节气的大幅剪纸作品，在校园内定期更换展示。《跟着太阳走一年》这门课程因为有趣好玩而受到学生们的欢迎。

二十四节气起源于农耕文明。在大城市，人们距离泥土越来越遥远，不要说小学生，连他们的父母可能都分不清韭菜和麦子。而在长白二村小学分校，孩子们却能够亲近土地，体验种植的乐趣。学校在操场一角辟出了一块“彩虹农庄”，面积不大的地里错落有致地种上了青菜、萝卜、菠菜、香菜等蔬菜，以及冬小麦、棉花等农作物。每年开春，孩子们都在老师的指导下，在农庄播下种子，并用文字和绘画把植物生长的过程记录下来，学做《自然笔记》。五(1)班的熊玉婷和朱怡雯经过三四个星期的观察，交出了一份生动的观察日记，她们说：“清明之后、谷雨之前种下的豇豆，长得肥肥壮壮的，比清明之前播种的要长得茂盛。”

这门课不需要刷题，与奥数无关；小升初，也不会考“清明和谷雨，哪个节气更适合播种”这样的题目。在如今的大环境下，长白二村小学分校的校本课程显得有些另类，因而这种坚持也更为可贵。这门二十四节气课程包罗万象，既有天文、地理、自然的知识，也有古典文学、民间艺术、民俗文化的内容，甚至还有哲学思想，能够对孩子产生潜移默化的影响。“跟着太阳走一年”，这与此次申遗的完整名称“二十四节气——中国人通过观察太阳周年运动而形成的时间知识体系及其实践”不谋而合。

时下，都说要让传统文化伴随少年儿童的成长之路。然而，传统文化进校园，除了背背《三字经》，读读国学经典，写写书法，还有什么？二十四节气申遗成功是一个契机，它引发了广大青少年对老祖宗智慧的兴趣，而传承与保护更需要年轻一代的参与。如何抓住这个契机，开发出更多像《跟着太阳走一年》这样适合不同年龄段学生的课程，也是摆在教育工作者面前的一个课题。

载于 2017 年 1 月 10 日新民晚报

校长的担忧

在如今的中国，特别是上海这样的大城市，孩子个个都是家里的宝，只有受到父母和祖辈呵护的份儿，谁想得到竟然还有被暴打的！前几天我碰到一位小学校长，听她讲了个真实故事，心情很沉重。

"几年前，我们学校有个小女孩，她是单亲家庭的，跟当厨师的爸爸一起生活。她经常被爸爸打，小脸上青一块紫一块，身上也都有一条条伤痕，大热天都穿着长袖，我们老师曾经拍下照片作为证据。后来，她变得很敏感、胆小，个子也比同龄孩子矮小。

"我们和孩子的妈妈联系过。她的妈妈是外来妹，离婚后有一次来看女儿，也被她爸爸打，吓得再也不敢来了。而且孩子的父亲和所有的亲戚都断绝了来往。有一次他打得太厉害，女孩离家出走了，走了十几公里，一直走到南京路，后来被送到学校附近的派出所，我去派出所接她。和警察一起把女孩送回家。我警告父亲，再打孩子，就报警，剥夺他的监护权。他竟然振振有词地说，打孩子是为了孩子好，不打不成器。他显然是心理上有问题。

"像这样的父亲，很显然是不适合监护孩子的。在美国，如果孩子遭受家庭暴力，很快就会有司法机关介入，把孩子送到合适的机构或家庭，由其他人监护。可在上海，却没有这样的制度。警察说，即便把父亲抓起来，孩子又能到哪里去？

"后来，这个父亲把房子卖了，带孩子搬到浦东去了。我很担心她，不知道是不是还在被父亲打。我们对于这样的父亲，就没有办法了吗？"

顿时，我的脑海里浮现出一个瘦小的、眼睛里闪着泪光的女孩。

长期遭到父亲暴打，在她心理上造成的伤害要比身体上的更大，可能她长大后都很难走出这种阴影。在全国范围内，虐童事件也时有发生。然而，我国现行法律没有虐童罪，只有刚刚施行的反家暴法。而家暴这种行为通常属于自诉范围，即需要受害人或其法定代理人起诉。一个未成年人怎么去起诉自己的父亲？而且如果施暴者又是孩子的唯一监护人，孩子该怎么办？

孩子都是幼小的花朵。我们有派出所，有居委会，有青保办，有少年庭，可对于这样受到伤害的花朵，究竟哪个部门能够保护他们呢？

载于2016年12月21日新民晚报

的姐的教育账

昨晚打的回家，遇到一名的姐。她四十来岁模样，身材瘦小，浓浓的崇明口音。她看到我带着女儿，就问起她读几年级，学什么乐器，随后讲起了自己的女儿。

“我女儿上高一。她以前也学过乐器，圆号。她们初中时学校里学的，学费不要的，我给她买了一把圆号，花了 6 800 元。现在进了高中没有乐队，就不吹了。小孩子学东西就是要坚持，她小时候学跳舞，考到七级就不想学了，后来我逼她继续练，一级一级考，最后考出了十级证书。跳舞的女孩身材好，我女儿现在 1 米 67。她中考没考好，现在读的是民办高中，每学期学费 4 500 元；现在她又在学美术，希望以后参加艺考。美术班是现在的高中和一所培训机构合办的，每周六从上午 9 点画到下午 4 点，也很辛苦的。三年学费一次付清，2 万多。女儿这次期末考试数学不及格，我寒假里给她报了个补习班，十次课，每次两小时，150 元……”

听的姐算出的一笔笔账，我感慨道：“你挣的钱都花在女儿身上了！”“是啊，我自己平时不大舍得花钱的。”她说。

最近上海“两会”上的热门话题是为孩子减负，从市领导到代表、委员都在讲，教委也表态要落实。事实上，课业负担很大一部分来自家长，择校、补课都是家长的决定，孩子只能被动接受。时下，各个层次的父母都很焦虑。白领、公务员、知识分子家庭希望孩子能读四大名校、清华北大、哈佛剑桥；许多蓝领也对孩子寄予厚望，希望他们读好书、上大学，将来不用靠体力吃饭。这位的姐就很有代表性。她风里来雨里去赚来的辛苦钱，几乎全部投入到女儿的教育上，有艺术培训，有课外补习，目的是让女儿受到各方面的教育和熏陶，将来能够有一份体面的工作，日子过得比自己好。

但我们不能苛求这些家长，这样的心态在经济快速发展过程中是不可避免的，因为人口众多、资源不充分，受教育程度不同导致收入、保障、福利等都不相同。只有当社会发展趋于均衡，各种职业都能够得到尊严，收入分配更为合理，而且全民都享有较完善的福利，家长才可能放下焦虑，孩子身上的压力才得以减轻。而这中间，教育均衡化同样是重要一环。

载于2017年1月18日新民晚报

“国际学校”，怎么成了救命稻草？

“学堂里实在太苦了，天天熬到12点，要不索性多花点钱，让孩子上国际学校，以后直接出国读大学？”这样的想法，上海家长是不是时常能听到？

女孩小A去年小升初，因为成绩一般，进不了好的民办初中，妈妈把她送进了一所位于闵行的“国际学校”，每天开车从杨浦斜跨上海接送她上下学。男孩小B在黄浦区一所有名的公办初中上学，但因为不适应老师的教学方式，家长决定读完初二就让他转到“国际学校”去。男孩小C的家长想方设法让他进了上海一所以“规矩多、成绩好”出名的民办小学，因为在三年级的时候遭到学校和老师的不公正对待，妈妈毅然将他转到了一所“国际学校”。

这是发生在我身边的三个家庭的故事。三个孩子都在义务教育阶段，而且都是中国籍的，怎么能上国际学校呢？事实上，这几所“国际学校”既有小学、初中，又有高中，根据国家和上海现行的规定，在义务教育阶段70%的课程必须保证上我国教育部门规定的课，学校的名字其实也都是“民办双语学校”。不过，因为有“洋背景”，高中阶段开设的都是A-Level、IB课程，引入大量外教，收费高昂，更主要是高中毕业不参加中国高考，直接申请国外大学，所以还是被家长们称作“国际学校”。

“国际学校”怎么成了一些家长的救命稻草？上海教育怎么了？

在上个月闭幕的上海市人代会上，代表们也就此展开了热烈的讨论。

上海的基础教育质量究竟如何？“世界一流！”市人大常委、上海师范大学原校长张民选给出的答案让不少人吃了一惊。“且不说连续几年上海 PISA 测试的成绩，就拿数学来说，同样的测试，世界各国学生的平均得分是 500 分左右，我们上海的学生是 613 分！你们知道吗？在一些发达国家，现在公办教育严重滑坡了。原因是私立教育非常发达，好的大学录取的都是私立学校的毕业生，每一级好学校的招生人数都给下一级私立学校占了，国家对公立学校投入不足。英国就是典型的例子。从上海请中小学老师去英国教数学，也是英国教育部门提高公立学校教学质量的举措之一。”张民选说道。

“在古代，教育都是私立的。公办教育的出现是人类历史的一大进步，它使得每个人都享有受教育的权利。”张民选还说，我国的公办教育应该是做得好的，国家对教育十分重视，投入不断增加，而上海的总体水平更高，不少国家对此十分羡慕。为此，联合国教科文组织准备在上海设立一个国际教师培训基地，让世界各国的教师到这里来培训。今后，上海的一些中小学也可能有外国老师来“实习”。

代表们听了备受鼓舞。是啊，并不是所有“洋”的都优于“土”的。至少在基础教育方面，阿拉上海人应当有足够的自信，这也是改革开放 30 多年来取得的成果。

当然，这并不意味着上海的教育已经很完美了。在今年的上海“两会”上，市领导大声疾呼要为孩子们减负；教育均衡化仍有待提升。不少代表还指出，现行的招生政策对民办学校有利，因为民办学校有选择权，可以优先挑选学生；公办学校则是划地段招生。如果今后一味发展民办学校，就会造成新的教育不公平。业内专家认为，在义务教育阶段，民办学校的数量不能超过 10%。几年前上海也曾有公办高中开办国际课程班，这完全有违教育公平，后来被叫停了。

那么民办“国际学校”呢？时下，除了最早招收外籍学生的美国学校、英国学校外，新的“国际（双语）学校”如雨后春笋般冒出。这些学校都有一个洋名，显示其与海外知名私立学校的“血缘关系”。“国际学校”位于郊区的居多，面积很大，装修豪华，可以寄宿；中心城区也不甘落后，黄浦区新天地附近就有一所“高大上”的国际学校今年即将招生。这些“国际学校”的招生数量，远远超过在上海的外籍孩子数量，而收费动辄一年十几万、20 万，很显然，目标客户就是上海以及长三角富裕家庭的孩子。

教育本不应该是一个赚大钱的产业，而我国法律也规定，义务教育阶段的民办学校必须是非盈利的。而有些“贵族化”的国际（双语）学校，真正的目的不是培养人才，而是瞄准了家长的腰包，把学校当成了“摇钱树”。这些学校的教师流动性大、良莠不齐，办学质量也可想而知。对于这样的“国际学校”，家长们应当警惕。男孩 C 在那所“国际学校”读了一学期，人是轻松愉快了，但他妈妈却又开始为教学质量而担忧。

可以肯定的是，“国际学校”并不适合大多数中国孩子，也不能解决孩子成长中的全部问题，没有扎实的基础知识和文化底蕴，海外留学也并非一条坦途。

即便如此，要给“国际学校热”降温也并不容易。就在那次小组讨论会上，一位区领导对张民选说：“我们区里还有一块位置最好的地块，你来办一所‘国际学校’怎么样？能够跟美国大学接轨的。”

……

载于 2017 年 2 月 13 日新民晚报

当心“学渣”变“人渣”

前些天我看到一则新闻：有两名中国留学生在加拿大多伦多发生斗殴，其中一人将另一人打成重伤，后不治身亡。两人都只有19岁。

死去的王某是2014年到加拿大上高中的，生前正在就读语言学校，原本今年准备申请大学；犯罪嫌疑人范某在多伦多一所私立学校读书，已被拘留，并被控二级谋杀罪。而发生冲突的原因，涉及一名中国女留学生。王某是这个女生的前男友，而范某则是她现任男友。据王某父母说，儿子两年前开始与那个女生交往，两年来，他和父母并不经常交流。还有知情人透露，王某曾为这个女生大手大脚花钱。

无论王某、范某，还是引发冲突的女生，出国的时候不过十五六岁，都是稚气未脱的小留学生。发生在他们身上的悲剧，发人深思。

如今，低龄留学已不是新鲜事。在早早把孩子送出国的家长中，有的是想让孩子早点适应国外的教育，以便顺利进入国外大学；也有不少家长是怀着这样的心理：中国教育太苦太累，听说欧美学习轻松，特别是数理化，中国孩子到了国外都能成为“学霸”。

那么，在中国读不好书的，出了国就能读好书？答案显然是否定的。且不说美国、加拿大的高中对自主研究能力的要求特别高，就说一点，在这些国家读书是用英语，而且要求大量阅读，原本基础就不好，也没有良好的学习习惯，再整天混在中国学生堆里吃喝玩乐，那“学渣”还是“学渣”。

更可怕的是，在国内的“学渣”，到了国外竟有可能变成“人渣”！原因是这个年龄的孩子“三观”还未形成，没有了父母的管束，很容易受外界的影响。而到了异国他乡后的孤独无助、缺乏安全感，也是这个年龄的孩子难以承受的。而爹妈往往以给钱来弥补爱的缺失。小小年纪，有钱、没人管、读不好书，后果会怎样？这三名加拿大的留学生就是个例子。

去年在美国加州判决的中国留学生“欺凌案”又是一例。一群读高中的中国留学生，对两名同胞女生百般欺凌折磨。此案经美国法院审理，三名女留学生分别获刑13年、10年和6年，服刑期满后将驱逐出美国。而共有12名华人留学生被确认涉案，可见这样的孩子不在少数。

低龄留学，一定要谨慎。

载于2017年2月22日新民晚报

生命教育

清明节被视作对孩子进行生命教育的最佳契机，让人参悟生死，正确面对生离死别。不过，生命教育中最重要的一点是珍惜生命。前不久，又有年少的生命离我们而去。尚未绽放的花朵骤然凋零，成为最让人痛心的悲剧。这样的悲剧提醒我们，到了必须正视这个问题的时候了。

据中国青年报报道，研究显示，我国青少年的自杀率从小学六年级开始攀升，初中最高，高中次之。究竟是什么原因使初中阶段的孩子容易轻生？这是因为，青春期是个心理和生理产生巨变的“惊涛骇浪期”，这时候的孩子矛盾多又封闭，尤其当这种内部的变化与外部环境发生冲突时易引发极端行为。外部环境中，最致命的冲突还是亲子关系，如果说父母不能理解他，甚至误解、打击他，或许会成为压垮他们的“最后一根稻草”。而这“最后一根稻草”，往往与学习成绩密切相关。

事实上，不仅仅是成绩不太好的孩子有压力，学霸心里的压力更是巨大。一个偶然的机会，看到一个12岁的初中女孩的随笔，让我大吃一惊。这个女孩曾考过年级第一。她写道：“常常在想，我到底为什么活着……雄冠全年级的成绩，换来的只是越来越多的枷锁。我一直想过一种正常人的生活，没有什么过多的光环，身边有几个真正关心、爱护自己的人，就够了。否则，活着，真的没什么意思。”

这个年龄的孩子常常会思考“我是谁？”“我为什么活着？”“人生的意义是什么？”……而做父母的，有没有给他们答案呢，哪怕不那么直接的答案？那个学霸女孩的父母，对孩子期望值一定很高，可能只重视学习成绩，经常念叨的是“四大名校”，如果孩子偶然有一次失误，便是不可原谅的错。这样的成长环境，会让孩子质疑这个世界：我的生命除了分数，还有什么意义？

是父母先走进了死胡同，才让孩子感到无路可走。因此，需要接受生命教育的首先是父母。只有自己放下焦虑，和孩子一起找到生命的意义，感受到生命的美好，才能帮助他们抵抗各种压力，顺利度过惊涛骇浪的青春期。

好好活着。

载于 2017 年 4 月 5 日新民晚报

古稀儿艺，童心烂漫

有这样一座剧院，无论时光怎样流逝，它的观众永远年少；无论台上演员历经多少沧桑，剧场内永远回荡着银铃般的笑声。这就是中国福利会儿童艺术剧院。

很少有人知道，中福会儿艺还是上海历史最悠久的话剧演出团体，比上海话剧艺术中心的前身上海人民艺术剧院成立时间还要早。这个 1947 年由宋庆龄亲手创办的儿童剧团，也是我国第一家儿童剧院，今年的 4 月 10 日，剧院将迎来 70 岁的生日。

那是 1946 年秋天，宋庆龄在上海会见戏剧家黄佐临，表示希望中国有个专为儿童演戏的剧团。她说："儿童是国家未来的主人，通过戏剧去培养下一代，提高他们的素质，给予他们娱乐，点燃他们的想象力，是最有意义的事情。"1947 年 4 月，中国福利基金会儿童剧团在虹口区昆山花园的一幢铁皮房子里诞生了，一群从贫民窟中挑选出来的少年，成为中国第一代儿童剧演员。他们演的第一出戏，是鲁迅翻译的苏联儿童剧《表》。在此后的几年里，剧团几经搬迁，最后终于在华山路 643 号扎下了根，1957 年正式更名为中国福利会儿童艺术剧院。

日前，我还听说了这样一个故事。1949 年 5 月上海解放时，有一支腰鼓队最早出现在上海街道，打着欢庆的腰鼓，迎接解放军进城。他们就是儿童剧团的娃娃腰鼓队。时任上海军管会文艺处处长的于伶曾回忆说："我进入上海看到的第一支欢迎队伍，就是孙夫人的秧歌队。"娃娃腰鼓队由无家可归的孤儿组成，后来他们中有不少人成了艺术家。他们说，是宋妈妈给了他们金色的童年。

“马兰花，马兰花，风吹雨打都不怕。”在中国，大概再也找不出一出儿童剧，能够像《马兰花》这样家喻户晓。由老院长任德耀在20世纪50年代创作的这部儿童剧，从儿童的思想感情和趣味出发，把真善美的世界展现在舞台上，成为一部经典佳作，后来又被搬上了荧幕。儿艺华山路的剧场就以“马兰花”为名。去年“六一”，中福会儿艺又重排了《马兰花》，依然受到“10后”孩子们的喜爱。

在过去的几十年里，儿艺创排了《童心》、《雁奴莎莎》、《白马飞飞》、《享受艰难》、《少年与流浪狗》等一台台脍炙人口的儿童剧，为一代又一代少年儿童送上了丰富的精神食粮。近年来，儿艺的艺术家们还把目光投向了现实题材。2008年，由杜邨编剧、蔡金平导演的话剧《灿烂的阳光》上演了，这也是国内首部以智障少年为题材的原创舞台剧。为了演好这部戏，演员们多次到曲阳社区阳光之家体验生活。每一场演出，观众都因感动而流泪。这出戏还赴我国台湾和俄罗斯交流演出，均深受好评。2012年创排的儿童剧《彩虹》则是反映上海和云南德昂族中学生对口交流的故事，民族色彩浓郁。

70年来，几代儿童戏剧工作者共创作演出了近400个儿童剧目，累计演出1.9万余场，观众达1 639万人次。这数字是惊人的。2013年，在上海市政府的关心下，儿艺又拥有了一座专业化、高水平的现代化儿童专属剧场——利用上海世博会通用汽车馆改建的上海儿童艺术剧场。每次走进这座线条优美的白色圆形建筑，孩子们都会像过节一样开心，在戏剧艺术殿堂里追逐他们的梦想。

或许，有人会提出这样一个问题：70年前没有电视，电影也很稀罕，所以儿童剧受欢迎。今天，电影电视的普及且不必说，拿着一部手机、一部iPad，世界各国的动画片和儿童节目要看多少有多少，还有必要让孩子去看儿童剧吗？

答案是肯定的。因为孩子的心灵需要高水准艺术作品的滋养。戏剧是综合的艺术。相对于电视里各种成人化的电视剧和综艺节目、网络上泛滥的娱乐化低俗化内容，剧场艺术依然坚守着较高的精神追求和审美情趣。戏剧又是一种特殊的艺术活动，必须有观众的参与才能完成。孩子在父母的陪伴下走进剧场，和同伴一起感受戏剧人物的喜怒哀乐，与演员互动，引发心的共鸣，这是看电视、玩电脑无法获得的。

岁月荏苒，今天的中福会儿艺早已不是当年的儿童剧团了，但宋庆龄先生提出的一个宗旨始终没有变，那就是：用戏剧点燃孩子的想象力，用爱给予孩子希望和未来。

古稀儿艺，依然年少；古稀儿艺，童心烂漫。

载于2017年4月7日新民晚报

图书在版编目(CIP)数据

民生随笔/邵宁著.—上海：东方出版中心，2018.4（2018.9 重印）
ISBN 978-7-5473-1191-2

Ⅰ.①民…　Ⅱ.①邵…　Ⅲ.①时事评论-中国-文集　Ⅳ.①D609.9-53

中国版本图书馆 CIP 数据核字(2017)第 244313 号

民生随笔

出版发行：东方出版中心
地　　址：上海市仙霞路 345 号
电　　话：(021)62417400
邮政编码：200336
经　　销：全国新华书店
印　　刷：上海天地海设计印刷有限公司
开　　本：890mm×1240mm　1/32
字　　数：380 千字
印　　张：14.75
版　　次：2018 年 4 月第 1 版　2018 年 9 月第 2 次印刷
ISBN 978-7-5473-1191-2
定　　价：56.00 元
